Absatztreiber bei Filialisierung und Franchising im ordinalen Vergleich

T0326596

Strategisches Marketingmanagement

Herausgegeben von Roland Mattmüller

Band 5

PETER LANG

Frankfurt am Main · Berlin · Bern · Bruxelles · New York · Oxford · Wien

Marc K. Mikulcik

Absatztreiber bei Filialisierung und Franchising im ordinalen Vergleich

Konzeptionelle Analyse auf Basis
der Neuen Institutionen –
Ökonomie und empirische Überprüfung
am Beispiel des Mobilfunkmarkts

PETER LANG
Europäischer Verlag der Wissenschaften

Bibliografische Information der Deutschen Nationalbibliothek
Die Deutsche Nationalbibliothek verzeichnet diese Publikation
in der Deutschen Nationalbibliografie; detaillierte bibliografische
Daten sind im Internet über <http://www.d-nb.de> abrufbar.

Gedruckt auf alterungsbeständigem,
säurefreiem Papier.

154
ISSN 1860-062X
ISBN 978-3-631-55867-6

© Peter Lang GmbH
Europäischer Verlag der Wissenschaften
Frankfurt am Main 2007
Alle Rechte vorbehalten.

Printed in Germany 1 2 3 4 5   7

www.peterlang.de

Geleitwort zur Herausgeberreihe

Der dem Angelsächsischen entlehnte Begriff des Marketing steht in Theorie und Praxis synonym für die systematische und zielgerichtete Gestaltung von Transaktionsprozessen. Aus diesem Grund ist letzterer als zentraler Untersuchungsgegenstand der Marketingwissenschaft und Ziel ihrer praktischen Ausgestaltung zu bezeichnen.

Die Transaktion bzw. die Transaktionsprozesse können von verschiedenen Blickrichtungen und theoretischen Bezugsrahmen ausgehend analysiert werden. Einen Ansatzpunkt hierfür bietet die Neue Institutionenökonomik, die das Denken der Wirtschaftswissenschaftler in letzter Zeit auf vielen Feldern geprägt und verändert hat. So eignen sich beispielsweise das Verständnis von Verfügungsrechten (Property Rights) als eigentliche Tauschobjekte, die Annahme unvollkommener Information oder opportunistischen Handelns dazu, Anbieter-/Nachfragerbeziehungen auf der Grundlage eines theoretischen Fundaments praxisnah abzubilden. Maßgeblich begründet jedoch die Transaktionskostentheorie mit ihrer Zerlegung einer Transaktion in ihre einzelnen Phasen und mit der Zuordnung entsprechender Kosten und Erträge die konstitutiven Phasen eines Tauschprozesses. Darüber hinaus ergeben sich hier weitere Möglichkeiten zur Einbindung verschiedener theoretischer Ansätze, wie etwa der Verhaltenswissenschaften, Economic Behavior und anderer. Unter Berücksichtigung weiterer Bezugsgruppen einer Einzelwirtschaft (wie etwa der Wettbewerber, Mitarbeiter, Anteilseigner, etc.) ist damit ein wesentliches Fundament des Marketingverständnisses am Lehrstuhl für Strategisches Marketing an der EUROPEAN BUSINESS SCHOOL, International University Schloß Reichartshausen in Oestrich-Winkel gelegt – der Integrativ-Prozessuale Marketingansatz (IPM).

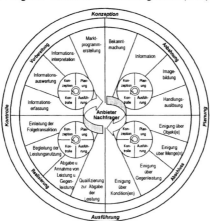

Darüber hinaus forciert der Prozessgedanke die konsequente Ausrichtung der betroffenen unternehmerischen Aktivitäten an einem durchgängigen Marketingprozess, um somit Schnittstellen, wie sie in der Praxis beispielsweise oftmals zwischen Marketing und Vertrieb bestehen, weitgehend zu vermeiden. In der Umsetzung führt dies auch zu einer Entscheidungsorientierung, die sich in einer Zerlegung der Marketingaufgaben in Konzeption, Planung, Ausführung und Kontrolle niederschlägt.

Aufgrund der weitreichenden und langfristigen Implikationen stellt insbesondere die Formulierung von Marketingstrategien eine wichtige und überaus anspruchsvolle Aufgabe für Entscheidungsträger in Unternehmen, also für das Management von Marketingprozessen, dar. Die vorliegende Herausgeberreihe „Strategisches Marketingmanagement" trägt daher praxisorientierte Arbeiten zusammen, die sich dieser Herausforderung stellen und somit einen wissenschaftlichen Beitrag zu einer entscheidungs- und marktorientierten Unternehmensführung leisten wollen. So sind als Zielgruppe dieser Herausgeberreihe gleichermaßen Wissenschaftler als auch Entscheidungsträger verschiedenster Marketingsysteme zu bezeichnen. Letztere erstrecken sich dabei von tradierten Systemen wie dem Hersteller- dem Handels- oder dem Dienstleistungsmarketing bis hin zu neu aufstrebenden Marketingdisziplinen wie beispielsweise dem Marketing von Politikern und Parteien.

Mein Dank geht an dieser Stelle vor allem auch an den Peter Lang Verlag GmbH, Europäischer Verlag der Wirtschaftswissenschaften, insbesondere an Frau Melanie Sauer für die Betreuung dieser Herausgeberreihe.

Univ.-Prof. Dr. Roland Mattmüller

Vorwort des Herausgebers

Im Bereich des Vertikalen Marketing bzw. Trade Marketing nimmt die Erarbeitung von Handlungsempfehlungen für die Hersteller zur Steuerung und Lenkung ihrer Absatzpartner einen großen Raum ein. Bei der Betrachtung der einzelnen zur Verfügung stehenden Vertriebssysteme kommt dabei dem Franchising seit vielen Jahren und in vielen Branchen eine herausragende Bedeutung zu.

Vor diesem Hintergrund beschäftigt sich Marc Mikulcik in seiner vorliegenden Arbeit mit den Treibern einer möglichen Vorteilhaftigkeit von Franchising und Filial-System mit Blick auf das angelegte Oberziel „Absatz". Im Gegensatz aber zu der hierzu bereits zahlreich vorhandenen Literatur, die in der Regel ausschließlich deduktiv die Vor- und Nachteile dieser beiden Vertriebssysteme herausarbeitet, untersucht Mikulcik diese Fragestellung zum einen empirisch und damit vor realem Entscheidungshintergrund. Zum anderen greift er hierzu auf eine bestimmte Branche zurück, um die Empirie nicht zu allgemein zu erfassen. Dies – und durch die gegebene Kooperation mit einem namhaften Anbieter – führt zur Auswahl des zudem interessanten und durch hohe Wettbewerbsintensität gekennzeichneten Mobilfunkmarktes als Untersuchungsbereich.

Die von Mikulcik vorgenommene Untersuchung führt im Ergebnis zur Identifikation der wesentlichen Absatztreiber und zur Bewertung ihrer Erfolgskausalität auf der Basis realer Werte. Als theoretische Basis zur Modellierung der Arbeit dienen für den ordinalen Vergleich der Vorteilhaftigkeit der betrachteten Vertriebssysteme die Transaktionskostentheorie und die Prinzipal-Agenten-Theorie für die Betrachtung der besonderen Beziehung zwischen Franchisegeber und -nehmer.

Als Zielgerüst wählt der Verfasser das bereits erwähnte Prinzip der Absatzoptimierung. Inhaltlich geht es Mikulcik dabei zunächst darum, die für den Absatzerfolg relevanten Attribute des Filial- bzw. Franchisesystems zu eruieren und anschließend empirisch hinsichtlich ihrer Wertigkeit zu gewichten.

Diese Attribute bzw. Potenzialfaktoren werden in einem zweiten Schritt dann in den einzelnen Outlets des Kooperationspartners gemessen und den erzielten Ergebnissen (gemessen über Ergebnisfaktoren) gegenüber gestellt.

Die Attribute im einzelnen unterteilt Mikulcik in shopbedingte Attribute (z.b. Stadtgröße, Frequenz, Verkaufsfläche etc.), auf das Humankapital abzielende aktorenbedingte Attribute (z.b. fachliche Kompetenz des Verkaufspersonals, Servicegedanke) und in systembedingte Attribute (z.B. Verdienstmöglichkeiten).

Methodisch wendet der Verfasser für die Gewichtung und Priorisierung der Attribute aus Expertensicht das Verfahren des Analytic Hierarchy Process (AHP) an. Der AHP stammt aus der Gruppe der multikriteriellen Verfahren und versucht, mittels Paarvergleichen eine Entscheidungsstruktur – hier der befragten Experten – abzubilden. Es geht um die ordinale Präferenz einzelner Attribute hinsichtlich ihrer Kausalität zur Erreichung eines definierten Oberziels. Das Verfahren hat sich in der Forschungspraxis bewährt und ist dennoch vergleichsweise selten anzufinden. Es bietet eine klare Strukturierungshilfe bei der Herausarbeitung von Einschätzungen durch befragte Experten.

Konkret hat Mikulcik „Key-Informants" in Person von verschiedenen Franchisenehmern, Shopleitern und Vertretern des Management-Zirkels aus der Zentrale des kooperierenden Unternehmens in seine empirische Untersuchung miteinbezogen, denen er die von ihm erarbeiteten, insgesamt 17 Attribute zur Bewertung vorlegte. Im Ergebnis zeigen sich Potenzialfaktoren für jedes einzelne untersuchte Outlet. Mit Hilfe weiterer Auswertungen auf Basis einer Korrelations-, und Regressionsanalyse verdichtet Mikulcik anschließend sein Datenmaterial.

Im Ergebnis führen seine Untersuchungen etwa zu der Feststellung, dass die Franchisenehmer im Vergleich zu den Filialen eher durchschnittliche oder gar unterdurchschnittliche Ausprägungen der Ist-Attribute erzielen.

Dies ist unter anderem durch die bessere Situation der Filialen bei den Potenzialfaktoren bzw. eben auch durch die effizientere Ausschöpfung dieser Potenziale durch das Filialmanagement zu erklären.

Mikulcik zeigt eindrucksvoll die zu analysierenden und das Gesamtergebnis beeinflussenden Attribute sowie deren Erfolgsbeitrag auf, die bei der Entscheidung über das Absatzsystem zu berücksichtigen sind. So sind etwa die Attribute „Servicegrad, „Frequenz" und „Verkaufskompetenz" als die drei Haupttreiber für das Oberziel „Absatz" zu betrachten. Schwache aktorenbedingte Attributsausprägungen führen somit nachweislich zu suboptimalen Absatzerfolgen. Der Verfasser leitet daher auch auf diese drei Haupttreiber bezogene Handlungsempfehlungen zur Steigerung der Effizienz ab – insbesondere vor dem interessanten Hintergrund, dass etwa das Attribut „Servicegrad" von den Befragten nur als relativ unwichtiges Kriterium erkannt wurde. Hier zeigen sich also wesentliche, bisher nicht ausgeschöpfte Potenziale in beiden Systemen. Gleichzeitig werden damit interessante Entscheidungshilfen für die Wahl der Alternativen Filial- oder Franchisesystem geschaffen.

Die vorliegende Arbeit stellt daher für den theorieorientierten Leser ein sehr gelungenes Beispiel für eine fundierte und mittels eines gleichzeitig interessanten Instrumentariums durchgeführte empirische Analyse dar. Entscheidungsträger aus der unternehmerischen Praxis erhalten konkret umsetzbare Hilfestellungen für eine zentrale Frage bei der Wahl ihrer Absatz- bzw. Vertriebswege.

Schloss Reichartshausen   Univ.-Prof. Dr. Roland Mattmüller

Danksagung

Die vorliegende Arbeit ist während meiner Tätigkeit bei der O_2 Germany GmbH & Co OHG entstanden. Das Unternehmen ermöglichte mir, die sensiblen Daten zur Auswertung zu erheben.

Meinem Doktorvater Herrn Prof. Roland Mattmüller möchte ich an erster Stelle danken. Ich weiß, dass es nicht immer leicht war mit einem sehr stark praxisorientierten Doktoranden wie mir. Die regelmäßigen Treffen in seinem Büro waren nicht nur fachlich, sondern auch menschlich eine große Bereicherung für mich. Gerade in der letzten Phase waren mir seine kritischen Anmerkungen aber auch sein Ansporn eine hilfreiche Trittleiter über so manches zähe Hindernis.

Herrn Prof. Dr. Heinz Klandt möchte ich für die zügige Erstellung des Zweitgutachtens und seine stets konstruktiven Kritik danken, die mir half, die wissenschaftlichen und realen Themenfelder gedanklich zu verbinden.

Nachdem das Leben jedoch neben der Arbeit von den drei weiteren Säulen Familie, Freundschaft und Gesundheit/Spaß getragen wird, möchte ich einen besonderen Dank aussprechen an meine Weggefährten, Freunde und Verwandten, die mich in den Jahren auf unterschiedlichste Weise unterstützt haben:

Den freiwilligen Experten aus Shop-Leitern, Franchisenehmern und Vertretern des Managements, die sich die Zeit nahmen, mit mir den Fragebogen auszufüllen und somit den Grundstein für die empirische Herangehensweise legten.

Meinem langjährigen Freund Dr. Andreas Most, der mir nicht nur mit stets fachlich fundiertem Rat und Tat zur Seite stand und mich antrieb weiter zu machen, sondern der mir gerade in der Startphase sehr viel Rückendeckung gegeben hat.

XII

Beate Wenzl, die als gute Seele meine Termine immer wieder in dem vollen Kalender des Professors unterbrachte und gerade vor Abgabe und Disputation das Unmögliche möglich machte.

Meiner Schwester Dr. Patrizia Mikulcik, die mir als Vorbild in der akademischen Laufbahn immer mit der passenden Formulierung weiter helfen konnte.

Meinen Eltern Sabine und Waldemar Mikulcik und meiner Omi Ingeborg Marufke, die nie müde wurden, mit all ihrer Liebe mich in dem Vorhaben zu bestärken, die Promotion voranzutreiben und abzuschließen.

Meiner Frau Nicola, die mit ihrer Geradlinigkeit nie ein Hehl daraus machte, dass sie das Vorhaben „Doktorarbeit" nur deswegen unterstütze, weil es mein Wunsch sei. Für diese Eigenschaft liebe ich dich so, meine Maus!

Und meiner kleiner Tochter Alina. Wenn Du die Arbeit später mal liest, sollst Du wissen, wie sehr Du mir hierbei geholfen hast, ohne es wahrscheinlich zu ahnen:

Jedes Mal, wenn die Feder stockte und die Zahlen, Formeln und Daten vor meinen Augen tanzten, habe ich mich einfach nur zu Dir gesetzt und Dir beim Spielen zugeschaut. Mit Deinem umwerfenden Lachen hast Du mir immer wieder Energie gegeben für die nächsten Zeilen.

Deswegen möchte ich Dir, meinem kleinen Flöhchen, meine Arbeit widmen

Marc K. Mikulcik

Inhaltsverzeichnis

Abbildungsverzeichnis

Tabellenverzeichnis

Abkürzungsverzeichnis

AHP	=	Analytic Hierarchy Process
AIW	=	Absatz-Ist-Werte
AGB-Gesetz	=	Gesetz über Allgemeine Geschäftsbedingungen
ARPU	=	Average Return per User
BGB	=	Bürgerliches Gesetzbuch
Churn	=	Change and Turn
CRM	=	Customer Relationship Management
DFV e.V.	=	Deutscher Franchise-Verband eingetragener Verband
FL	=	Filialleiter
FN	=	Franchisenehmer
HLR	=	Home Location Register
MMS	=	Multimedia Message System
NPV	=	Net Present Value
PA	=	Prinicpal Agent
SACs	=	Sales Acquisition Costs
SMS	=	Short Message System

1 Einleitung

Im ersten Kapitel gilt es den Rahmen aufzuzeigen, dem die Arbeit zugrunde liegt. Hierbei wird neben der Problemstellung und der Zielsetzung auf die wissenschaftliche und anwendungsbezogene Relevanz eingegangen.

1.1 Problemstellung

In den letzten vier Jahrzehnten wird Franchise als alternativer oder auch konkurrierender Vertriebskanal zum Filialsystem im europäischen und deutschen Markt[1] immer häufiger eingesetzt.[2]

Für einen Entscheidungsträger in der Praxis stellt sich die Frage, welcher Vertriebskanal in seiner jeweiligen Situation zu bevorzugen ist. Hierbei muss er vor dem Hintergrund seines Umfeldes (Branche, Kundestruktur, Lebenszyklus etc.) und seiner Zielarchitektur (Gewinn, Marktdurchdringung, Absatz etc.) abwägen. In der Literatur wird die Thematik der Wahl des Absatzsystems vielfach diskutiert.[3]

In dieser Arbeit werden die Absatztreiber der beiden Kanäle, die als Grundlage für die Wahl des absatzoptimierenden Vertriebskanals in Frag kommen, in Augenschein genommen.

Die stark verbreitete These, dass durch Franchisenehmer geführte Absatzwege aufgrund größerer Motivation und eigenständigen Unternehmertums[4] stets eine stärkere Absatzwahrscheinlichkeit erwarten lassen als mitarbeiterbetriebene Shops[5], diese dafür aber

---

[1] Vgl.: Schulz, A., S.132 (1992); Ditges, F., S.14, (2001)
[2] Vgl.: Seshadri, S., S.356, (2002),
[3] Mattmüller spricht der Untersuchung der Absatzsysteme auf ihre Vorteilhaftigkeit eine wichtige Rolle zu, da es sich um eine unternehmerische Entscheidung von allerhöchster Priorität handelt. Die anschließende Wahl des Absatzsystems ist im signifikanten Maße erfolgsrelevant. Vgl.: Mattmüller, R., S.190, (2000)
[4] Vgl.: Mattmüller, R. / Killinger, S., S.581, (1998)
[5] Vgl.: Yin, X. / Zajac, E. J., S.367, (2004)

profitabler sind[6], wird somit empirisch am Beispiel des Mobilfunkunternehmens O_2 (Germany) Gmbh & Co. OHG[7] untersucht.

1.2 Wissenschaftliche und anwendungsbezogene Relevanz der Arbeit

Die vorliegende Arbeit beschäftigt sich zum einen mit dem Vergleich zweier exklusiver Vertriebssysteme untereinander unter der Ausdifferenzierung der jeweiligen Charakteristika und Eigenschaften. Zum anderen werden die Beziehungen der Betreiber der Absatzsysteme, also der jeweiligen Leiter, zu deren Zentrale gewürdigt. Hierbei werden die Austauschprozesse zwischen Arbeitgeber und –nehmer und Franchisegeber und – nehmer untersucht.

Zwei Grundpfeiler dienen der Herangehensweise:

Die Beziehungen der Parteien unter- und zueinander werden mithilfe der „Neuen Institutionen Ökonomie"[8] dargestellt und erklärt. Im Fokus stehen in diesem Zusammenhang die Informationsasymmetrien und die sich daraus ableitenden Handlungsalternativen für die Aktoren und die sich wiederum hieraus ergebenden negativen Implikationen auf das Gesamtgeflecht oder den einzelnen Entscheider selbst.

Als analytisches Hilfsinstrument zur Beantwortung der Forschungsfrage wird der „Analytic Hierarchy Process"[9] eingesetzt, um aus den ermittelten Erfolgsfaktoren über die subjektiven und verhältnismäßigen Äußerungen einer Expertenrunde eine priorisierte Attributenaufstellung zu errechnen, die eine normierte Gegenüberstellung der betrachteten Outlets erlaubt.

Die wissenschaftliche Relevanz der vorliegenden Arbeit ist in der Verschmelzung der theoretischen Betrachtung und Analyse der Beziehungsfelder einerseits und vor allem

---

[6] Vgl.: Martin, R., S.959, (1988); Krueger, A., S.81 (1991)
[7] im folgenden vereinfacht als O_2 Germany bezeichnet
[8] Vgl.: Picot, A. / Dietl, H. / Franck, E., S.54ff, (1999)
[9] Vgl.: Saaty, T. L., (1980); Forman, E.H., (1993)

der dem Erfolg zugrunde liegenden Attribute mit den empirisch abgeleiteten Ergebnissen andererseits zu sehen. In der Literatur ist bis dato kein Versuch unternommen worden, über die wissenschaftliche Evaluierung der realen Ergebnisse zweier Vertriebskanäle eine fundierte nivellierte Aussage über Güte und Qualität der selbigen treffen zu können. Anwendungsbezogen bringt das Ergebnis der Arbeit eine Möglichkeit, mithilfe der erhobenen Daten und Vorgehensweisen reale Entscheidungsfragen in Bezug auf Gestaltung der Vertriebskanalstrategie zu beantworten.

1.3 Zielsetzung der Arbeit

Die vorliegende Arbeit stellt einen Vergleich zwischen den Erfolgsfaktoren bei Franchisesystemen und Filialsystemen an. Anhand empirisch erhobener Daten aus dem Mobilfunkmarkt Deutschlands am Beispiel des Netzbetreibers O_2 (Germany) Gmbh & Co. OHG soll eine gesicherte Erkenntnis erarbeitet werden, welche Schritte bei der Wahl des Vertriebskanals für ein Unternehmen zu beachten wären, sofern nach dem Prinzip der Absatzoptimierung entschieden würde.

Ziel ist es demnach die absatzbeeinflussenden Determinanten beider Systeme zu lokalisieren und deren jeweilige Wirkung auf die Kanäle zu berechnen. Dies geschieht insbesondere vor dem Hintergrund der jeweiligen Eigenheiten und Besonderheiten der unterschiedlichen Absatzarme. Diese sind in den Spezifika der räumlichen Anordnung, der betrieblichen Führung aber auch und im Besonderen in den divergierenden Einstellungs- und Zielmustern und der sich daraus ergebenden Handlungsweisen der Aktoren zu sehen, die in der vorliegenden Arbeit eingehend untersucht werden.

Die Forschungsfrage wird mit den berechneten Ergebnissen beantwortet, welche Erfolgsfaktoren in welchem Ausmaß auf beide Systeme wirken.

1.4 Aufbau der Arbeit

Das erste einleitende Kapitel zeigt die Problemstellung und neben der wissenschaftlichen und anwendungsbezogenen Relevanz den Aufbau der Arbeit auf.

Im zweiten Kapitel werden neben der Darstellung des Markts der Telekommunikation vor allem die beiden unterschiedlichen Vertriebsformen beschrieben und Hauptdifferenzierungsmerkmale ausgearbeitet.

Die theoretisch-wissenschaftlichen Grundlagen für die folgende empirische Untersuchung werden im dritten Kapitel geliefert. Als theoretischer Bezugsrahmen wird die Neue Institutionen Ökonomie gewählt. Dem „Principal-Agent-Ansatz" kommt bei der Erklärung der Verhaltens- und Entscheidungsmuster von einerseits Franchisenehmer und -geber und andererseits Arbeitnehmer und –geber eine zentrale Rolle zu.

Das vierte Kapitel beschäftigt sich mit der Beschreibung des empirischen Untersuchungsmodells des „Analytic Hierarchy Process" (AHP), in dem die beiden Vertriebsarten einander gegenüber gestellt werden. Wichtig hierbei ist es, die hohe Komplexität zu reduzieren, ohne aber gleichzeitig die Realitätsnähe zu verlieren und Wirkungsmechanismen zu übersehen.

Gerade im Einzelhandel ist die Erfolgszurechnung problematisch. Eine monokausale Zurechenbarkeit von bestimmten Faktoren auf den Absatzerfolg ist schwer möglich. Die Merkmale führen nicht einzig und direkt zu bestimmten Ausprägungen.[10]

Als grundlegende Annahme gilt die Erkenntnis, dass es einige wenige grundlegende Faktoren gibt, die für jedes Unternehmen wichtig sind und somit den Erfolg, hier Absatz, des Unternehmens hauptsächlich bestimmen. [11]

Hierbei gilt es, alle maßgeblichen Attribute zu eruieren, die Einfluss auf den Erfolg haben, und in eine Wertigkeitsskala zu überführen. Dabei können die Fakto-

---

[10] Vgl.: Wahle, P., (1991); Schröder, H., (1994); Chakravarthy, B. S., (1986)
[11] Vgl.: Dellmann, K., (1991); Daschmann, H. A., (1994)

ren qualitative und quantitative Merkmale beinhalten bzw. harte und weiche Komponenten besitzen: Harte Faktoren werden als leicht quantifizierbar verstanden und sind somit messbar, weiche hingegen als eher subjektiv bewertbar. Die einzelnen Faktoren werden zwar in ihren jeweiligen spezifischen Maßeinheiten gemessen; so z.B. Öffnungszeiten in Stunden, Schaufensterfläche in Quadratmetern und Kaufkraft in Indexpunkten. Sie werden aber mithilfe des AHP bzgl. ihrer Wertigkeit vergleichbar gemacht. Diese Faktoren werden in einem Fragebogen aufgelistet, der die Grundlage für das Experteninterview darstellt, das im fünften Kapitel erläutert wird.

Ein Expertengremium aus Franchisenehmern, Filialleitern und Vertretern des Managements weisen den jeweiligen Attributen mit ihren Antworten in den Interviews eine Wertigkeit zu, die im aggregierten Zustand eine Aussage über die relative Wichtigkeit im Gesamtgefüge widerspiegelt. Für diese Attribute werden dann für jedes Outlet die realen Ist-Werte ermittelt, um zu erfahren, auf welchen Grundvoraussetzungen der Vertrieb jedes Ladenlokals beruht.

Im letzten Teil des fünften Kapitels werden die jeweiligen Absatzergebnisse der jeweiligen Franchise- und Filial-Shops betrachtet, bewertet und einander gegenüber gestellt, um der Frage nachzugehen, welcher Vertriebskanal aus Sicht aller betroffenen Entscheidungsträger im Hinblick auf Absatzoptimierung sinnvoller ist.

In einem sechsten Kapitel werden die Erkenntnisse aus dem Projekt und die nötigen Ableitungen vorgestellt. Es werden Handlungsanweisungen angerissen, die einem Entscheider bei vergleichbaren Marktstrukturen ermöglichen sollen, selbst einen Vertriebsapparat in Bezug auf Absatz möglichst effizient und zielgerichtet aufstellen zu können.

Eine allgemein gültige Regel bzw. ein Normativum ist nicht zu erwarten, da Branche, Marktumfeld und Organisationsstruktur einen erheblichen Einfluss haben. Daher sei es demjenigen, der diese Arbeit für seine operativen Zwecke nutzt, überlassen, die für ihn zutreffenden Umweltbedingungen in das vorgegebene Gerüst zu adaptieren.

Das Schlusswort in einem siebten Kapitel dient der Zusammenfassung der oben gewonnenen Ergebnisse.

2 Darstellung der unterschiedlichen Vertriebsformen im Mobilfunkmarkt

In diesem Kapitel werden die praktischen Grundlagen des Forschungsfeldes erläutert. Zum einen werden die zwei betrachteten Vertriebskanäle umrissen und ein kurzer Überblick über weitere Absatzmethoden gegeben. Zum anderen werden die Spezifika des Mobilfunkmarktes in Bezug auf Struktur und Nomenklatur aufgezeigt.

2.1 Franchise allgemein und bei O₂ Germany

Franchising ist eine mittlerweile weit verbreitete Vertriebsform von Waren und Dienstleistungen, deren Kerngedanke auf der Abgabe eines Privilegs oder einer profitablen Idee gegen Entgelt beruht.[12] Der Franchisegeber überlässt dem Franchisenehmer gegen Gebühr und auf eigenes Risiko die erforderlichen Marken- und Know-How-Schutzrechte an festgelegten Produkten, Prozessen, Abläufen etc. für eine vereinbarte Dauer.[13] Er überwacht die strikte Einhaltung der Vorgaben und unterstützt den Franchisenehmer mit zahlreichen Dienstleistungen.[14]

Damit kann Franchising als Konzept mit dezentralen Vertriebsstellen über betriebsfremde Verkaufsorgane verstanden werden, die auf einem direkten Absatzweg vermarkten.[15]

Diese genau vertraglich geregelte Kooperation findet ihre Wurzeln bereits in der Antike Roms, wo staatshoheitliche Geschäfte wie Steuereintreibung, Bergwerksbetreibung etc. an Personen vergeben wurden.

---

[12] Vgl.: Stein, G., (1996)
[13] Vgl.: Holmström, B. / Milgrom, P., S.24, (1991). Die beiden genannten Autoren sprechen von Multitask-Beziehungen, bei denen der Franchisenehmer mit dem Vertrieb und der Investition in die Reputation des Gesamtunternehmens zwei Aktivitäten erbringen muss.
[14] Vgl.: Ahlert, D., S.88, (1981)
[15] Vgl.: Kaub, E., S.48ff, (1980)

Erstmalig wurde „Franchise" im 12. Jahrhundert in Frankreich namentlich erwähnt: Mit den versteigerten „Chartes des Franchises" erhielten die Meistbietenden wiederum von den Machthabern die Genehmigung, das Recht der land- und volkswirtschaftlichen Nutzung an Dritte weiter zu geben.[16]

Laut Kaub[17] leitet sich der Begriff aus dem französischen *affranchir*[18] ab, gleichbedeutend mit *befreien* bezogen auf Abgaben, Steuern, Zölle etc.

Für den Deutschen Franchise Verband e.V. (DFV) wurde von Kaub eine Begriffsdefinition erstellt, den der DFV als Grundlage sieht:[19]

Nach Tietz definiert sich der Begriff des Franchising[20] nach zehn Kriterien. [21]

---

[16] Vgl.: Kunkel, M., S.3, (1994)
[17] Vgl: Kaub, E., S.29, (1980)
[18] Vgl.: Metzlaff, K., S.2, (1994); Klapperich, J., S.187, (2003)
[19] DFV e.V., S.7, (2002): „Franchising ist ein vertikal-kooperativ organisiertes Absatzsystem rechtlich selbstständiger Unternehmen auf der Basis eines vertraglichen Dauerschuldverhältnisses. Dieses System tritt am Markt einheitlich auf und wird geprägt durch das arbeitsteilige Leistungsprogramm der Systempartner, sowie durch ein Weisungs- und Kontrollsystem eines systemkonformen Verhaltens. Das Leistungsprogramm des Franchise-Gebers ist das Franchise-Paket. Es besteht aus einem Beschaffungs-, Absatz- und Organisationskonzept, dem Nutzungsrecht an Schutzrechten, der Ausbildung des Franchise-Nehmers und der Verpflichtung des Franchise-Gebers, den Franchise-Nehmer aktiv und ständig zu unterstützen und das Konzept ständig weiter zu entwickeln. Der Franchise-Nehmer ist im eigenen Namen und für eigene Rechnung tätig; er hat das Recht und die Pflicht, das Franchise-Paket gegen Entgelt zu nutzen. Als Leistungsbeitrag liefert er Arbeit, Kapital und Information."
[20] Vgl.: Meffert, H., S.639ff, (2000), der in diesem Zusammenhang näher auf die Leistungen des Franchisegebers eingeht.
[21] Tietz, B., S.12, (1991):
Vertragliche Basis
Dauerhafte Zusammenarbeit zwischen Franchisegeber und Franchisenehmer mit Absicherung einer marktkonformen Weiterentwicklung des Systems
Vertikale Systemstruktur mit Regelungen der Arbeitsteilung zwischen den Partnern und der Absicherung einer tragfähigen Organisation
Rechtliche Selbstständigkeit des Franchisenehmers
Unternehmerische Selbstständigkeit des Franchisenehmers im Rahmen der vertraglichen Vereinbarungen
Einräumung von Nutzungsrechten oder der Bereitstellung eines Franchise-Paketes durch den Franchisegeber gegen Entgelt, z.B. für- Marken, Namen, Firmenzeichen- Produktionsverfahren oder Rezepturen- Image und Erfahrung- Absatzprogramme
Verpflichtung des Franchisenehmers zu im einzelnen festgelegten Handlungsweisen, z.B. zu - Informationspflicht- systemkonformem Verhalten
Weisungs- und Kontrollrechte des Franchisegebers
Beim Franchisenehmer Einsatz von persönlicher Arbeitskraft, von Mitarbeitern und von Kapital
Unterstützung des Aufbaus und der Führung des Betriebs durch den Franchisegeber

9

In der heutigen Zeit sind diese Grundgedanken beibehalten worden und beziehen sich auf mehrere Arten des Franchising: Vom reinen Produkt-Waren-Franchising über das Halbfertigwaren-Franchising bis hin zum immer stärker werdenden Betriebs-Franchising.[22]

Als erster Franchise-Vertrag in der „Neuzeit" wird das Abkommen von Coca Cola mit einem Unternehmen in Boston im Jahr 1892 bezeichnet, der den langfristigen Absatz von Sirup beinhaltete.

Die Weiterentwicklung, die dann in den USA und in Europa in den fünfziger Jahren sich sehr stark durchgesetzt hat, wird als „business format franchising"[23] bezeichnet. Es besteht hauptsächlich aus der Lizenzierung einer Marke, den damit verbundenen Rechten, Know-how und der Ablauforganisation für den Vertrieb von Waren und Dienstleistungen.

Zu erwähnen ist, dass die klaren Abgrenzungen zu anderen Absatzmethoden, wie Vertragshändler-, Lizenzvertrags-, Ketten- oder Kooperationssystemen sehr schwierig sind und in der Literatur[24] ausgiebig diskutiert werden. In dieser Arbeit wird hierauf nicht näher eingegangen.

In der vorliegenden Arbeit wird das Franchise-System des Mobilfunk-Betreibers O2 Germany untersucht, das der Autor entwickelt und aufgebaut hat. In den Fokus werden die aktuell eröffneten 24 bundesweiten Franchise-Ladenlokale gestellt, die unterschiedlich große Erfahrungskurven aufweisen können.[25]

---

[22] Vgl.: Tietz, B., S.29, (1991), der den Begriff Franchising in Produkt- und Warenfranchising auf der einen Seite und Leistungsprogrammfranchising auf der anderen Seite unterteilt.
Vgl.: Skaupy, W., S.26 ff, (1995) der den Begriff in drei Bereiche untergliedert: Beim Produkt-Franchising wird ein Produkt nach den Vorgaben des Franchisegebers von einem Franchisenehmer hergestellt und vertrieben. Das Vertriebs-Franchising ist am meisten verbreitet und bezieht sich auf die meisten Handels-Franchise-Modelle. Das Dienstleistungs-Franchising bezeichnet die Gestattung und Vermittlung des Know-Hows des Franchisegebers an den Franchisenehmer zur Durchführung von über den reinen Vertrieb hinausgehende Service-Leistungen dem Kunden gegenüber. Auch das in dieser Arbeit betrachtete Modell lässt sich in dieser Kategorie einordnen.
[23] Vgl. Skaupy, W., S.1ff, (1995)
[24] Vgl.: Eßer, G., S.42 ff, (1995)
[25] Dieser Vertriebskanal wie auch das Filialsystem wird von der O2 (Germany) Shop GmbH, einer Tochter der O2 Germany, verantwortet und betrieben.

Vorab wurde in vier Pilotbetrieben ab dem ersten Quartal des Jahres 2003 das Konzept positiv getestet und nach geringen Korrekturen inhaltlicher und vertraglicher Natur dann über die gesamte Bundesrepublik ausgerollt.

Vor dem Hintergrund der spezifischen Branchen-Situation im Telekommunikationsmarkt sei erwähnt, dass der Franchisenehmer bei seiner Haupttätigkeit des Vermittelns von Mobilfunkverträgen nicht auf eigene Rechnung arbeitet, sondern als Mittler dieses Laufzeit-Kontraktes auftritt. Da für die Erbringung der Leistung „Telefonieren" und „Datenübertragung" eine erhebliche Infrastruktur, finanzielle Größe und Nachhaltigkeit nötig sind, ist eine Provisionierung des Partners im Markt üblich und auch mit dem internationalen Umfeld vergleichbar.

In der vorliegenden Arbeit werden die Franchise Shops der O$_2$ (Germany) Shop GmbH exemplarisch untersucht.

Bei dem Aufbau des Franchise-Kanals wurde sehr großen Wert auf die Exklusivität des Partners gelegt. Diese bezieht sich nicht nur auf das Ladenlokal, was als selbstverständlich angesehen werden kann, sondern auch auf den Franchisee als Kaufmann. Ihm ist laut Franchise-Vertrag untersagt, Wettbewerbsprodukte in welcher Form an welchem Platz auch immer zu vermarkten.[26] Damit ist es dem Franchisegeber faktisch geradezu unmöglich, bestehende erfolgreiche Fachhändler aus dem Markt zu rekrutieren, da sie ihr bereits bestehendes berufliches Standbein ansonsten aufgeben müssten.

Das Ziel dieser Herangehensweise ist es, mit dieser Exklusivität die Loyalität des Franchisenehmers dem Franchisegeber und dem System gegenüber zu erhöhen. Diese stark einschränkende Forderung muss sich demnach in der Verdienstmöglichkeit für den Franchisenehmer positiv wieder finden. Das Vergütungsmodell für die Franchise-Partner ist auf dem Franchise-Markt in Deutschland bisher einmalig und wird von den Fachmedien durchwegs positiv getestet und als sehr partnerschaftlich verstanden.[27]

---

[26] Bieberstein, I., S.274, (2001): „Die hohen System- und Qualitätsstandards stellen hohe Anforderungen an die Franchisenehmer verbunden mit einer hohen Arbeitsbelastung."

[27] Vgl.: o.V., funkschau handel, S.1 und S.4, (2004); o.V., impulse, S.74 ff, (2004)

In einem ersten Schritt wird von der Vertriebsleitung und Controlling eine stand-
ortindividuelle Sollvorgabe anhand Kaufkraft, Wettbewerbsumfeld, Lage, Größe
der Stadt errechnet. Diese Sollvorgabe enthält Vertrags-, Prepaid-Kunden und
Vertragsverlängerer (Retention).

Diese drei Komponenten werden mit dem durchschnittlichen Provisionssatz (Er-
klärung weiter unten) multipliziert, um die Provisionseinnahmen des Partners bei
Zielerfüllung zu errechnen. Hinzuzurechnen sind Erlöse aus dem Verkauf von
Zubehör und Aufladekarten. Diesem Eurobetrag werden sämtliche zu erwartenden
Geschäftskosten gegenüber gestellt: Miete inkl. Nebenkosten, Gehälter für Mitar-
beiter, Betriebsmittel wie Telefon, Strom, Buchhaltung, Büromittel etc.

Der fehlende Betrag zu 60.000 Euro[28] aus der sich hieraus ergebenden Differenz
wird dem Partner monatlich als Unterstützung gewährt.

Hierzu ein Beispiel aus der Praxis mit abgerundeten Zahlen:

+ Provisionseinnahmen bei 100%	100.000 Euro
+ Zubehör, Aufladekarten	21.000 Euro
./. Miete und Gehälter	85.000 Euro
./. Betriebsmittel	15.000 Euro
= Differenz	21.000 Euro
= Unterstützung (fehlend auf 60.000)	39.000 Euro
-> Monatliche Zahlung einer Unterstützung von	3.250 Euro

Abbildung 1: Grobberechnung der Franchise Einnahmen-Situation

---

[28] In der Projektierungsphase bei der Planung des Franchise Kanals wurden 60.000 Euro durchschnittlichen Jahresverdienstes eines Franchisenehmers als motivierendes Ziel festgelegt. Zum einen wurde
diese Höhe als Mittelwert bei Befragungen von potentiellen Franchise-Kandidaten genannt auf die
Frage, wie viel Profit eine Partnerschaft erbringen müsse, damit sie als interessant eingestuft wird. Zum
anderen wurde das durchschnittliche Shop-Leiter Gehalts von ca. 35.000 – 40.000 Euro als Basis
genommen und mit einem 30%igen Aufschlag versehen. Bei Hinzurechnung der höheren Ausgaben des
Selbstständigen in Bezug auf Rente, Kranken- und Arbeitsabsicherung ergibt sich daraus ungefähr der
Wert von 60.000 Euro.

Mit diesem Vorgehen soll auf der einen Seite dem Franchisenehmer ein starker Anreiz vermittelt und auf der anderen Seite eine Nivellierung aller Outlets in Deutschland geschaffen werden.

Damit ist eine Bereinigung von Standortunterschieden, wie z.b. „größere Stadt", „bessere Lage" etc. gemeint, die im Vorfeld bereits offensichtlich sind. Es sollte jedem Partner in Deutschland dieselbe Chance ermöglichen, seinen Unternehmerlohn von 60.000 Euro zu erhalten oder gar zu übertreffen.

Der durchschnittliche Provisionssatz ergibt sich aus zwei Komponenten. Der Berater soll angehalten werden, möglichst qualitativ hochwertige Kunden zu gewinnen und gleichzeitig die Einstandskosten zu minimieren.

Ersteres kann am Vertragstyp festgemacht werden, den der Kunde eingeht. Ein Geschäftskundenvertrag mit hoher monatlicher Grundgebühr und niedrigeren Minutenpreisen wird mit hoher Wahrscheinlichkeit bspw. mehr Gesprächsumsatz erzeugen als ein Tarif für Wenigtelefonierer.

Das zweite Ziel wird sehr stark durch die Wahl des Kunden bezüglich des Telefons, also der Hardware, beeinflusst. Die in Deutschland übliche Subventionierung der Endgeräte bei Vertragsbeginn oder –verlängerung unterscheidet sich von Gerät zu Gerät mitunter um bis zu 300 Euro. Da der Partner die Endgeräte auf Kommission erhält und verkauft, würde sich diese Differenz nicht in seiner Gewinn- und Verlustrechnung niederschlagen, sondern nur beim Franchisegeber.

Über ein Punktesystem werden dem Partner bei hochwertigen Verträgen und niedrig subventionierten Geräten Anreize gesetzt. Bei Verträgen von niedrigerem Wert und hoch unterstützten Telefonen bekommt er nur eine kleine Provision.

Auf weitere Einzelheiten des gesamten Provisionssystems wird hier zur Vereinfachung verzichtet.

Ziel des Vergütungssystems ist es, dem Partner einen ähnlichen Zielkorridor vorzugeben, wie ihn das Unternehmen hat. Im Idealfall hätte dieser Partner dieselbe wirtschaftliche Ausrichtung wie der Franchisegeber und würde demnach dieselben operativen und strategischen Entscheidungen treffen wie der Franchisegeber, wenn dieser das Ladenlokal selbst betreiben würde. Dass dies in der Realität dennoch nicht gegeben ist, wird durch die in Kapitel 3 erklärte Principal-Agent-Theorie erklärt.

2.2 Filialsystem allgemein und bei O₂ Germany

Der Filialbetrieb ist im Einzelhandel eine altbekannte und gesetzte Größe. Er ermöglicht einem Unternehmen mit einem durchgängigen Konzept in mehreren Städten, Regionen oder Ländern einen einheitlichen Auftritt in Bezug auf Produkte, Service, Erscheinung und auch Personal, da Filialen wirtschaftlich und rechtlich unselbstständige Teile des Unternehmens sind.[29] Das vorhandene Konzept wird damit über ein dezentrales Vertriebssystem[30] mit betriebseigenen Verkaufsorganen auf dem direkten Absatzweg vermarktet.[31]

Filialbetriebe sind nach Bidlingmaier[32] „[...]Gruppen von Einzelhandlungen, die dem gleichen Eigentümer gehören, weitgehend einheitlich geleitet werden und deren Sortimente inhaltlich im hohen Maße kongruent sind."

Beim direkten Absatz wird der Verkauf bis zum Verwender des Produktes vollständig von betriebseigenen Organen übernommen.[33] Es wird also kein unternehmensfremdes Organ in den Absatzweg eingeschaltet.[34]

Dadurch verlangt dieser direkte Absatzweg einen größeren Kapitalbedarf für die Absatzorganisation und die Lagerhaltung. Je direkter ein Absatzweg ist, desto teurer ist er für das Unternehmen.[35]

---

[29] Vgl.: Gutenberg, E., S.105, (1984)
[30] Mattmüller, R. / Tunder, R., S.390, (2004) weisen darauf hin, dass es sich entgegen der Erklärung des „[...] Ausschusses für Begriffsdefinition aus der Handels- und Absatzwirtschaft [...]", der mindestens fünf Verkaufsfilialen verlangt, um von einem Filialunternehmen zu sprechen, bereits ab der insgesamt zweiten identischen Verkaufsstelle um ein Filialsystem handelt.
[31] Vgl.: Gutenberg, E., S.104, (1984)
[32] Vgl.: Bidlingmaier, J., Sp.540, (1974)
[33] Vgl.: Falter, H., S.50, (1992)
[34] Vgl.: Heinen, E., S.623, (1991)
[35] Vgl.: Wöhe, G., S.745, (1990)

14

Es gibt hierbei jedoch keine Regeln oder Normen, die den Grad der zentralen Planung, Steuerung, Regelkontrolle vorgeben. Es obliegt dem Eigentümer bzw. der Zentrale, die Freiheiten der Filialen[36] hierbei zu erweitern oder einzuschränken. Zu beachten gilt bei dieser Entscheidung, dass in der vertikalen Organisationsstruktur eine straffe Führung eine schnelle Umsetzung von Maßnahmen und Richtlinien ermöglicht.[37] Somit können Entscheidungen nicht vom Handel durchkreuzt und bis zum letzten Nachfrager unmittelbar beeinflusst und überwacht werden[38].

Als Instrumente dienen hier neben den rein disziplinarischen Mitteln vor allem auch Prämiensysteme[39], die jedoch das unternehmerische Risiko bei Misserfolg i.d.R. auf ein Ausbleiben der Boni beschränkt.[40]

Entstanden Ende des letzten Jahrhunderts aus ehemaligen Konsumgenossenschaften[41] breitete sich diese Unternehmensform sehr stark im Groß- und Einzelhandel aus. Der Industrialisierung mit den Effekten von Wohlstand, Bevölkerungswachstum, flächenmäßiger Ausdehnung begegnete der Handel mit dem Aufbau der Filialisierung.

In der Literatur sind Bewegungen zu finden, die dieses Konzept klar dem Lizenz-Geschäft und damit dem Franchise-System vorziehen. Martin[42] und Lafontaine[43] sehen im Filialsystem den überwiegenden Vorteil der Bindung der Mitarbeiter an das Mutter-Unternehmen. Die damit fehlende notwendige Anreizschaffung lässt dieses System unrentabler erscheinen.

---

[36] Der Begriff leitet sich aus dem lateinischen Filia ab und steht für Tochter im Gegensatz zum Mutterhaus.
[37] Vgl.: Kaub, E., S.57ff, (1980)
[38] Vgl.: Kaltenbach, H., Sp.469, (1974)
[39] Vgl.: Tietz, S.19, (1991). Er weist darauf hin, dass der Filialleiter normalerweise an der Filiale nicht beteiligt ist. Somit trägt er kein unternehmerisches Risiko und besitzt dadurch ein geringeres unternehmerisches Engagement. Vgl.: Kaub, E., S.57 (1980).
[40] Vgl.: Boehm, H., S.76, (1995)
[41] Vgl.: Tietz, B., S.843 (1983)
[42] Vgl.: Martin, R. E., S.954f (1988)
[43] Vgl.: Lafontaine, F., S.263f, (1992)

In der vorliegenden empirischen Studie werden die unternehmenseigen geführten Filialen der O_2 (Germany) Shop GmbH bewertet. Die ersten zehn Filialen eröffneten mit dem Mobilfunk-Start der damaligen VIAG Interkom GmbH am 1.Oktober 1998.

Bis zum 31.12.2004 wurde ein Filialnetz von ca. 110 eigenen O_2 Shops aufgebaut. Diese Zahl ist als Saldo zu verstehen aus Neueröffnungen und Schließungen aufgrund von Nichtrentabilität, Standortpolitik vor dem Hintergrund unternehmenseigener oder externer Konkurrenz und geänderter Konsumentenfrequenzen.[44]

Beim Aufbau der Vertriebsaktivitäten der VIAG Interkom GmbH[45] entschied man sich für einen Mix aus direkten und indirekten Absatzwegen. Der direkte Kanal, damals nur der Filialbetrieb, sollte eine direkte Steuerung ermöglichen.

Auch im Jahr 2004 ließ sich anhand des „Average Return per User" (ARPU) feststellen, dass der Umsatz der im Shop-Kanal generierten Kunden im Durchschnitt ein bis zu 15% höheren Wert aufweisen als in den anderen indirekten Kanälen wie Großfläche, Fachhandel, Distribution etc..

Der Shop-Kanal wirkt hierbei neben dem eigentlichen Vertriebszweck auch als Werbe-Instrument. Man kann die Shops in den 1a-Lagen auch als Litfasssäulen des Unternehmens bezeichnen.

Die Mitarbeiter werden nach einem durchgängigen Bonussystem[46] bezahlt. Hierbei werden 60% des Zielgehaltes als fixe Komponente und weitere 40% als erfolgsabhängiger Teil vergütet. Letzterer setzt sich aus der quantitativen Zielerfüllung des jeweiligen Shops als auch der jeweiligen Region und der Erreichung von

---

[44] Als Beispiel sei hier die Innenstadt von Dresden zu nennen, in der sich nach der Hochwasserkatastrophe im Sommer 2002 die Konsumentenströme sehr stark geändert haben

[45] VIAG Interkom GmbH war das Mobilfunkunternehmen, aus dem 2001 die O_2 Germany als Rechtsnachfolger hervor gegangen ist

[46] Die hier erläuterte Vergütung der Shop-Mitarbeiter ist sehr vereinfacht dargestellt. Da die dazu gehörige Betriebsverfassung ca. 50 Seiten umfasst, sind hier nur die für den Mitarbeiter relativ stark spürbaren Entgelte dargestellt. Es wird bspw. nicht näher auf die Vergütung des Zubehörverkaufs, Handy-Versicherungen, Erklärungs-Services usw. eingegangen.
Der Bonusplan ist die jeweilige Grundlage der Vergütung der Shop Mitarbeiter, der jedes Jahr zwischen der Geschäftsleitung und dem Betriebsrat vereinbart wird. Hierin werden sämtliche Einzelheiten geregelt, von Höhe der geldlichen Zuwendungen bis hin zu den gesetzten jeweiligen Zielen.

individuellen qualitativen Zielen, die halbjährlich zwischen Vorgesetztem und Mitarbeiter vereinbart werden, zusammen.

Die quantitativen Ziele werden analog dem Franchise-System berechnet und gesteckt.[47]

Bei einer Zielübererfüllung kann damit monatlich ein Satz von über 100% erzielt werden.

Diese Berechnung gilt für den Shop-Mitarbeiter ebenso wie für den Filialleiter. Hintergrund dieser Vergütung ist es, auf der einen Seite eine motivatorische Komponente über den variablen Anteil zu erzeugen.

Auf der anderen Seite wird nicht nur die individuelle Leistung, sondern sehr stark die Gruppenleistung des Shops und der Region bewertet, um ein Miteinander zu fördern, das sich wiederum als Geschlossenheit dem Kunden gegenüber präsentiert. Freundlichkeit, Serviceorientiertheit und damit auch Kundennähe, die sich in Steigerung des Absatzes widerspiegeln, sollen die Folge sein.

2.3   Kritische Würdigung der beiden Systeme

Aufgrund der vertraglich fixierten und gewollten Konformität der unterschiedlichen Outlets ist von außen eine Unterscheidung beider Systeme meist nicht möglich.[48] Somit ist eine optische Erkenntnis, ob es sich um einen Filial-Shop oder um einen Franchise-Shop handelt, stark erschwert.[49]

---

[47] Zu erwähnen sei noch, dass in den letzten drei Jahren jeweils zur Mitte des Geschäftsjahres die internen Ziele des Abverkaufs erhöht wurden. Dies hatte zwar keine Auswirkung auf den mit dem Betriebsrat vereinbarten Bonusplan und somit auch nicht auf die monatliche Vergütung.
Dennoch ist die motivierende oder vielmehr demotivierende Komponente nicht außer Acht zu lassen, die entsteht, wenn mit zweierlei Maß gemessen wird und der Druck auf das Verkaufspersonal erhöht wird, obwohl das vermeintliche Ziel des Abverkaufs bereits erreicht wurde.

[48] Meyer, P. W., S.121, (1973) spricht vor diesem Hintergrund bei Franchising von „freiwilliger Filialisierung".

[49] Vgl.: Wessels, A. M. / Schulz, A., S.66, (2003)

Einer der Hauptunterschiede zwischen beiden Systemen ist die unterschiedliche Absatzform: Während es sich bei der Filiale um eine unternehmenseigene Niederlassung handelt mit fest angestelltem und somit auch finanziell verhältnismäßig gut abgesichertem Personal, betreibt der Franchise-Partner als Unternehmer eine betriebsfremde Vertriebsstelle für seinen eigenen Erfolg.

Hieraus werden die in der Literatur[50] oft zitierte größere Selbstmotivation und der sehr starke Erfolgstrieb bei dem Franchise-Partner abgeleitet, was in dieser Arbeit einen erheblichen Anteil der Beobachtungen ausmacht.

Ebenso sei zu erwähnen, dass in einem Filialsystem Steuerungsmechanismen direkter und schneller greifen. Ein hierarchisches System bietet zeitnähere und direktere Anreiz- und Sanktionsmöglichkeiten als ein vertragliches Gebilde, wie das Franchise-System. Damit ist im Filialbereich eine zentrale Einkaufs-, Preis-, Kommunikations-, als auch Steuerungsleistung im Allgemeinen noch leichter umzusetzen als bei dem selbstständigen Unternehmer vor Ort.

Diesem vermeintlichen Nachteil der Aufgabe möglicher Selbstbestimmung des Franchisenehmers bringt das System sowohl die Einheitlichkeit und damit gegebene Größenvorteile als auch die Freiheit für den Partner, seine eigenen Ideen und damit sein Netzwerk einzubringen, entgegen.

Beide Absatzsysteme werden also zentral gesteuert und damit rational geplant und organisiert.[51] Alle übergeordneten Themen werden demnach aus strategischen und Effizienz-Gesichtspunkten über das Hauptquartier also die Zentrale gesteuert.[52]

Zu den Zentralaufgaben gehören unter anderen:

---

[50] Vgl.: Kaub, E., (1980); Martin, R. (1988); Krueger, A., (1991); Mattmüller, R., (1999); Picot, A. / Wolf, B., (1995); Clemens, R., (1988) et al.

[51] Vgl.: Küster, M., S.21, (2000), der auf den Unterschied verweist, dass beim Franchising zwei selbstständige Unternehmen einen Vertrag abschließen mit dem Ziel, Waren und Dienstleistungen wettbewerbsgerecht am Markt anzubieten und zu vertreiben. Im Filialsystem wird dieser Vertrag hingegen zwischen einem Selbstständigen und einem Arbeitnehmer geschlossen.

[52] Vgl.: Nieschlag, R., S.12, (1989)

- Weiterentwicklung des Sortiments
- Unternehmensführung
- Unternehmenskommunikation
- Betriebsvergleich, Rechnungswesen, betriebswirtschaftliche Beratung
- Kontrolle
- Einkaufsmöglichkeiten
- Werbung und Öffentlichkeitsarbeit
- Rechtliche Beratung
- Mitarbeiterführung

Der dadurch oben erwähnte geschaffene einheitliche Auftritt fördert beim Verbraucher Kompetenzglaube und Vertrauen in jedes einzelne Outlet und damit auch eine gesteigerte Identifikation. Gleichermaßen kann sich der Verantwortliche vor Ort, ob Franchisenehmer oder Filialleiter, somit vollständig dem Verkauf widmen und ist nicht durch die Beschaffungs- und Verwaltungsaufgaben zeitlich eingebunden.[53]

Der Vollständigkeit halber sei aufgeführt, dass das hier gebrachte Argument der Vertrauenssteigerung beim Kunden aufgrund von Größe und erhöhter Präsenz auch ein Negativum bei umgedrehten Vorzeichen sein kann: Eine schlechte Meinung oder Stimmung einen Standort betreffend wird der Kunde undifferenziert auch auf die anderen „Ableger" übertragen.

Vier Gruppen gilt es laut Gutenberg[54] in der Absatzpolitik zu unterscheiden:

- Absatzmethoden
- Produktgestaltung
- Werbung
- Preispolitik

---

[53] Vgl.: Skaupy, W., S.44, (1995)
[54] Vgl.: Gutenberg, E., S.104, (1984)

Da es in der vorliegenden Arbeit um den Vergleich zweier Absatzsysteme geht, fokussiert sich die Untersuchung lediglich auf die Absatzmethodik. Produkt, Werbung und Preispolitik werden als „ceteris paribus", also unter identischen Umweltbedingungen, angesehen. Auch wenn dies im Punkt der Werbung einer Unschärfe unterliegt, da der Franchisenehmer und Filialleiter unterschiedliche Möglichkeiten haben, ihre Ware zu präsentieren und dies zu kommunizieren. Der überwiegende Anteil der Werbung wird jedoch zentral gesteuert und kann somit auch als überwiegend gleich angesehen werden.

Der Entscheidung der Absatzmethode kommt nach Kotler[55] in zweierlei Hinsicht besondere Bedeutung zu:

Erstens führt die Entscheidung, welche Absatzart das Unternehmen wählt, zu einer überwiegend dauerhaften Vertriebskanalform, da kurzfristige Änderungen aus Kostengründen und nicht kurzfristig änderbarem Konsumentenverhalten nicht realistisch sind.

Zweitens ist die Wahl des Kanals ebenso eine Entscheidung, welcher absatzpolitischen Instrumente sich das Unternehmen in Zukunft bedienen will. Hierbei wird ein besonderes Augenmerk auf die Steuerbarkeit des Vertriebskanals[56] und die Möglichkeit gelegt, wie direkt der Kunde anzusprechen ist:[57]

---

[55] Vgl.: Kotler, P., S.428, (1989)

[56] Frese, E., S.286, (1990): „The new challenge becomes how to motivate the participants within the organisations that make up society so that they will be as productive as they would be if they where the owners."

57 Vgl.: Maas, P., S.52, (1990). Der Autor spricht in dem Zusammenhang bei der Arbeitgeber /-nehmer-Situation von einer asymmetrischen Verteilung der Einflusschancen zwischen den Partnern und bezeichnet dies als charakteristisches Merkmal abhängiger Beschäftigungsverhältnisse. Das Franchisesystem zeichnet sich lt. Maas durch eine freiwillige, vertraglich fixierte Aufgabe von Freiheitsgraden aus, durch die beide Partner mittlere Einflusschancen haben.

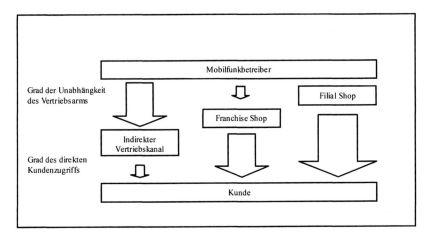

Abbildung 2: Kundenzugriff der unterschiedlichen Vertriebskanäle aus Sicht der Zentrale

Wie oben erwähnt ist dies selbst bei der Entscheidung zwischen Franchise- und Filialsystem gravierend. Noch einschneidender sind die Differenzierungen bspw. zwischen Filiale und Warenhaus wenn es um Werbung, Preispolitik, Logistik etc. geht.

In der wirtschaftlichen Realität existieren freilich Mischsysteme aus Filiale und Franchise.[58]

---

[58] Vgl.: Kaub, E., S.48, (1986); Tietz, B., S.91, (1991). Beide Genannten sprechen hierbei von hybriden Systemen oder hybriden Franchisesystemen. Vgl.: Schlüter, H., S.12 (2001), der in diesem Zusammenhang aufzeigt, dass in Deutschland der Großteil der hybriden Systeme aus Filialsystemen entstanden ist. Dies gilt auch für das in dieser Arbeit untersuchte System. Vgl.: Caves, R. / Murphy, W., S.574, (1976). Die Autoren stellen die Hypothese auf, dass die Hybridform eine Phase innerhalb des Lebenszyklusses anhält und dann wieder auf eine Absatzform reduziert. Die Autoren gehen davon aus, dass der Franchisegeber zu einem späteren Zeitpunkt die Franchisebetriebe wieder rückwärts zu Filialshops integriert.

21

In der vorliegenden Arbeit werden jedoch zwei organisatorisch voneinander ge-trennte Systeme betrachtet, um diese Vermischung auszuschließen.[59]

2.4 Vertriebskanäle im Überblick

Neben den direkten Absatzmöglichkeiten[60] im physischen Handel wie Franchise und Filiale und dem online-Shop existieren indirekte[61] Vertriebssysteme, die hauptsächlich in ihrer Tiefe und Breite zu unterscheiden sind. Im Folgenden werden die für den in der Arbeit untersuchten Bereich typischen und hauptsächlichen Absatzsysteme erläutert:

Der indirekte Vertriebspartner oder Vertragshändler[62], der direkt die Produkte an den Endkunden vermarktet, zeichnet sich durch eine Eindimensionalität der Vertriebsbreite aus.[63] Er wirkt hierbei auf eigene Rechnung im eigenen Namen[64] und trägt damit auch das geschäftliche Risiko. Hierbei kann er eine Mehrstufigkeit einbauen, in dem er etwa die Produkte oder Dienstleistungen zentral einkauft und an weitere zwischengeschaltete Vertriebsorgane weiter vermarktet, die dann wiederum den Markt und damit den Kunden bedienen. Man spricht in der Praxis dann von einem Hauptvertriebspartner.

---

[59] Vgl.: Sorenson O. / Sorensen J. B., S.713ff, (2001): Die Autoren heben hervor, wie wichtig der Einfluss beider Absatzsysteme - aufgrund ihrer Unterschiedlichkeit auf den genannten Feldern - für das Unternehmen ist. Die beiden Autoren kommen in ihren Untersuchungen von Schnellrestaurants, die sowohl als Franchise- als auch als Filialoutlets betrieben werden, zu dem Ergebnis, dass ein Mix für die wirtschaftliche Entwicklung am sinnvollsten erscheint. Hierbei werden insbesondere die Geschwindigkeit, Lernfähigkeit und die Effizienz des Aufbaus genannt.
Ebenso kommen Lafontaine und Kaufmann (1994) zu dem Ergebnis, dass über die Zeit ein Mix beider Absatzkanäle die Interessen des Unternehmens am besten widerspiegeln kann.
In der vorliegenden Arbeit soll jedoch neben der Möglichkeit der Vermischung beider Systeme die Antwort auf die Frage gefunden werden, welcher Vertriebskanal bei Absatzoptimierung am sinnvollsten für das Unternehmen wäre.
[60] Im Folgenden werden lediglich für den Mobilfunkmarkt maßgeblichen Vertriebsformen aufgeführt. Es besteht nicht der Anspruch auf Vollständigkeit.
[61] Indirekte Vertriebssysteme zeichnen sich dadurch aus, dass ein Fremdpartner zwischen Kunde und Zentrale zwischengeschaltet ist.
[62] Rechtlich ist der Begriff nicht genau spezifiziert und geregelt, so dass hier die auf die Definition aus der Literatur verwiesen wird, die sich in Bezug auf die Praxis weiter entwickelt hat: Vgl. hierzu: Skaupy, W., S.13, (1995); Eßer, G., S.26, (1995)
[63] Vgl.: Skaupy, W., S.9, (1995), der hieraus ableitet, dass diese Handelsform dem Franchiseansatz begrifflich am nächsten steht.
[64] Lt. Ulmer, P., S. 206, (1969) präsentiert der Vertragshändler hierbei nicht nur seinen Namen, sondern stellt im Geschäftsverkehr auch den Namen des Herstellers heraus.

Vertragshändler sind weitestgehend autark und dem Weisungsrecht der Zentrale nur schwach unterlegen.[65] Sie treten wie oben erwähnt unter ihrer eigenen Marke auf und verfolgen eine eigene Marketing- und Vertriebsstrategie. Auch eine längerfristige Bindung ist in diesem Verhältnis nicht üblich. Beide Seiten, also Hersteller und Händler, haben eine kurzfristige Kündigungsmöglichkeit. Für den Preis dieser Freiheit erhält der Vertragspartner lediglich geringe Unterstützungsleistung vom Hersteller oder Produzenten als vergleichsweise der Franchisenehmer.[66]

Dagegen sind Verbundgruppen wie Händlersysteme zu stellen, die eine gleichberechtigte Marktstellung untereinander innehaben. In der Realität veräußern diese Zusammenschlüsse von rechtlich und wirtschaftlich selbstständigen Betrieben meist die Ware über eine weitere Zwischenstufe.[67] Diese Selbstständigkeit spiegelt sich auch im unterschiedlichen Außenauftritt, der nicht abgegrenzten Verkaufsgebiete und des fehlenden Durchgriffsrechts der Zentrale wider. Ebenso zeichnen sich Verbundgruppen durch uneinheitliche Markt- und Vertriebsstrategie mit divergierenden Zielarchitekturen der angeschlossenen Unternehmen aus.[68]

Zweck dieser Kooperation[69] ist die Erlangung einer höheren Zielerreichung als bei alleinigem Marktauftritt.[70]

Der Handelsvertreter bildet eine vertikale Kooperation ab, in der der Absatzmittler Waren, Produkte und Dienstleistungen stets im fremden Namen und auf fremde Rechnung vermarktet.[71] Er ist zwar ein selbstständiger Kaufmann, obliegt jedoch den Weisungen

---

[65] Vgl.: Ulmer, P., S. 190, (1969)

[66] Vgl.: Gross, O. / Skaupy, W., S.273, (1976)

[67] Vgl.: Müller-Hagedorn, L., S.52, (1998). Dieser sieht das Ziel der Verbundgruppen nicht primär in der Steigerung der Produktivität, sondern vielmehr in der Bündelung der Einkaufsmacht und dem Erreichen von „economies of scale", also Größenvorteilen.

[68] Vgl.: Küster, M., S.17, (2000)

[69] Kooperationen können nach Most auf der Leitungsebene, auf der Beschaffungsseite, aber auch - und diese Form ist gerade in Bezug auf die vorliegende Arbeit von übergeordnetem Interesse - auf der Absatzseite stattfinden. Vgl.: Most, A., S. 21, (1986)

[70] Vgl.: Hansen ,U. / Algemissen, J., S.184, (1979)

[71] Vgl.: Liesegang, H., S.4, (1990)

seines Auftraggebers in Bezug auf Erscheinen, Kundenansprache, Verkaufsvorgehen, da er in dessen Namen auftritt. Somit ist der Handelsvertreter als Mittler zu verstehen, der einen Kaufvertrag zwischen zwei Vertragsparteien erwirkt, aber nicht einer diesen beiden ist. Der Status des Handelsvertreters ist im Handelsgesetzbuch klar geregelt und schützt ihn zumindest finanziell vor der kaufmännischen Unsicherheit der möglichen kurzfristigen Kündigung.

2.5 Marktbeschreibung der Mobilfunk-Telekommunikation

Der Telekommunikationsmarkt unterteilt sich in mehrere Untergruppen und weist hinsichtlich seiner Produkte und der damit verbundenen Geschwindigkeit an Änderung und Entwicklung erhebliche Besonderheiten auf.

Zu den wichtigsten Untergruppen zählt man u.a. den Online-, Content-, Festnetz- und Mobilfunkbereich.

Die vorliegende Arbeit widmet sich hauptnämlich dem Mobilfunkmarkt. Zu den Produkten gehören hierbei immaterielle Transportdienstleistungen von Sprache und Daten und das Angebot digitalisierter Inhalte.

Weltweit sind nach Einschätzung der Gartner-Group[72] in 2004 ca. 650 Mio. Endgeräte verkauft worden. Für 2005 wurde eine weitere Steigerung auf über 750 Mio. Geräte erwartet. Hierbei ist Europa der größte Markt. Innerhalb Europas ist Deutschland größter Mobilfunkmarkt mit einer Größe von 71,3 Mio. Kunden[73] Ende Dezember 2004 - damit ist eine rechnerische Penetration von knapp 86 % erreicht. Dies bedeutet jedoch nicht im Umkehrschluss, dass knapp 17 von 20 Deutschen ein Handy besitzen. Ein Mehrfachbesitz mit bis zu drei Geräten ist nicht unüblich. Damit kann eine Penetration von über 100% erreicht werden.

Wichtig hierbei ist, dass eine signifikante Anzahl an Kunden inaktiv ist und damit den Betreibern keinen Umsatz erbringt. Knapp 8 % der Kunden gehören zu dieser

---

[72] Vgl.: o.V., Gartner-Group Report Mobile (2005)
[73] Vgl.: o.V., Annual and Quarterly Reports, (2005)

Gruppe. Das bedeutet, dass von den in Deutschland gemeldeten Kunden ca. 5,5 Mio. nicht mehr ihre SIM-Karte nutzen.

Auf der Nachfrageseite befinden sich die beiden Gruppen der privaten und geschäftlichen Nutzer. Die geschäftlichen Nutzer haben meist spezielle Anforderungen an das für sie eigens erarbeitete Produkt. Der private Nutzer hingegen bekommt Massenprodukte angeboten. Hierbei ist es Aufgabe des Anbieters, im Vorfeld die Bedürfnisse des Kunden klar zu erfassen und zu einem wettbewerbsfähigen Preis auf dem Markt anzubieten. Gerade in manchen spezifischen Marktsegmenten ist hierbei ein noch größeres Wachstum zu erwarten. Beispielsweise hat das Segment der Kunden bis 15 Jahre und ab 65 Jahren lediglich eine Penetration von ca. 40 %.[74]

Im Mobilfunkmarkt werden zwei Hauptkategorien von Produkten unterschieden: Die sog. Pay-and-Go- oder Prepaid-Produkte, d.h. der Erwerb eines Mobilfunktelefons mit einem Gesprächsguthaben, jedoch ohne Laufzeit und damit ohne monatliche Grundgebühr.

Daneben sind die sog. Vertrags- oder Postpaid-Produkte zu sehen, die in Deutschland meist eine 24-Monate-Vertragslaufzeit mit den dazugehörigen monatlichen Gebühren eingehen. Dafür profitieren sie von geringeren Gesprächskosten und vom Betreiber stärker subventionierten und damit günstigeren Endgeräten. Je nach Telefonierverhalten und Anspruch wird eines der beiden Produktkategorien vom Kunden bevorzugt.

Für den Service- oder Netzbetreiber ist aufgrund der längeren Kundenbindung und damit der berechenbaren Payback-Dauer ein hoher Anteil an Postpaid-Kunden erstrebenswert. In Deutschland lag zum Dezember 2004 der Marktdurchschnitt in Deutschland bei den vier Netzbetreibern bei ca. 50%, bei O_2 Germany dagegen bei 56 %[75]. Das bedeutet, dass bei O_2 Germany mehr als jeder zweite Kunde in der Datenbank ein Vertragskunde ist und somit mindestens 24 Monate an die Marke gebunden ist.

---

[74] Vgl.: o.V., Annual and Quarterly Reports, (2005)
[75] Vgl.: o.V., Annual and Quarterly Reports, (2005)

2.5.1   Wettbewerberstruktur

Im deutschen Mobilfunkmarkt konkurrieren vier Anbieter im GSM[76] Bereich.

Marktführer T Mobile mit 27,4 knapp vor Vodafone mit 26,1 Mio. Kunden und

dahinter E Plus mit 9,1 und O_2 Germany mit 6,7 Mio. Kunden.[77]

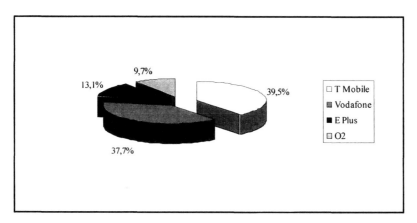

Abbildung 3: Marktanteile Mobilfunk in Deutschland Stand März 2005

Neben den Netzbetreibern gibt es sog. Service Provider, die auf eigenen Namen

Kunden an die Netzbetreiber vermitteln, wie z.b. Debitel, mobilcom und Talkline

- um nur die Wichtigsten zu nennen -, die 85% des Marktes unter sich aufteilen,

der 17,8 Mio. Kunden beträgt. Die über Service Provider gewonnenen Kunden

finden sich ebenso in der Statistik der Netzbetreiber wieder. Eine Addition der

Kundenanzahl ist demnach nicht sinnvoll, sondern würde zu Doppelzählung füh-

ren.

Service Betreiber haben keine eigene Mobilfunknetzinfrastruktur, dagegen aber

eigene Abrechnungssysteme, Kundendatenbanken etc.

---

[76] Global Standard of Mobile. Die heutigen C- und D-Netze in Deutschland bauen auf dieser digitalen
     Technologie auf, die das analoge A- und B-Netz Anfang der 90er Jahre ablöste.
[77] Vgl.: o.V., Annual and Quarterly Reports, (2005)

Alle vier Netzbetreiber bedienen sich eines umfangreichen Vertriebsmixes, der von freien Fachhändlern, Distributoren, Großflächen, Kooperationen, online-shops, Partner-Agenturen, Franchise bis hin zu eigenen Filialen, so genannten Shops, reichen kann.

Alle Betreiber haben ein bundesweites Shop-Netz aufgebaut. O_2 Germany ist hierbei allerdings der einzige Netzbetreiber, der hierzu einen Franchise-Kanal nutzt.

2.5.2 Begriffe, Fachtermini und Spezifika des Mobilfunkmarktes

Postpaid, Prepaid, Retention - Wie oben beschrieben, bewegt sich der Mobilfunkmarkt um diese drei Produktarten:

Bei einem Postpaid-Tarif geht der Kunde eine drei-, 12- oder 24-monatige Vertragslaufzeit ein, die je nach erhöhter Dauer einen größeren Nachlass an Subventionierung des Handsets, also des Endgerätes, nach sich zieht.

Ein Prepaid-Paket beinhaltet eine Kombination eines Handsets[78] mit einer SIM-Karte[79], die mit einem Startguthaben aufgeladen ist. Der Kunde geht keine vertragliche Bindung oder Laufzeit ein, sondern kauft und nutzt es ab, vergleichbar mit einem Produkt aus der „Fast-mooving-Goods-Branche", also der Branche, in dem kurzlebige Güter vermarktet werden. Nach Aufbrauchen des Startguthabens kann der Kunde wieder aufladen, indem er sich eine Aufladekarte mit einem Code kauft, den er in sein Gerät eingibt und somit wieder ein weiteres Guthaben abtelefonieren kann. Ähnliche Prozesse gibt es mit „online-tools" oder über Kreditkarten.

---

[78] Als Handsets werden die Mobilfunktelefone bezeichnet.

[79] Die SIM-Karte ist die individualisierte Mobilfunkkarte, die in ein Handset gesteckt wird. Die Daten dieser Karte sind in den Servern (sog. HLR = Home Location Record) des jeweiligen Betreibers gespeichert und erlauben somit eine Identifizierung, Lokalisierung und Rechtezuweisung des Teilnehmers.

Der Vorteil bei diesem Produkt ist die Kostenkontrolle für die meist jugendlichen Nutzer und die fehlenden laufenden monatlichen Kosten, wenn man bspw. lediglich ein Handy benötigt, um erreichbar zu sein.

Retention ist der immer wichtiger werdende Bereich, der mit dem so genannten CRM[80] (Customer Relationship Management) bearbeitet wird. Postpaid-Kunden haben nach Ende der Vertragslaufzeit, Prepaid-Kunden ständig die Möglichkeit, ihren Anbieter zu wechseln. Dieser so genannte „Churn" (Change and Turn) bedeutet eine Abwanderung der Kunden und führt zu einer Differenz der „Gross Adds" – auch Brutto-Wachstum genannt - und der „Net Adds". Erstere Zahl bezeichnet die Neukunden, die in einer Berichtperiode gewonnen werden. Die zweite Zahl spiegelt die Differenz von Gross Adds und Churn wider und somit die wirkliche Änderung der Kundenanzahl in einer Periode.

Je nach Lebenszyklus eines Anbieters wird die Gewinnung von „Gross Adds" oder die Steigerung der „Net Adds" und damit Vermeidung von „Churn" in den Vordergrund der Unternehmensstrategie gestellt. Kleinere und damit auf Wachstum ausgerichtete Betreiber wie E Plus und O_2 Germany müssen eine kritische Masse erreichen und sind damit Vertreter der ersten Ausrichtung. T-Mobile und Vodafone sind bestrebt, ihren Kundenstamm zufrieden zu stellen und richten ihre Bestrebungen eher auf das Halten der bereits gewonnenen Kunden.

Eine dermaßen strikte Trennung ist freilich nicht realistisch und soll lediglich aufzeigen, wie die unterschiedlichen Stoßrichtungen der Wettbewerber gelagert und zu begründen sind.

Neben der reinen Größe der Unternehmen, wie oben beschrieben mithilfe Brutto- oder Netto-Wachstum berechnet, ist der Umsatz eine sehr wichtige Komponente des Erfolges. Dieser wird berechnet, indem der „Blended ARPU" mit der Anzahl der Kunden multipliziert wird:

---

[80] Unter CRM versteht man den ganzheitlichen Ansatz, mit dem die Beziehung des Unternehmens zu seinen Kunden zu verstehen ist. In der Literatur wird dieser Austausch mit Endkunden und den relevanten internen Anspruchsgruppen auch als Internal Marketing diskutiert. Vgl.: Bruhn, M., (1995)

Der ARPU, also „Average Return per User", ist je nach Produkt unterschiedlich.
Bei einem Postpaid-Kunden im Geschäftsbereich ist dieser durchschnittlich sehr
viel höher als bei einem Prepaid-Kunden. Der „Blended ARPU" ist der durchschnittliche Umsatz über alle Kunden gerechnet. Einen bedeutenden Einfluss auf
diese Größe hat neben der Erklärung und Beratung zu umsatzfördernden Produkten, wie Mailbox-Abfrage, Verschicken von MMS oder SMS etc. (positiver Einfluss) vor allem der Anteil an Nichtnutzern in der Customer Base, also der gesamten Datenbank des Unternehmens, in dem alle Kunden virtuell abgelegt sind (ne-
gativer Einfluss). Diese so genannten Handschuhfach-Kunden, die ihr Gerät bspw.
nur für den Falle eines Autounfalls im Auto haben und damit keinen Umsatz erzeugen, schmälern den Zähler der Umsätze und erhöhen den Nenner der Gesamt-
kunden.

Als resultierendes Ergebnis der Betrachtung und der Bewertung der einzelnen
Kunden wird der sog. „Customer Live Time Value" angesetzt. Folgende Komponenten werden hierbei berücksichtigt:

- Durchschnittlicher monatlicher Umsatz der Kunden
- „Sales Acquisition Costs" (SACs), die durchschnittlichen Kosten, um den
  Kunden zu gewinnen: Marketing-Materialien, Provisionen, Promotionsaktio-
  nen, die eine besondere Zugabe oder Nachlass beinhalten etc.
- durchschnittliche Kundenbindungzeit der Kunden: Dies ist eine Resultante
  aus Vertragsdauer, Kündigung, „Churn" und gelungener Kundenbindungsmaß-
  nahme
- „Fraud" (Betrug): Kunden, die den Vertrag missbräuchlich nutzen z.b.: Betrug, Zahlungsunfähigkeit, -unterlassung etc.

Der erstgenannte Wert des durchschnittlichen monatlichen Kundenumsatzes kann verfeinert werden, in dem der „Net Present Value" (NPV) berechnet wird. Hierbei werden
nicht nur die vergangenen monatlichen durchschnittlichen Umsätze extrapoliert, sondern es fließen auch zukünftige Betrachtungen, wie Preisänderungen, verändertes Nut-
zungsverhalten, Verzinsungseffekte etc. ein. Dabei müssen einige Annahmen getroffen

werden, die heute noch nicht mit Sicherheit bestimmt werden können. Diese Unsicherheitskomponente wird jedoch in Kauf genommen, da der NPV dadurch zumindest annähernd die zukünftige Realität widerspiegelt.

3 Erläuterung der Neuen Institutionen Ökonomie und deren Einfluss auf Vertriebssysteme

In diesem Kapitel wird der theoretische Bezugsrahmen zur Beantwortung der Forschungsfrage erläutert. Hierbei werden die Grundlagen der Neuen Institutionen Ökonomie bewusst lediglich als Überblick angerissen und erheben keinen Anspruch auf Vollständigkeit.

3.1 Erklärung der Theorien Transaktionskosten, Property Rights und Principal Agent

Die *Neoklassische Theorie* geht von vollständiger Rationalität der Märkte aus: Dies beinhaltet vollkommene Information und Voraussicht, egoistische Aktoren und schnelle und effiziente Allokation.

Einer Organisation wird in diesem Umfeld keine Bedeutung zugemessen.

Die Neoklassische Gleichgewichtstheorie bedeutet demnach, dass Informationen keine Rolle spielen, da die Preise alle relevanten Informationen reflektieren.[81] Diese bilden sich ohne Zeit- und Ressourcenaufwand. Informationen sind jederzeit für jedermann abrufbar. Es herrscht vollkommene Information.

Vor dem Hintergrund dieser begrenzten Anwendungsmöglichkeit und der fehlenden Berücksichtigung institutioneller Fragestellungen[82] entwickelten sich neue Ansätze.[83]

Durch die *Neue Institutionen Ökonomie* werden einige Fragen neu beleuchtet. Warum gibt es beispielsweise Organisationen, wenn oben genannte Parameter diese in Frage stellen?

---

[81] Vgl.: Karmann, A., S.559, (1992)

[83] Vgl.: Martiensen, J., S.105, (2000)

Im Mittelpunkt der *Neuen Institutionen Ökonomie* stehen Institutionen, die der Rationalisierung von Informations- und Kommunikationsprozessen dienen.

Nach Dietl[84] sind Institutionen „sozial sanktionierbare Erwartungen, die sich auf Handlungs- und Verhaltensweisen eines oder mehrerer Individuen beziehen". Somit sind sie erwartungsstabilisierende Mechanismen, die die Koordination arbeitsteiliger Leistungserstellung erleichtern.

Die *Neue Insititutionen Ökonomie* umfasst drei Ansätze: Den *Transaktionskosten-*, den *Property Rights-* und den *Principal-Agent-Ansatz (PA-Ansatz)*. In dem vorliegenden Papier soll das Augenmerk stärker auf den dritten Ansatz gelegt werden, der sich explizit mit den aus Informationsasymmetrien resultierenden Motivations- und Koordinationsproblemen[85] befasst und dessen Bedeutung auf die Vertriebsform des Franchising und des Filialsystems.

3.1.1 Transaktionskosten

Bei einer Transaktion - und somit einer Übertragung von Verfügungsrechten - entstehen Kosten für Informationserlangung und deren Kommunikation.[86] Aufgrund von unterstellter begrenzter Rationalität, Risikoneutralität und Opportunismus-Haltung der Aktoren, gilt es mehrere Schritte zu unterscheiden: Anbahnung, Vereinbarung, Abwicklung, Kontrolle und Anpassung. Gerade der oben aufgeführte Opportunismus ist sehr bedeutsam für das Zustandekommen und Abwickeln von Transaktionen. Ohne diese Haltung, die aus Unsicherheit resultiert, könnte man von regelgerechtem Verhalten und dadurch von drastisch niedrigeren Kosten ausgehen.[87]

---

[84] Vgl.: Dietl, H., (1993)
[85] Vgl.: Krapp, M., S.4, (2000)
[86] Vgl.: North, D. C., S.32, (1992). Der Autor bezeichnet Transaktionskosten als Kosten der Messung der Eigenschaften der Tauschgegenstände und der Durchsetzung und Überwachung von Vereinbarungen.
[87] Vgl.: Döring, H., S.35, (1998)

Der von Coase 1937[88] formulierte und von Williamson weiter entwickelte *Transakti-onskosten-Ansatz* ist gerade vor dem Hintergrund unsicherer Komplexität durch die Spezifität der Transaktionen zu verstehen. Ein Versagen des Marktes ist die Folge von „Moral Hazard[89]" und „Adverse Selection".

Williamson[90] fokussiert hier hauptsächlich die zwei Arten von Transaktionskosten von „Sunk Costs" und die Kosten, die durch das Einfordern der vertraglichen Einhaltung des jeweiligen Partners entstehen.[91]

Bezogen auf die zu untersuchenden Absatzsysteme Franchise und Filial-Modell lässt sich dieser Kostenaspekt sehr anschaulich nachvollziehen:

Bei der Anbahnung einer Kooperation entstehen dem Franchisegeber bzw. Arbeitgeber Kosten aufgrund unvollständiger Information: Chronologisch beginnend bei der Suche nach dem geeigneten Partner / Mitarbeiter über Personalberater, Anzeigen, Internet darauf folgend die Kosten der Vertragserstellung und der Verhandlungstermine bis hin zur Kontrolle des regelgerechten Verhaltens dieser.[92]

Während dieses Prozesses, der sich in Teilen auch während der Partnerschaft wieder findet, entstehen dem Franchise- bzw. Arbeitgeber weitere Kosten der Anpassung. Diese können sich bspw. bei Franchise auf das System und somit einer Änderung der Franchise-Art oder bei beiden Absatzmethoden auf rechtliche Kooperationsformen, oder aber auf den Partner beziehen und damit einen Austausch des Agenten bzw. Mitarbeiter nach sich ziehen.

---

[88] Vgl.: Coase, R. H., S.386 ff, (1937)
[89] Albach sieht bspw. ein Anreizsystem dann als optimal an und somit als „First-Best-Lösung", wenn keine Moral-Hazard-Situation vorliegt. Anderweitig spricht er von einer Second-Best-Lösung. Vgl.: Albach, H., S.118, (1989)
[90] Vgl.: Williamson, O. E., (1990)
[91] Vgl.: Frambach, H. / Eissrich, D., S.43, (2002). Die Autoren bezeichnen Transaktionskosten als Kosten, die man nicht messen kann, die aber dennoch vorhanden sind.
[92] Vgl.: Picot, A, S.150, (1991) und Williamson, O. E., (1990), die hier zwischen den Ex-Ante Kosten, die bei der Vertragsanbahnung anfallen, wie z.B. Entwurf des Vertrages, Verhandlungen etc. und den Ex-Post Kosten, die nach Abschluss als Kontroll- oder Anpassungsmaßnahmen entstehen unterscheiden, da ex ante vertraglich nicht alle möglichen Gegebenheiten und Zustände antizipiert werden können.

Letzterer Fall würde eine neue Kette von Kosten auslösen und den oberen Ablauf ggf. wiederholen. Diese Abfolge der Transaktionskosten[93] kann in mehreren Schritten unterteilt werden, die jeweils gleichnamige Kosten nach sich ziehen:[94]

- Recherche
- Anbahnung
- Verhandlung
- Entscheidung
- Vereinbarung
- Umsetzung
- Durchsetzung
- Monitoring
- Adaption
- Rückzug

Im Lichte des *Transaktionskosten-Ansatzes* werden die mit dem realen Güteraustausch verbundenen Rechtsfolgen in den Mittelpunkt gerückt:

3.1.2 Property Rights

Die *Property Rights* sind die mit dem Gut verbundenen bzw. einem Wirtschaftssubjekt zustehenden Handlungs- und Verfügungsrechte.[95]

Diese umfassen vier Kreise:

---

[93] Vgl.: Kloyer, M., S.9, (1995). Der Autor sieht im Lichte dieses Ansatzes das Franchise-System als kostenminimierendes Konstrukt im Gegensatz zu alternativen marktnahen und hierarchischeren Vertragssystemen. Kunkel, M., S.2, (1994) versteht Franchise als eine institutionelle Antwort auf die Qualitätsunsicherheit des Marktes und entsprechendes Nachfrageverhalten.

[94] Vgl.: Coase, R. H., S.350 ff, (1937)

[95] Vgl.: Furubotn, E. G./ Pejovich, S., S.1137ff, (1972)

- Rechte, die die Nutzung eines Gutes betreffen (usus)
- Rechte, Form und Substanz eines Gutes zu verhindern (abusus)
- Rechte, sich die aus dem Gut zu ziehenden Gewinne anzueignen (usus fructus)
- Rechte, das Gut an Dritte zu veräußern (Kapitalisierungs- bzw. Liquidationsrecht)

Der *Property-Rights-Ansatz* bezieht sich demnach nicht nur auf die Eigentumsfrage im Rechtssinne. Es geht hierbei vielmehr um die faktisch bestehende Verfügungsgewalt einzelner über Ressourcen[96] und damit um den Einfluss von sozial anerkanntem, auf Konvention, Tradition gesetztem Recht oder auf Verhalten beruhenden Handlungsbeschränkungen.[97] Diese vier aufgezeigten Rechte sind dabei nicht unbedingt einem Akteur zuzuordnen. In der Realität sind vielmehr Verflechtungen von Verfügungsrechten zu beobachten. Diese Verfügungsstrukturen stellen für die davon betroffenen Aktoren ein Anreizsystem dar mit bestimmten Belohnungs- als auch Bestrafungspotentialen.[98]

Der Franchise-Vertrag ist das Herzstück der Kooperation zwischen Franchisegeber und Franchisenehmer. Hierin werden sämtliche Details der Partnerschaft geregelt:[99]

Es wird vereinbart, inwieweit der Franchisenehmer das Gut veräußern, vermieten, zur Schau stellen kann etc. (usus). Hierin liegt meist der Hauptgrund der Kooperation und nimmt den wichtigsten Part im Vertrag ein.

Weiters wird festgehalten, welche Änderungen der Franchisenehmer vornehmen darf. Ob er die Erlaubnis hat das Gut zu demontieren, etwas hinzuzufügen oder zu entfernen.

---

[96] Vgl.: Jost, P-J., S.455ff, (2001)
[97] Vgl.: Schüller, A., (1983)
[98] Vgl.: Döring, H., S.14, (1998)
[99] Vgl.: Hempelmann, B., S.7ff, (2000), der klarstellt, dass es sich bei dem Franchise-Vertrag, um kein allumfassendes und alle Möglichkeiten abdeckbares Papier handeln kann. In der Realität sind ex post einige Unwägbarkeiten feststellbar, die in darauf folgenden Schritten den Vertrag erweitern. Insofern handelt es sich hierbei um einen iterativ gestalteten Prozess, der eine ständige Optimierung des Vertragswesens verlangt.

Gerade bei der Vermarktung von Produkten ist diese Frage für beide Parteien sehr wichtig, da hiermit geregelt wird, wie stark der Franchisenehmer in den Verantwortungsbereich des Franchisegebers eindringen darf (abusus).

Daneben muss geregelt sein, wie der Franchisenehmer an den Gewinnen des Gutes partizipiert. Ob er eine fixe Provision bekommt, die unabhängig von Menge und Qualität der veräußerten Güter ist oder ob er die Güter wie seine eigenen vermarktet und damit auch das Risiko der Wertminderung mit trägt. Bei Letzterem ist anzunehmen, dass der Franchisenehmer ähnliche Interessen verfolgt wie der Franchisegeber und dieser demnach seine Kontrollen in Bezug auf Leistungserbringung des Franchisenehmers einschränken kann. Zu erwähnen ist hierbei aber, dass der Franchisegeber seinen bestimmenden Part der alleinigen Verantwortung aufweicht und seine alleinige Steuerung von Werten und Image damit nicht mehr gegeben ist (usus fructus).

Schließlich muss geklärt sein, ob der Franchisenehmer auch das Verfügungsrecht hat, die Eigentumsverhältnisse über das Gut zu bestimmen. Eine wichtige Frage wenn beispielsweise dem Franchisegeber lediglich das Recht einer Autovermietung eingeräumt, der Franchisenehmer jedoch die Wagen veräußern würde. (Kapitalisierungs- bzw. Liquidationsrecht)

Im Filialsystem ist hierfür der Arbeitsvertrag[i] die Grundlage und die zu Grunde liegenden arbeitsrechtlichen Vorschriften des Unternehmens. Die Regelung, welche Arbeiten, in welcher Zeit, von welchem Ort mit welcher Vergütung zu erbringen sind, stellen die Basis der Zusammenarbeit dar.

Die oben aufgeführten Beispiele sind analog auf das Filialsystem und somit auf den Shopleiter bzw. den Mitarbeiter anzuwenden.

3.1.3 Principal-Agent-Ansatz

Der *Principal-Agent-Ansatz* basiert auf der Theorie asymmetrischer Informationen zwischen den Vertragspartnern.[100] Das Problem des Wissensvorsprungs zwischen dem Agenten und dem Prinzipal und die daraus folgenden Handlungsalternativen beider Parteien und der möglichen oder nicht durchführbaren Überprüfungsmöglichkeit der jeweils anderen Partei stehen hierbei im Vordergrund.

In der Agency Theorie werden die Beziehungen zwischen zwei Parteien untersucht:

Der Prinzipal, der Entscheidungsträger mit niedrigem Informationsstand und der Agent als Entscheidungsträger mit hohem Informationsgrad. Beide Akteure sind für sich Eigennutzen-Maximierer[101] und haben in der Regel unterschiedliche Nutzenfunktionen.[102] Schon in der Anbahnung kann hier eine Informationsschieflage zu einer falschen Entscheidung führen[103], wenn sich der Prinzipal in den Fähigkeiten des Agenten irrt. Diese „hidden characteristics" können unabhängig von der Intention und der daraus folgenden Handlung des Agenten auftauchen.

Durch die oben aufgezeigten vertraglichen Bindungen versucht der Prinzipal den Agenten so zu motivieren, dass dessen Leistung zur Maximierung des Nutzens des Prinzipals führt. Hierbei ist festzuhalten, dass neben den Umwelteinflüssen[104] lediglich der Agent einen direkten Einfluss auf das wirtschaftliche Ergebnis hat.

Aus diesem Konfliktfeld ergeben sich mehrere Handlungsalternativen, die eine Divergenz der Zielarchitektur beider Akteure beinhaltet.

---

[100] Vgl.: Williamson, O. E., S.49, (1990); Kunkel, M., S.20, (1994)

[101] Schweizer, U., S.230, (1999): „Verträge werden dann vorgenommen, wenn beide Parteien Tauschgewinne erwarten."

[102] Rosenstiehl beschreibt die Forderung nach einem Kompromiss, da der Einzelne (also Agent) tendenziell nach Entfaltung und Selbstständigkeit strebt und der Prinzipal eher Unterordnung und Konformität als Ziel seines Handelns sieht. Vgl.: Rosenstiehl, L., S.219, (1984)

[103] Feess, E., S.54, (2000): „Das Ziel des Pareto-Optimums würde dann nicht erreicht. Dieses Optimum liegt dann vor, wenn kein Vertragspartner einen höheren Nutzen erzielen kann, ohne den Nutzen des anderen Unternehmen zu reduzieren."

[104] Vgl.: Bergen, M. / Dutta, S. / Walker Jr., O. C., S.4, (1999)

„Hidden action" sind Handlungen, die der Prinzipal nicht beobachten kann und demnach auch weder kontrollieren noch sanktionieren kann.

Eine extreme Ausprägung nimmt in diesem Kontext das „free-riding" ein. Der Agent nutzt die Vorteile des Systems zu seinem eigenen Nutzen aus, ungeachtet der hieraus resultierenden Folgen für den Prinzipalen oder andere Agenten. Diese Trittbrettfahrer-Problematik lässt sich in der Praxis deutlich erkennen, wenn Franchisenehmer bspw. die Beleuchtung für die Vitrinen und Schaufenster reduzieren, um Strom zu sparen. Es wird billigend in Kauf genommen, dass Passanten ggf. die Ware schlechter erkennen können oder auch die Marke unvorteilhaft zur Geltung kommt. Im Filialbereich ist das Trittbrettfahren meist in personalpolitischen Auswirkungen ersichtlich. Ein sehr oft beobachtbares Phänomen im Einzelhandel, ist das rechtzeitige Reinigen des Ladenlokals und Einpacken der Präsentwaren am Abend, um möglichst pünktlich zum offiziellen Ladenschluss schließen zu können. Dass hierbei potentielle Kunden vom Kauf abgehalten werden und der fehlende Servicegedanke bei diesem Vorgehen auf das gesamte Unternehmen projiziert wird, ist den jeweiligen Akteuren zweitrangig, jedoch zumindest unbewusst.

„Moral hazard" bezeichnet Entscheidungen und Handlungen des Agenten, die vor allem ihm selbst Nutzen verschaffen. Liegen divergierende Nutzenfunktionen vor, kann der Agent bspw. auch bestrebt sein, ein positives Betriebsergebnis durch Einschränken seiner Aktivitäten zu verhindern.[105] Die negativen Folgen wird der Agent dem Prinzipal gegenüber mit den widrigen Umwelteinflüssen verargumentieren („shirking").

Daneben sind Handlungen zu stellen, die der Prinzipal zwar beobachten, jedoch nicht in den Kontext der Umweltbedingungen stellen kann, unter denen sie stattfinden („hidden information"). Wenn der Prinzipal weder die Aktionen des Agenten noch die Umweltbedingungen kennt, finden Handlungen statt, die vom Prinzipal nicht mehr revidierbar sind („hold-up Problem"[106]).

---

[105] Vgl. Voigt, S., S.104, (2002); Richter, R. / Furobotn, E., S.201ff, (2003)
[106] Vgl.: Goldberg, V. P., S.340, (1998)

Ziel des Prinzipals ist es demnach, die Informationsasymmetrien aufzuheben und Voraussetzungen zu schaffen, die den Agenten veranlasst, den Prinzipalen realgetreu zu unterrichten („relevation principle").

Doch auch in umgekehrter Richtung kann der Prinzipal die Informationsasymmetrie ausnutzen, indem er wichtige Marktinformationen an den Agenten nicht weiter gibt, um ihn weiter zu mehr Leistung zu animieren oder ein Abwandern zu unterbinden.

Aufgrund der Komplexität der Strukturen ist oftmals eine genaue Zuordnung der Rollen des Agenten und des Prinzipals nicht möglich.

3.2 Das Problem des Prinzipals und Agenten in den Vertriebskanälen

Im Filial- als auch Franchise-Modell[107] lässt sich augenscheinlich eine klare Aufteilung erkennen zwischen Prinzipal (Franchise-, Arbeitgeber) und Agent (Franchise-, Arbeitnehmer).[108]

In der Regel vergibt der Franchisegeber die Lizenz der Vermarktung seiner Güter an einen Franchisenehmer, den er in der Vermutung ausgewählt hat, in ihm einen Partner zu wissen, der seinen Nutzen stark positiv beeinflussen wird. Der Arbeitgeber stellt aus denselben Beweggründen Angestellte ein. Der Agent kann bei den Vorstellungsgesprächen[109] vorgegeben haben, bestimmte notwendige Kenntnisse zu besitzen, obwohl er keinerlei Erfahrung auf dem Gebiet hat. Diese „hidden characteristics" können beim Prinzipal zu einer „adverse selection"[110] führen, die er erst später oder auch gar nicht bemerkt.

Im laufenden Geschäft ist der Franchisenehmer als Arbeitnehmer bestrebt, seinen eigenen Nutzen zu maximieren.

---

[107] Vgl.: Brickley, J / Dark, F. / Weisbach, M. S., S.27, (1991)
[108] Vgl.: Müller, S., S.27, (2002), der beschreibt, dass die Rollenverteilung sich auch je nach Informationsstand und –bedarf der beiden Vertragspartner ändern kann.
[109] Vgl.: Voigt, S., S.103, (2002)
[110] Richter, R. / Furobotn, E., S.196, (2003): „Adverse selection (Negativauslese) ist als ex-ante-Problem vor Vertragsabschluss zu verstehen, wohingegen moral hazard (moralisches Risiko) erst nach Vertragsabschluss auftreten kann."

Der Franchisenehmer vertreibt die im Vertrag ausgewiesenen Produkte. Um jedoch einen höheren Absatz zu erzielen, umwirbt er bspw. das Produkt mit einem Rabatt[111], verändert das Produkt oder verkauft es zu einem sehr viel günstigeren Preis. Diese Handlungen sind vom Franchisegeber nicht direkt einsehbar.[112] Der Prinzipal hat einen Informationsnachteil dem Agenten gegenüber.[113] Die dadurch angegriffenen Markenwerte und auch die sich drastisch verschlechterte Margensituation wird der Franchisenehmer nicht mit den durch ihn getroffenen Maßnahmen in Verbindung bringen wollen, sondern mit den aggressiven Wettbewerbern begründen, die ihn zu einem Nachziehen genötigt haben. Diese „hidden information" bezüglich der vorgegebenen Konkurrenz-Strategie wird der Franchisegeber erst im Folgenden nachvollziehen können. Dann sind aber bereits, wie oben skizziert, die Preise am Markt nach unten korrigiert worden, und die Handlung ist irreversibel. Ähnliche Folgen hätte im Filialbetrieb bspw. ein unfreundlicher oder arbeitsunwilliger Arbeitnehmer.

Um zukünftig ähnliche Handlungen seines Agenten zu unterbinden, wird der Prinzipal auf der einen Seite das Vertragswerk anpassen (Sanktionierung). Auf der anderen Seite gilt es ein Anreizmodell zu finden, dass beide Parteien in eine Richtung denken lassen (Incentivierung). Der Agent zieht seine Motivation sehr stark über monetäre Steuerungstools. Der Franchise- bzw. Arbeitgeber ist aufgefordert, in seinem eigenen Interesse, seine für ihn geltenden Kennzahlen auch für den Franchisenehmer als Stellschrauben einzusetzen und somit das Risiko zu teilen.[114]

Bei obigem Beispiel sollte daher der Anreiz nicht auf Absatz, sondern auf Gewinnmarge liegen, nicht auf kurzfristigen Verkaufserfolg, sondern auch auf langfristigem Imageaufbau der Marke.

Daneben gilt es freilich durch ein geeignetes Monitoring die jeweiligen Aktivitäten zu kontrollieren.

---

[111] Dieser Nachlass kann sich rein auf den Preis beziehen oder aber natural, also mit kostenfreier Mehrbelieferung, bzw. -ausgabe ausgestaltet sein.
[112] Vgl.: Ebers, M. / Gotsch, W., S.195, (1995)
[113] Vgl.: Richter, R. / Furubotn, E., S.163, (2003)
[114] Vgl.: Brickley, J. A. / Dark, F. H., S.403, (1987). Die Autoren erläutern, dass Franchising dieses Problem minimieren kann, da hier der Agent aufgrund der Incentivierung ebenso an dem positiven Ergebnis interessiert ist wie der Prinzipal selbst.

Im klassischen *Prinicipal-Agent-Ansatz* wird der Agent als der Informationsträger bezeichnet, da er näher am Markt ist und somit schnellere Zugriffsmöglichkeiten hat. Zu
wenig wird auf die reale Informationsschieflage eingegangen, die viele Agenten vorfin-
den, wenn sie sich einem Prinzipal angliedern. Nicht nur in der Angestellten-Welt, der
klassischen Chef-Angestellten-Situation, sondern gerade auch im Franchising kann der
Prinzipal über eine sehr hohe Informationsdichte verfügen, die dem Franchisenehmer
vorenthalten bleibt.

Die grundsätzliche Frage hierbei ist, ob eine Informationsvorenthaltung stets negativ zu
bewerten ist.[115] Im Gegenteil kann es sogar von Vorteil sein, wenn der Agent keine
Kenntnis über die dem Prinzipal vorliegenden Daten hat.

Wenn bspw. die Ertragslage des Unternehmens sehr schlecht wäre und die Insolvenz
drohte, würde der Agent sicherlich nicht von der vollständigen Information profitieren
und seine Motivation steigern: Die Angst um den geschäftlichen Verlust seines starken
Partners, die auch seine Existenz bedrohen würde, hätte zur Folge, dass der Agent sich
zu stark auf die interne Blickrichtung konzentrieren würde. Die daraus folgenden sin-
kenden Absätze in dem betreffenden Shop würde die Situation des Gesamt-Geflechts
weiter stärker verschlechtern.

Diese so genannte „Selbsterfüllung des Vorhergesagten" und die damit anschaulich beschriebene mögliche Vorteilhaftigkeit von Informationsasymmetrien werden in der bestehenden Literatur zu wenig betrachtet, sind jedoch auch nicht näherer Bestandteil dieser Arbeit.

Festzuhalten sind demnach zwei wichtige Verhaltensregelmäßigkeiten in der *Neuen
Institutionen Ökonomie*, d.h. Ausgangssituationen für menschliches Verhalten, die für
diese Arbeit grundlegend sind:

---

[115] Vgl.: Milgrom, P., / Roberts, J., S.154, (1988), Die Genannten gehen davon aus, dass in einer Situation
asymmetrisch verteilter Informationen stets einige beteiligte Akteure versuchen, diesen Missstand aufzuheben.

1. Aktoren sind nie vollständig informiert, treffen demnach Entscheidungen vor dem Hintergrund der partiellen Informationen, die sie haben.[116]

2. Bei ihren Entscheidungen und Handlungen streben Aktoren immer eine Eigennutzenmaximierung an.[117]

Unter Berücksichtigung dieser beiden Grundannahmen wird das Forschungsthema dieser Arbeit behandelt. Filialleiter, Franchisenehmer als auch Zentrale haben unterschiedliche Nutzenfunktionen und hierbei unterschiedliche Informationsstände.

Die zu beantwortende Frage ist nun, inwieweit diese unterschiedlichen Zustände zur Nutzenmaximierung - hier Absatzmaximierung des Unternehmens - verhelfen und welche diese dabei konterkarieren.

Letztlich lässt sich feststellen, dass die von jeder Partei angestrebte Nutzenmaximierung eine Resultante aus dem Anreizsystem beider Vertriebswege[118] ist. Eine weitere Variable hierbei ist die Arbeitszufriedenheit als direkte Teilfolge der Möglichkeit, das eigene Einkommen zu beeinflussen. Dennoch kann die Principal-Agent-Theorie keine finale Begründung für eine Vorteilhaftigkeit eines der beiden Absatzsysteme liefern.[119]

Vielmehr dient das Theorem in diesem Zusammenhang dazu, die Verhältnisse und Bezugspunkte zwischen Filialleiter und Arbeitgeber und Franchisenehmer und Franchisegeber darzustellen. Dieser theoretische Unterbau stellt im weiteren Verlauf der Arbeit die Basis für die Bewertung der unterschiedlichen Wirkungskreise und –mechanismen, die schließlich zu Absatz führen.

---

[116] Vgl.: Cezanne, W., S.1345, (1998)

[117] Vgl.: Richter, R. / Furobotn, E., S.3, (1999)

[118] Franchisenehmer gelten aufgrund des eingesetzten Kapitals und des auf reine erfolgsabhängige Komponenten basierte Entlohnungssystem als stärker grundmotiviert: Vgl.: Maas, P., S. 10, (1990), Sydow, J., S.103, (1994)

[119] Küster und Kunkel kritisieren, dass der Prinzipal-Ansatz sich lediglich auf die beschriebene Reduktion der Transaktionskosten im Franchisesystem konzentriert. Vgl.: Küster, M., S.74, (2000) und Kunkel, M., S.74, (1994)

4 Erklärung der Untersuchungsmethode

In diesem Kapitel werden die empirischen Schritte und die zugrunde liegenden Instrumente erklärt. Auf dieser Grundlage werden die zu untersuchenden Attribute wissenschaftlich generiert und begründet.

4.1 Erklärung der Vorgehensweise und des Analytic Hierarchy Process

4.1.1 Schrittweise Herangehensweise

In der durchzuführenden Studie werden Filialen und Franchise-Shops in der gesamten Bundesrepublik begutachtet bzw. bewertet. Hierzu werden deren Leiter und Vertreter des Managements befragt. Da jeder einzelne Shop einer individuellen Umgebung und unterschiedlichen Umwelteinflüssen unterliegt und auch spezifische Grundwerte aufweist, ist ein einfacher Vergleich nicht dienlich.

Ziel ist es, eine Art Nulllinie zu erhalten, von der aus man jedes Ladenlokal in Deutschland unabhängig von Absatzsystem, Größe, Lauflage, Schaufensterfläche etc. bewerten kann.

In einem ersten Schritt gilt es, alle möglichen Potentialfaktoren (PF oder auch Attribute) zu eruieren und in eine Wertigkeitsskala zu überführen, die von einem Expertengremium mittels Fragebogen erarbeitet wird.

In einem zweiten Schritt werden diese PF bei den jeweiligen Lokalen gemessen und damit die gewünschte Nivellierung der unterschiedlichen Umweltvoraussetzungen erreicht.

Erfolg wird in dieser Arbeit mit Absatzoptimierung gleich gesetzt. Eine Messung der Ergebnisfaktoren (EF) vor dem Hintergrund der dann relativen PF, führt sodann zu dem gewünschten Ergebnis absolute Aussagen über den Erfolg aller Outlets treffen zu können.

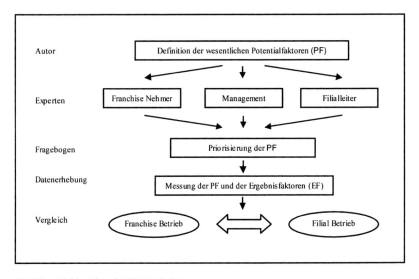

Abbildung 4: Vorgehen der Datenerhebung

Zwei unterschiedliche Betrachtungen werden angestellt:

Zum einen werden die Ergebnisse als Grundgesamtheit der Experten aus den drei unterschiedlichen Gruppen Franchise, Filiale und Management betrachtet.

Zum anderen werden die erhobenen Daten separat nach Gruppierung bewertet und gegenüber gestellt.

Erstere Betrachtung dient der Gewinnung einer aggregierten Durchschnittsmeinung. Hierunter kann eine Metasicht verstanden werden, da unterschiedlichste Denkhaltungen eingeschlossen sind.

Die zweite Möglichkeit dient der Gegenüberstellung und der Bewertung von homogenen Einstellungen innerhalb der Gruppierung und heterogenen Differenzen zwischen den einzelnen Expertengruppen.

Zu erwarten wäre bspw. bei den Themen Verdienstmöglichkeiten und Arbeitszufrieden-heit eine unterschiedliche Ausprägung der Gewichtung, da gerade diese beiden Punkte für Akteure Hauptgründe darstellen können, in die Selbstständigkeit zu wechseln.

4.1.2 Grundlagen des Analytic Hierarchy Process

In dem vorliegenden Problemfall handelt es sich um eine multikriterielle Entscheidung, zu deren Lösung das AHP-Verfahren (Analytic Hierarchy Process) genutzt wird. Die Gewichtung der oben genannten Faktoren stellt einen hohen Komplexitätsgrad und be-darf einer mehrstufigen Berücksichtigung der Attribute. Die Vorgehensweise ist analog einem additiven Gewichtungsverfahren: Nach einer Projektierungsphase, die in Ab-schnitt 1.1 und Abschnitt 4.3 in Form der Beschreibung der Aufgabe zu finden ist, folgt die Bearbeitungsphase, in der die Alternativen und Attribute selektiert und sodann bear-beitet werden in Form von Priorisierung und Gewichtung. Zum Abschluss steht die Auswertungsphase, die in Abschnitt 5.3ff wieder zu finden ist.

Zu erwähnen ist, dass in der vorliegenden Arbeit keine Abgrenzungen oder Unter-schieds-Definitionen zu anderen Methoden des „Multicriteria Decision Marketing" (MCDM) vorgenommen werden.[120]

AHP ist in den siebziger Jahren von Thomas Saaty[121] entwickelt worden und wird hier zugrunde gelegt, da einer der Stärken dieser Methode ist, aus paarweise verbalen Ver-

---

[120] Vgl.: Weber, K., S. 15ff, (1993). Der Autor beschreibt die gängigen Standardverfahren. Im Rahmen der multiobjektiven Verfahren zeigt er die unterschiedlichen Varianten des Goal Programming auf und geht daneben näher auf die einzelnen Methoden mit unterschiedlichen Präferenzartikulationen ein. Hierbei werden Rangfolge-, Bewertungs- und Restriktionsverfahren bei vorausgehender das interaktive Nutzen- und Approximationsverfahren bei progressiver Artikulation genannt. Daneben werden das MOLP-Verfahren und das parametrische Verfahren bei nachfolgender Präferenzartikulation beschrie-ben. Stellvertretend für die multiobjektiven werden das Satisfizierungs-, das additive Gewichtungs- und noch weitere Standardverfahren erklärt. Als besonders leistungsfähig und praxisrelevant beschreibt Weber, K., S.71ff, (1993) das AHP-Verfahren, welches er besonders ob seiner hohen Komplexitäts-bewältigung hervorhebt.
Saaty und Vargas sehen im AHP eine Methode, die die Vorteile von vier unterschiedlichen Techniken in Bezug auf kollektiver Entscheidungsfindung vereinen. Hierbei werden als klassische Methoden die Delphi Methode, die klassische Marktforschung, die Panel Diskussion und die visionäre Vorhersage genannt. Vgl.: Saaty ,T. L. / Vargas, L. G., S7ff, (1990)
[121] Vgl.: Saaty, T. L., o.S., (1980)

gleichen Prioritäten abzuleiten - und dies sowohl in qualitativer als auch quantitativer Hinsicht.[122] Hierbei werden den Experten jeweils paarweise Attribute zur Priorisierung vorgelegt, die diese dann verbal definieren. Z.B. Wie viel wichtiger ist für den Erfolg eines Ladenlokals eine große Schaufensterfläche im Gegensatz zu einer hochfrequentierten Lage. Als Grundlage der Antwort kann im AHP nicht nur grafisch oder numerisch, sondern auch schätzungsweise geantwortet werden mit einer verbalen Skala bspw.: GLEICH, DURCHSCHNITTLICH; STARK; SEHR STARK; EXTREM.[123]

AHP arbeitet demnach zwar nicht direkt mit Nummern und Zahlen, sondern mit subjektiven Einschätzungen und ermöglicht somit eine Gewichtung nicht einheitlich messbarer Kriterien. Damit soll nach Saaty der Entscheidungsprozess erleichtert und beschleunigt werden. Hierbei entstehen zwar Fehler in Bezug auf Auslegung und Genauigkeit der Ergebnisse[124], doch wird in der Literatur der AHP als einziges Modelle betrachtet, das hiermit umgehen kann.[125] Um Fehler gänzlich zu vermeiden wäre es ein Weg, die Befragten einen Vergleich aller Alternativen zu einer Alternativen auf Basis aller Kriterien bewerten zu lassen. Voraussetzung hierfür wäre jedoch, dass man bereits eine Entscheidung zugunsten einer Alternative treffen muss, die es dann im Weiteren zu bewerten gilt. Doch genau diese Lösung erwartet man ja von dem anzuwendenden Ansatz.

Im Gegensatz zum holistischen Ansatz, bei dem die Entscheidung für diejenige Lösung gefällt wird, die am wünschenswertesten aussieht, werden im AHP somit Analysen auf mathematischer Logik basierend vorgenommen. Der hierarchische Ansatz (Unterteilung in Ziel, Attribute, Subattribute) hilft hierbei, Problemfälle handhabbar und damit lösbar zu machen. Ein Entscheidungsträger wäre überfordert, wenn er bspw. 40 Kriterien in Bezug zueinander stellen müsste.

---

[122] Vgl.: Forman, E. H., S.19, (1993)

[123] ebenda, S.24, (1993)

[124] Multikriterielle Entscheidungen laufen zumeist in drei Phasen: Nach der Spezifikation der Alternativen, werden sie bearbeitet, um danach selektiert zu werden. Vgl. Schneeweiß, C., S.15ff, (1991). Problematisch stellt sich im zweiten und dritten Schritt die Herangehensweise dar, wenn die der zu findenden Entscheidung zugrunde liegenden Faktoren nicht eindeutig messbar sind, sondern rein subjektiv gestaltet sind. Eine Vielzahl von Entscheidungsprozessen laufen vor dem Hindergrund von emotionalen Bewertungen ab.

[125] Weiter unten wird hierauf Bezug genommen

Wie bereits oben erwähnt, sind bei Einsatz des AHP menschliche Entscheidungsfehler nachvollziehbar und können im Nachhinein geheilt werden, indem der Befragte ein weiteres Mal die entsprechende Frage gestellt bekommt, falls Inkonsistenzen erkennbar sind. D.h. AHP erlaubt und heilt das Auftreten von Widersprüchlichkeiten (sog. Inkonsistenzen). Im Folgenden wird hierauf näher eingegangen.

Der Nachteil besteht jedoch offensichtlich in der großen Verknüpfungsdichte, die sich aus den verschiedenen Antworten ergibt. Hierzu kann nach Harker[126] im AHP eine Berechnung mit fehlenden Beurteilungen erfolgen, die jedoch aufgrund der geringeren Bewertungsanzahl auch im Ergebnis ungenauer wird.

Vargas[127] zeigt die Vorteilhaftigkeit des originären Ansatzes von Saaty anhand der Darstellung vergangener Untersuchungen mithilfe des AHP auf. Somit kann in der Literatur keine eindeutige Erkenntnis nachvollzogen werden, dass das ursprüngliche AHP zeitlich überholt sei oder gar für Anwendungen wie in dieser Arbeit, unzureichend oder unzutreffend sei.

Die Probleme, die in der Literatur nicht explizit in Verbindung mit AHP angesprochen werden, gelten für alle größeren Befragungen gleichermaßen:

1. Einfluss der Zeit (Befragung im vorliegenden Fall überstreckt sich auf den kompletten Monat Juni und Teile des Juli 2005)

2. Testsophistikation: Lerneffekte der befragten Experten, die schon für andere Interviews zur Verfügung standen

3. Reaktive Effekte: Beeinflussung des Reaktionscharakters durch das Bewusstsein der Experimentalsituation

4. Störung durch Anwesenheit Dritter

5. Urteilsfehler: Tendenz zur Mitte, Ausklammern von Extrem-Werten, zu positive Bewertung eigener Situation [128]

---

[126] Vgl.: Harker, P. T., S.837-848, (1987)
[127] Vgl.: Vargas, L. G., S.96ff, (1992)
[128] Vgl.: Meffert, H. / Meurer, J., S. 28, (1995). Die beiden Autoren untersuchen den Umstand, dass Fragen, die die eigene Situation oder Umfeld betreffen, eine positivere Antwort bzw. Bewertung erwarten lassen, als Fragen zu Themen, die einen objektiv-distanzierte Sichtweise erlauben.

Nach Durchsicht der Ergebnisse und Errechnung der Korrelationen und Regressionen kann davon ausgegangen werden, dass die Aussagen, durch obige Komponenten nicht übermäßig beeinflusst wurden. Dieser Umstand ist damit zu erklären, dass zum einen alle Befragten gleichermaßen diesen Störungen unterliegen und die Befragung aufgrund der sehr reduzierten Information zum Einstieg zwar keinen klaren Blindversuch darstellt, jedoch der Befragte nicht vermuten kann, wie die präferierte Antwortstruktur lautet. Zum anderen wurde die Auswahl der Befragten vor allem unter dem Prinzip der Heterogenität vorgenommen. Bevor sämtliche Attribute erläutert werden, gilt es allgemeine Grundsätze des AHP zu definieren:

AHP basiert auf sechs Axiomen

1. Reziprozität:

   Wenn i und j jeweils Attribute der Alternative A sind, kann der Entscheider einen paarweisen Vergleich vornehmen, der folgende Anforderung erfüllt: Wenn A_i viermal so groß ist wie A_j, dann ist A_j 1/4 mal kleiner als A_i

2. Homogenität:

   Es dürfen bzgl. der Eigenschaften der zu vergleichenden Alternativen keine zu starken Abweichungen vorliegen.

3. Hierarchie:

   Das Entscheidungsproblem kann als Hierarchie dargestellt werden.

4. Relativität:

   Beim Vergleich zweier Alternativen wird der Entscheider bei keinem Kriterium eine absolute Präferenz haben, d.h. eine Alternative unendlich der anderen gegenüber bevorzugen. D.h.

   $a_{ij} \neq \infty$

5. Vollständigkeit:

   Alle Attribute und Alternativen, die Einfluss auf die Entscheidung haben, sind in der Hierarchie aufgeführt.

6. Synthese

   Es besteht kein Zusammenhang zwischen den Bewertungen der Alternativen der unterschiedlichen Ebenen. Das Modell ist also nicht transitiv.

Diesen Grundlagen des AHP folgend, ergeben sich die vier Forschungsschritte:

1. Forschungsfrage stellen
2. Attribute eruieren und messen
3. Daten gegenüberstellen
4. Alternativen bewerten und priorisieren

Der AHP dient in dieser Forschungsarbeit der Bestimmung, Messung und Gegenüberstellung der für den Absatz verantwortlichen Kriterien. Hierzu werden in diesem Verfahren die Kriterien paarweise miteinander verglichen und anschließend auch untereinander in Bezug gesetzt, um anschließend eine Aussage bzgl. der Wertigkeit und Bedeutung der einzelnen Attribute auf die jeweilige Vertriebsstruktur treffen zu können.

Kern des AHP ist das Schaffen einer ordinalen bzw. intervallskalierten Rangfolgemöglichkeit aufgrund subjektiver Beurteilungen. Das hierbei zugrunde liegende Saaty-Set besteht aus positiven realen Zahlen und gibt eine subjektive Einschätzung der relativen Wichtigkeit zweier Attribute aus der Sicht des Bewertenden wider.[129] Hierbei kann jede reale positive Zahl als Maximum genommen werden. Es werden in der Literatur auch Skalen mit den Werten (1-5), (1-15), k^2 oder $k^{1/2}$ diskutiert. Aufgrund der menschlichen Limitierung der Differenzierbarkeitsmöglichkeit wird die Einteilung von eins bis neun vorgenommen.

In der vorliegenden Untersuchung wird mit der 1-9-Skala gearbeitet. Der Mittelpunkt der Skala liegt bei 1. Der Bewertende vergibt diesen Wert, wenn für ihn beide aufgeführte Attribute dieselbe Wichtigkeit haben. Wenn er das eine Attribut als wichtiger ansieht, vergibt er einen positiven ganzen Wert von 2 bis 9. Wobei 9 die stärkste Ausprägung ist und bedeutet, dass das betreffende Attribut sehr viel wichtiger ist als das andere.

---

[129] Vgl.: Donegan, H. A. / Dodd, T. B. / McMaster, T. B. M, S.296, (1992)

Wenn er dem betreffenden Attribut eine geringere Wichtigkeit einräumt, vergibt er einen Bruch von ½ bis 1/9. Wobei auch hier 1/9 den stärksten Ausdruck darstellt, der bedeutet, dass er dem jeweiligen Attribut sehr viel weniger Wichtigkeit beimisst als dem anderen.

Als Überblick dient hierbei nochmals nachstehende Abbildung:

Alternative A_1	1/9	A_1 sehr viel weniger wichtig als A_2
	1/8	
	1/7	A_1 viel weniger wichtig als A_2
	1/6	
	1/5	A_1 weniger wichtig als A_2
	¼	
	1/3	A_1 etwas weniger wichtig als A_2
	½	
	1	A_1 und A_2 gleich wichtig
	2	
	3	A_1 etwas wichtiger als A_2
	4	
	5	A_1 wesentlich wichtiger als A_2
	6	
	7	A_1 viel wichtiger als A_2
	8	
Alternative A_2	9	A_1 sehr viel wichtiger als A_2

Abbildung 5: 1-9-Skala

A_1 und A_2 stehen hierbei für die beiden zu vergleichenden Alternativen 1 und Alternative 2

Mithilfe dieser Umrechnungsmethode können Rangfolgen der jeweiligen Alternative im Hinblick auf bestimmte Kriterien vorgenommen werden.

Der Einfachheit halber werden die vorgenommenen Bewertungen auf leichter berechenbare Werte umgerechnet, sodass gilt:

$$a_{ij} = w_i / w_j, \quad i, j, = 1(1)n$$

a_{ij} steht für den Attributsvergleich von Attribut I und J

w_i steht für die Wichtigkeit des Attributs I

unter der Voraussetzung, dass gilt

aii = 1 und aij > 0

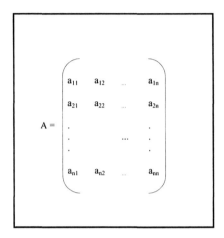

$$A = \begin{pmatrix} a_{11} & a_{12} & \dots & a_{1n} \\ a_{21} & a_{22} & \dots & a_{2n} \\ . & & & . \\ . & & \dots & . \\ . & & & . \\ a_{n1} & a_{n2} & \dots & a_{nn} \end{pmatrix}$$

Abbildung 6: Evaluationsergebnis-Matrix

A steht für die untersuchte Alternative

a_{12} steht für den Attributsvergleich der Attribute 1 und 2

Ein Beispiel in dieser Arbeit wäre:

Attribute	Lage des Ladens	Größe des Ladens	Betriebsklima
Lage des Ladens	1	6	4
Größe des Ladens	(1/6)	1	(1/3)
Betriebsklima	(1/4)	3	1

Tabelle 1: Evaluationsmatrix Beispiel[130]

---

[130] Die in Klammern aufgeführten Zahlen sind nicht erhoben, sondern ergeben sich indirekt aus der Reziprozität der gegebenen Antworten.

Um nun die Gewichte der Attribute zu erhalten, wird der so genannte normierte Eigenvektor berechnet. Man erhält diesen, indem man die Spaltenwerte normiert, also die Spaltensumme 1 erhält. Die Summen der sich daraus ergebenden Zeilen werden wiederum normiert.

Attribute	Lage des Ladens	Größe des Ladens	Betriebsklima	Zeilensumme	normierter Eigenvektor
Lage des Ladens	0,7	0,6	0,75	2,05	0,68
Größe des Ladens	0,12	0,1	0,06	0,28	0,09
Betriebsklima	0,18	0,3	0,19	0,67	0,22
Spaltensumme	1	1	1	3	1

Tabelle 2: Berechnung des normierten Eigenvektors

Wie oben bereits erwähnt, wird bei dem AHP die Konsistenz der Übereinstimmung der gegebenen Gewichtungen überprüft. Lediglich bei (2,2) Matrizen sind vollständige Merkmalsgewichtungen zu erwarten. Da in dieser Arbeit zwar mit zwei Alternativen, jedoch mit einer größeren Anzahl an Attributen gearbeitet wird, ist die Konsistenz zu überprüfen.

Nach den aufgeführten Schritten Erstellen der Evaluationsmatrix, Spaltensummenberechnung, Normalisierung der Evaluationsmatrix, Zeilensummenberechnung, Eigenvektorberechnung, folgt die Kennwertberechnung für Konsistenzprüfung, aus der sich dann der Konsistenzindex C.I. ermittelt:

C.I. = (λmax – n) / (n – 1)

C.I. steht für den Konsistenzindex
λmax steht für den maximalen Eigenwert
n steht für die Anzahl der zu bewertenden Attribute

Hieraus wird die Konsistenzratio C.R. ermittelt:

C.R. = C.I. / R.I.

C.R. steht für den Konsistenzration

R.I. steht für die Random Consitency Index

Die hierfür benötigten R.I.-Werte (Random Consistency Index) wurden von Saaty bei zufallsgesteuerten Testuntersuchungen zusammen getragen mit einer Anzahl von N Attributen[131]:

	1	2	3	4	5	6	7	8	9	10
R.I.	.00	.00	.52	.89	1.11	1.25	1.35	1.40	1.45	1.49

Tabelle 3: Random Consistency Index

λmax wird dabei wie folgt berechnet:

Die Evaluationsergebnismatrix der Attribute wird mit dem normierten Eigenvektor multipliziert. Die so erhaltenen Spaltenergebnisse werden durch die Spalten des Eigenvektors dividiert. Die daraus errechenbare Spaltensumme wird durch die Anzahl der Attribute geteilt.

$$\begin{pmatrix} 1 & 5 & 3 \\ 1/5 & 1 & 4 \\ 1/3 & 1/4 & 1 \end{pmatrix} \cdot \begin{pmatrix} 0,60 \\ 0,30 \\ 0,10 \end{pmatrix} = \begin{pmatrix} 2,40 \\ 0,52 \\ 0,37 \end{pmatrix}, \begin{pmatrix} 2,4 / 0,60 \\ 0,52 / 0,30 \\ 0,37 / 0,10 \end{pmatrix} = \begin{pmatrix} 4,00 \\ 1,73 \\ 3,70 \end{pmatrix}$$

Summe: 9,43

$\lambda_{max} = 9,43 / 3 = 3,14$

Tabelle 4: Beispiel zur Berechnung von λ_{max}

---

[131] Vgl.: Saaty, T.L., S.84, (1994)

Bei diesem Beispiel wäre der Konsistenzindex folgender:

C.I. = (3,14 – 3) / (3-1) = 0,07

Saaty spricht bei einer Anzahl von n > 5 von einer akzeptablen Konsistenz, wenn der C.I. < 0,10 also kleiner als 10% ist. Dies wäre im vorliegenden Beispiel gegeben. Die Antworten der Entscheider hätten demnach die logischen Anforderungen des AHP erfüllt.

Daneben sollte der Bewertende nicht mit zu vielen Attributsvergleichen konfrontiert werden, da auf der einen Seite die eben berechnete Konsistenz darunter leidet und auf der anderen Seite das menschliche Gehirn mit einer zu großen Komplexität überfordert würde. Die Psychologie geht davon aus, dass der Mensch lediglich 7 ± 2 Vergleiche auf einmal vornehmen kann. Aufgrund dieses Miller'schen Gesetzes[132] wird mit Hierarchien gearbeitet und damit der komplexe Sachverhalt in mehrere Blöcke zerlegt.

4.2 Beschreibung und Erklärung der Auswahl des Expertengremiums

In der vorliegenden Arbeit werden die jeweiligen Franchisenehmer, zufällig ausgewählte Shopleiter[133] und Vertreter des Management-Zirkels aus der Zentrale, der für beide Kanäle verantwortlich zeichnet, befragt. Es werden demnach Key-Informants[134], d.h. Schlüsselpersonen mit besonderem Kenntnisstand[135], befragt. Die Befragung von Mitarbeitern des Franchisenehmers oder des Filialleiters könnten hierbei sicherlich auch interessante Ergebnisse mit sich bringen, da die betroffenen Aktoren sehr nah am Kunden sind. Dennoch wird in dieser Studie auf das Fachwissen der jeweiligen Verantwortlichen vertraut, das sie in diese Position gebracht hat.

---

[132] Vgl.: Miller, G., S.81ff, (1956)
[133] Organisationen wie Franchise-Betriebe oder Filialen können als abgeschlossene Einheit keine Priorisierung vornehmen.
[134] Vgl.: John, G. / Reve, T., S.517ff, (1982)
[135] Vgl.: Heß, A., S.80, (1994)

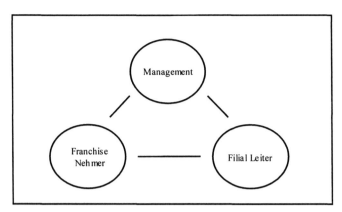

Abbildung 7: Zusammensetzung des Expertengremiums

Die Experten stellen einen Teil der Grundgesamtheit von 105 Filial- und 23 Franchise-Outlets. Ein besonderer Augenmerk wurde bei der Auswahl auf eine heterogene Verteilung innerhalb der Absatzsysteme und homogene Differenzierung zwischen den beiden Kanälen gelegt. In anderen Worten – es sollten vergleichbare Randbedingungen wie Stadtgrößen, Umwelteinflüsse etc. bei beiden zu betrachtenden Gruppen gegeben sein.

Um nicht regionale Ausschläge zu stark zu bewerten, wurde ein regionaler Querschnitt untersucht und eine ungefähre Gleichverteilung aller Regionen bei den Testshops vorgenommen.

Um valide Rückschlüsse ziehen und mit gleicher Datenbasis arbeiten zu können, ist bei der Auswahl darauf geachtet worden, dass das betreffende Outlet das komplette Geschäftsjahr 2004/2005, also vom 1.04.2004 bis zum 30.04.2005, geöffnet hatte. Dieser Zeitraum umfasst auch die Bemessung der realen Absatz-Ist-Werte, also den Abverkauf.

In fünf Fällen, ausschließlich im Franchise-Bereich, musste eine Ausnahme von dieser Regel gemacht werden, da sonst die Stichprobengröße noch kleiner ausgefallen wäre. Hierbei handelt es sich um die Shops in Düsseldorf, Neu Isenburg, Berlin, Offenbach und Leipzig, die bis auf Berlin alle im zweiten Monat des Geschäftsjahres eröffnet haben. Das Outlet in den Berliner Gropius Passagen, dem fünf Monate zum vollen Geschäftsjahr fehlen, wurde dennoch in die Befragung aufgenommen, da sämtliche volatilen Werte (Verdienst, Absatz und Ergebnisse aus „Mystery Shopping") sehr stetig verliefen und somit hochgerechnet werden konnten.

Für alle fünf Fälle wurde bzgl. der Ist-Werte der Attribute lediglich bei den Verdienstmöglichkeiten eine Anpassung vorgenommen und die bisherigen Einnahmen mit dem bisher erreichten Monatsdurchschnittswert hochgerechnet.

Eine weitere Besonderheit ist im Franchise-Bereich festzuhalten: Sechs Outlets werden hier von drei Betreibern geführt, d.h., dass drei Franchisenehmer aufgrund ihrer stetigen und positiven Erfolge vom Franchisegeber das Angebot angenommen haben, einen zweiten Laden betreiben zu dürfen und diesen zu verantworten. Folgende Städte werden von einem Betreiber geführt (Erstgenannter ist jeweils auch der zuerst Eröffnete):

- Offenbach; Frankfurt, Berger Straße
- Hamburg, Elbe-Einkaufs-Zentrum; Hamburg, Bergedorf
- Mülheim, Rhein-Ruhr-Zentrum; Mülheim, Schlossstraße

Um die jeweiligen Ist-Werte dieser „Doppelshops" mit berücksichtigen zu können, wurde die Tatsache zugelassen, dass die Antworten dieser drei Experten dadurch auch ein höheres Gewicht am Endresultat des Interviews tragen würden. Da das Führen eines zweiten Shops auch als Anerkennung der erbrachten Leistung des Franchisegebers dem Franchisenehmer gegenüber verstanden werden kann, ist der Umstand akzeptabel, dass hier kein vollkommenes Gleichgewicht der Antworten zueinander vorliegt. Bei der Befragung gaben die drei betroffenen Experten mitunter auch unterschiedliche Bewertungen zu ihren beiden Outlets ab. Bei einer Eröffnung eines Einzelhandellokales muss mit einer Hochlaufphase gerechnet werden, in der erst langsam die Bekanntheit des Lokals bei den Passanten, Käufern und Einwohnern steigt und sich auch erst schrittweise die Arbeitsabläufe unter den Beratern einschleifen und deren Wissen bzgl. der Produkte und Handhabung der Systeme einen adäquaten Status erreicht hat.

Dies ist von Umgebung, Branche und weiteren Faktoren abhängig. Aus der operativen Erfahrung wird bei O_2 Germany mit einer Dauer von drei Monaten ab Eröffnung kalkuliert, die der Laden benötigt, um auf seine eingeschwungene und somit durchschnittliche Leistungskurve zu kommen. Da sämtliche Outlets nach obiger Voraussetzung seit mehr

57

als drei Monate eröffnet haben, kann dieser Umstand als berücksichtigt betrachtet werden.

Im Folgenden sind die gerade erklärten Auswahlkriterien nochmals übersichtlich dargestellt:

Kriterium	Anforderung
Absatzkanal	Filial oder Franchise
Eröffnung	Spätestens 01.01.2004
Lage aller Outlets	Gleichmäßige regionale Verteilung Gleichmäßige Stadtgrößenverteilung
Auswahl innerhalb der Kriterien	Zufällig
Verantwortlicher	Überdurchschnittliche Erfahrung im TK-Umfeld und Einzelhandel

Tabelle 5: Kriterien zur Auswahl von zu befragenden Outlets

4.3 Herleitung und Definition der zu untersuchenden Alternativen und Attribute

In der durchzuführenden Studie wurden Filialen und Franchise-Shops in der gesamten Bundesrepublik begutachtet und bewertet. Da jeder einzelne Shop eine individuelle Umgebung hat, unterschiedlichen Umwelteinflüssen unterliegt und auch spezifische Grundwerte aufweist, ist ein einfacher Vergleich nicht dienlich.

Ziel ist es, eine Nulllinie zu erhalten, von der jedes Ladenlokal in Deutschland unabhängig von Absatzsystem, Größe, Lauflage etc. bewertet werden kann.

Im Folgenden gilt es nunmehr sämtliche maßgeblichen Attribute zu erfassen, die auf der einen Seite die beiden Vertriebsformen und jeweiligen Outlets hinreichend differenzieren und auf der anderen Seite einen hinreichenden Einfluss auf das Ergebnis bzw. die Effizienz des Kanals haben.

Hierzu werden im ersten Schritt grundlegende wirtschaftliche Zusammenhänge und Besonderheiten in dem betrachteten Unternehmen aufgezeigt, die grundlegende Attribute erkennen lassen. In einem weiteren Schritt werden die Ansätze und Herleitungen aus dem Kapitel 3 herangezogen, um auf der Basis der *Neuen Institutionen Ökonomie* die jeweiligen Attribute zu definieren.

Das Hauptziel dieser Arbeit ist es, die relevanten und absatzbestimmenden Faktoren zu identifizieren und bewerten, die einen absatzoptimierenden[136] Vertriebskanal ermöglichen. Hierbei wird, nach Heinen[137], die Absatzmethode gesucht, die den höchsten Absatz im Verhältnis zum eingesetzten Kapital erreichen wird.[138]

Alternative Betrachtungsweisen wären beispielsweise Return on Invest, Umsatz, Effizienz, Marktanteilsgewinnung, Gewinn etc.[139] Das Spektrum an möglichen Zielarchitekturen ist sehr groß.[140]

Einschränkend muss darauf hingewiesen werden, dass das Format (wie auch der Kürzungsbedarf aufgrund Vertraulichkeit) dieser Arbeit überfordert wäre, wenn hier die vollständige betriebswirtschaftliche Kalkulation der O_2 (Germany) Shop GmbH offen gelegt würde.

Da beide Vertriebskanäle naturgemäß und im speziellen bei Betrachtung des fokalen Unternehmens O_2 Germany große Übereinstimmungen aufweisen, werden einige Themen ausgeklammert und folgende Unterstellungen unterbreitet:

1. Für den Konzern ist es einnahmeseitig unerheblich, welche der beiden Absatzsysteme den Kunden geworben hat, da dieser langfristig vergleichbare Einnahmen erwarten lässt.

---

[136] Vgl., Windhorst, K. G., (1985). Der Autor unterscheidet in diesem Zusammenhang sieben verschiedene Wertetypen. Empirisch werden hierzu deren Soziodemographie, Informationsverhalten, Orientierung an Produktanforderungen und bevorzugte Merkmale der Geschäftsstätten nachgewiesen.

[137] Vgl.: Heinen, E., S.17, (1991)

[138] Für eine weiterreichende eingehende wissenschaftliche Diskussion über das eigentliche Käufer- und Konsumentenverhalten. Vgl.: Kroeber-Riel, W., (1992); Meffert, H., (1992); Behrens, G., (1991), Bänsch, A., (2002)

[139] Diese Bewertung kann statisch also zeitpunktbezogen oder dynamisch und somit auf die Veränderung innerhalb einer Periode vorgenommen werden.

[140] Dellmann, K., (1991); Daschmann, H. A., (1994); Patt, P.-J., (1990); Wahle, P. (1991); Chakravarthy, B. S., (1986); Schröder, H., (1994) führen hierüber eine umfangreiche Diskussion und liefern eine Vielzahl von Erfolgsindikatoren, die als Zielstellung einer Arbeit wie der vorliegenden zugrunde liegen könnte.

2. Da bei beiden Vertriebssystemen der Konzern Mieter ist und die Lokalitäten jeweils in guter Lage zu finden sind, ergeben sich bei der Wahl der Vertriebsart weder Unterschiede in der Darstellungsart und damit Werbewirksamkeit noch in der möglichen Marktmacht Maklern oder Grundbesitzern gegenüber. Zum einen kann davon ausgegangen werden, dass eine einheitliche (zentral gesteuerte) Gestaltung der Außenwerbung zu jeweils ähnlichen Ergebnissen der Werbewirkung führt. Zum anderen werden sämtliche Mietobjekte von einer zentralen Stelle im Konzern bewertet und ggf. angemietet, sodass Makler und Immobilien-Besitzer unabhängig vom Absatzsystem ihre Gebote bei der betroffenen Expansions-Abteilung abgeben.

3. Grundsätzlich ist das Produktportfolio vom Prinzipal festgelegt. Beide Absatzsysteme beziehen ihre Ware ausschließlich von dem vom Prinzipal beauftragten Lieferanten.

    Ausnahme ist das Zubehör, bei der der Franchisenehmer eine Sortiments- und Lieferantenwahlfreiheit hat. Dies schließt ein identisches Portfolio genauso wie eine vergleichbare Liefergeschwindigkeit mit ein.

4. Die Abverkaufspreise der Ware werden für beide Absatzsysteme am Anfang des Monats vorgegeben und sind strikt einzuhalten (Diese Möglichkeit der Vorgabe ergibt sich nur aus der Belieferung der Franchise-Partner mit Kommissionsware und die damit gegebene Abwälzung eines möglichen Margenverlustes auf den Konzern)[141]

5. Die Warenpräsentation im jeweiligen Outlet wird vom Konzern vorgegeben und wird auf Basis der praktischen Erfahrung der Verantwortlichen für den Einbau des Mobiliars entschieden. Eine Differenzierung der beiden Absatzkanäle innerhalb des wichtigen Space-Managements[142] wird daher ausgeschlossen und nicht betrachtet. Eine Normalverteilung von verkaufsaktiven und – passiven Flächen wird zwischen beiden Kanälen angenommen.

---

[141] Vgl.: Metzlaff, K., S.308, (2003). Metzlaff zeigt auf, dass der Bundesgerichthof bei der Beurteilung der Anwendbarkeit des Verbots der Preisbindung nach §14 GWB prüft, welche der beiden Parteien das Handelsrisiko trägt.
[142] Vgl.: Oehme, W., S.153, (1998)

6. Die Kosten einer Neueröffnung in Bezug auf Umbau, Einrichtung, Eröffnungsphase, -angebote, Grund-Training sind identisch. Beiden Vertriebsarmen kommt dieselbe Unterstützung seitens des Konzerns zu.

7. Ein möglicher Vorsprung vor anderen Unternehmen erwächst aus der besonderen Kompetenz der Mitarbeiter eines Unternehmens.[143] Ziel eines Unternehmens oder auch jeden Vertriebskanals ist es daher, die spezifischen Stärken und das Wissen des einzelnen Mitarbeiters in Produktivität zu verwandeln.[144] Diese Aufgabe obliegt dem Entscheider und damit dem Führungsorgan. Human-Resource-Management wird laut Hilb[145] integraler Bestandteil der Unternehmensführung. Eines ihrer Hauptinstrumente hierfür ist die Weiterbildung. Das Training der jeweiligen Mitarbeiter wird vom Konzern beiden Absatzsystemen angeboten (bei freiwilligen Schulungen) bzw. angeordnet (bei Pflichtschulungen, auf die sich alle drei Parteien im Vorfeld vertraglich geeinigt haben). Somit kann bei der Ausbildung von einer Gleichstellung ausgegangen werden. Dies gibt die Realität in diesem Punkt nur leicht verkürzt wider. Die operative Erfahrung hat jedoch gezeigt, dass der direkte Schulungsaufwand den ein Shopleiter oder ein Franchisenehmers seinem Mitarbeitern gegenüber hat, aufgrund des umfangreichen und professionellen Aus- und Weiterbildungsangebotes des Konzerns zu vernachlässigen ist.

8. In der vorliegenden Arbeit wird (aus der praktischen Erfahrung erkennbar) ein systemunabhängiges Verhältnis von Mitarbeiter zu Verkaufsfläche unterstellt. Ein durchschnittlicher Shop mit ca. 45 qm wird von insgesamt ca. 3,2 Mitarbeitern geführt. Ein Shop mit ca. 70 qm wird von insgesamt 3,6 Mitarbeitern geführt.[146] Eine separate Betrachtung und Messung der Anzahl der Mitarbeiter wird daher nicht unternommen.

9. Wie eingangs bereits erwähnt, ist die Kommunikation (Werbung und Public Relations) und damit der werbliche Transport des Produkt- und des Marken-

---

[143] Vgl.: Becker, M., S.16, (2002)

[144] Vgl.: Drucker, P. F., S.45, (1999)

[145] Vgl.: Hilb, M., (1995)

[146] Aufgrund dieser praktischen Erfahrung wird die Anzahl der Berater nicht als eigenes Attribut erhoben, sondern vielmehr implizit hierbei mit gemessen.

vorteils an den Kunden[147] ein entscheidender Punkt in der Absatzkette. Hierbei wird oftmals unabhängig von Qualität und Preis des jeweiligen Gutes über dessen Abverkauferfolg entschieden. Da der hauptsächliche Werbebeitrag für beide zu untersuchenden Absatzsystemen vom Konzern ausgeht[148], kann dies als Differenzierungsmerkmal ausgeschlossen werden. Freilich ist der Aktivitätsgrad der jeweiligen Betreiber in puncto Werbung für den „eigenen" Shop nicht zu unterschätzen.

Die oben erwähnte Vorgehensweise stellt in der Franchise-Filial-Welt keine Besonderheit dar. Es ist vielmehr gängige Praxis, dass der Konzern die hoheitliche Werbung verantwortet und bei den meisten Franchise-Systemen von seinen Franchisenehmern einen bestimmten Umsatzanteil als Beteiligung vertraglich vorschreibt.

Oberstes Ziel der Absatzsysteme ist Absatzoptimierung. Die vorliegende Arbeit fokussiert sich, aufgrund des reinen Absatzbezuges, nicht auf die ausgabe- oder einnahmerelevanten Faktoren, sondern auf verkaufte Stückzahl.

Im Folgenden werden die hierfür verantwortlichen Attribute hergeleitet und aufgezeigt[149], auf welchen Quellen der dazugehörige reale Ist-Wert beruht:

Im Einzelhandel wird das Ziel der Absatzoptimierung sehr stark durch äußere Umstände wie Wetter, Saison, wirtschaftliche Stimmung etc. beeinflusst. Da die Untersuchung jedoch zeitgleich und bundesweit durchgeführt wird, könnten lediglich lokale Schwankungen aufgrund von bspw. bevorstehenden Wahlen, starken Bürger-Initiativen etc. erfasst werden, was in dieser Arbeit aus Einfachheit vor allem aber aufgrund erfahrungsgemäßer Verhältnismäßigkeit ausgeschlossen wird.

Bei der Attributssammlung wird gemäß der oben getroffenen Aussagen eine Dreiteilung vorgenommen:

---

[147] Vgl.: Mattmüller, R., S.247ff, (2004)
[148] Vgl.: Böhm, H., S.75, (1995)
[149] Mattmüller stellt eine umfangreiche Darstellung der beeinflussenden Faktoren der Handelsstruktur auf. Vgl.: Mattmüller, R., S.45f, (1996)

Den Standort aller psychischen und physischen Aktivitäten, die zur Zielerreichung -- hier Absatzoptimierung – unternommen werden, gilt es genau zu betrachten. Er ist der Grundstein und die real existierende Quelle des letztendlichen Ergebnisses. Demnach müssen die shopbedingten Attribute untersucht werden.

Im Hinblick auf die *Neue Institutionen Ökonomie*, nach der Entscheidungen und Handlungen nach Nutzenmaximierung ausgelegt sind, müssen die betreffenden Aktoren und deren Aktivitäten und die zugrunde liegenden Motivationen untersucht werden. In diesem Kontext wird im Folgenden von den aktorenbedingten Attributen gesprochen.

Das Ziel der Arbeit ist die Erforschung der optimalen Vertriebsart und somit Alternative unter Analyse der geeigneten Attribute. Demnach müssen auch die systembedingten Attribute herangezogen werden, die gerade beide Alternativen voneinander differenzieren und sich auf den jeweils Verantwortlichen, also Franchisenehmer oder Filialleiter, konzentriert.

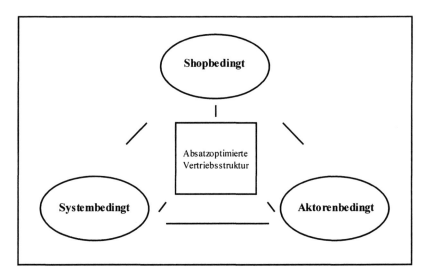

Abbildung 8: Determinanten einer absatzoptimierenden Vertriebsstruktur

4.3.1 Shopbedingte Attribute

Neben den sog. weichen Einflussfaktoren stehen die starken und quantifzierbaren Hebel im Einzelhandel, die sich am Umfeld des Outlets fest machen und demnach als shopbedingte Attribute zu verstehen sind. Sie ergeben sich aus der Spezifität des Ladenlokals und dessen örtlicher Umgebung[150] und gelten für beide Vertriebssysteme gleichermaßen.

4.3.1.1 Stadtgröße

Als wichtige Komponente ist hier das Einzugsgebiet zu verstehen, das die Größe des Käuferpotentials beschreibt. Aufgrund mehrjähriger und zahlreicher praktischer softwareunterstützter Untersuchungen, bei der Wohn- und Einkaufsort der Mobilfunk-Käufer untersucht wurden, wird die Behauptung aufgestellt, dass die Größe des Einzugsgebietes sehr stark mit der Größe der Stadt korreliert. Dennoch sei explizit erwähnt, dass diese eine Simplifizierung der Realität ist, um das Modell handhabbar zu gestalten. Im Weiteren wird auf diese Ungenauigkeit eingegangen.

Die Größe der Stadt gilt somit als wichtiges Attribut bei der Frage, ob das betrachtete Outlet grundsätzlich Potential für Absatz- und damit Gewinnmaximierung innehat.

Sie wird gemessen in Einwohnern innerhalb der Stadtgrenze ohne Einzugsgebiet. Hierfür werden die Daten von Kempers[151] herangezogen. Dabei ist zu beachten, dass die Güte der hoch frequentierten Fußgängerzonen oder Einkaufsstraßen meist mit der Einwohnerzahl korreliert, d.h., dass in einer großen Stadt die Wahrscheinlichkeit größer ist, eine höhere Kundenanzahl pro „Einkaufsmeter" beobachten zu können. Diese Aussage begründet auch die meist höheren Mieten in den Innenstadtlagen der größeren Städte.

---

[150] Vgl.: Weiland, U., S.149, (2001)

[151] Vgl.: o.V., Kemper's, (2004)

4.3.1.2 Kaufkraft der Stadt

Da die Stadtgröße eine relative Komponente besitzt, muss auch die relative wirtschaftliche Stärke der potentiellen Käufer, also die Kaufkraft[152], betrachtet werden. Einflussgrößen hierbei sind bspw. hohe Arbeitslosigkeit im negativen Sinn oder aber die Etablierung eines prosperierenden Wirtschaftszweiges im positiven Sinn. So haben bspw. die Städte Augsburg und Halle eine vergleichbare Einwohnerzahl von ca. 250.000 Menschen. Aufgrund der divergierenden Kaufkräfte, die in Augsburg 99[153] und in Halle lediglich 65 beträgt, hat theoretisch betrachtet ein Ladenlokal in Augsburg eine höhere Absatzwahrscheinlichkeit[154] als das in Halle.

Ebenso wie die Stadtgröße wird die Kaufkraft mit den jährlich neu berechneten Indexwerten von Kemper's bewertet.

4.3.1.3 Frequenz

Neben diesen volkswirtschaftlichen Faktoren zählt zu den shopbedingten Attributen vor allem die relative Qualität des Standortes des Ladenlokals, die sich aus mehreren Kriterien zusammensetzt. Als wichtigste Komponente hierbei ist die Lage zu nennen[155], die sich vor allem über die Frequenz der Passanten definiert.[156] Als gute Lagen[157] können

---

[152] Vgl.: Hansen, U., (1990)

[153] Der Kaufkraftindex bezieht sich auf die durchschnittliche Konsummöglichkeit in Deutschland und ist bei 100 nivelliert. D.h. Städte mit Werten größer 100 haben Einwohner mit überdurchschnittlich hoher Kaufkraft und umgekehrt.

[154] In diesem Zusammenhang sei auf die explizite Trennung der geplanten und spontanen Käufe hingewiesen. Vgl.: Bergmann, T., S.69, (1990).

[155] Vgl.: Kalliwoda, N., S.31, (1999), der betont, dass an sog. 1a-Standorten das Umsatz-/Gewinnpotential und die Betriebsrentabilität wesentlich höher sind als an strukturschwachen Gebieten.

[156] Mit hoher Frequenz wird ein sehr hohes Potential an Spontankäufern erreicht, die durch optische Reize der Schaufensterdekoration oder der Markenbekanntheit angesprochen werden. Vgl.: Krober-Riel, W., S.84, (1985)

[157] Mattmüller, R., S.105, (1992) definiert Handel als „[...] Überbrückung von räumlichen, zeitlichen, quantitativen und qualitativen Spannungen zwischen ersten Anbietern und letzten Nachfragern durch die Gestaltung von eigenen Beschaffungs- und Absatzsystemen sowie insbesondere von Sortimenten."

daher i.d.R. (jeweils Teile der) Fußgängerzonen der Innenstadt, Einkaufszentren, Bahn-höfe, Ein- und Ausfallstraßen etc. verstanden werden.[158]

Die Frequenzmessung wird, wie in der Branche üblich, an einem Samstag zwischen 11 und 12 Uhr durchgeführt. Die Frequenz zählt die an einer bestimmten Stelle vorbei ge-henden Passanten in einer Stunde. Dieses Verfahren[159] wurde eingeführt, um Ver-gleichsaussagen zwischen unterschiedlichen Lagen treffen zu können.

Eine gewisse Ungenauigkeit liegt auch hier vor, da in den jeweiligen Lagen der Samstag im Verhältnis zu den anderen Verkaufstagen unterschiedlich stark ausfällt. In der oberen Kaiserstraße in Frankfurt bspw. ergibt die Messung am Samstag einen verhältnismäßig niedrigeren Wert, da in dem Bankenviertel eher unter der Woche und hier vorwiegend zu den Bürozeiten eingekauft wird.

Wenn für das fokale Outlet keine „offizielle" Frequenz vorliegt, führt O_2 Germany mit demselben Verfahren eine Zählung durch. Dadurch sind alle Daten zueinander kompati-bel und vollständig.

4.3.1.4 Schaufensterfläche

Neben der Standortlage prägt im Einzelhandel vor allem Schaufensterfläche die Qualität des Standortes, die aufgrund der optischen Sichtbarkeit (in Verbindung mit der Werbe-anlage, die hier nicht als eigenes Attribut gewertet wird) und Partizipation an großen Laufströmen absatzbestimmend ist. Sowohl die Lage als auch dieses Werbe-Instrument fördern das Anlocken und somit die Frequenz der Kundenbesuche im Shop und damit die Wahrscheinlichkeit des Vertragsabschlusses.[160]

---

[158] Vgl.: Wöhe, G., S.479, (1990)
[159] Vgl.: o.V., Kemper's, (2004)
[160] Lafontaine konnte anhand von Daten aus den USA feststellen, dass Filial-Betriebe tendenziell eine größere Verkaufsfläche aufweisen als Franchise-Outlets. Vgl.: Lafontaine, F., S.270, (1992)
Auch die dieser Arbeit zugrunde liegenden Untersuchungsergebnisse können diese Erkenntnis unter-stützen: 12 von 15 Filialen zählen zu den flächengrößten Outlets, wohingegen lediglich drei Filialen bei den flächenkleinsten Ladenlokalen zu finden sind.

Die Größe der Schaufensterfläche wird in Quadratmetern dem Bebauungsplan entnommen. Diese Daten werden in die. Shopdatenbank[161] überspielt, die als Datengrundlage für sämtliche Bau-, Messaktivitäten etc. dient.

Die in dieser Arbeit genutzten Daten sind gänzlich der O_2 Germany eigenen Shopdatenbanken entnommen.

Aus Vereinfachung wurde auf die für den Einzelhandel zugegebenermaßen nicht uninteressante Differenzierung zwischen gerader und Über-Eck-Fläche verzichtet. Da die Auffälligkeit der Präsentation des Ladenlokals und der Ware an sich im Fokus stehen, würde eine Schaufensterfläche, die zur Seite abstrahlt und somit für flanierende Passanten bereits von der Ferne sichtbar wird, einen höheren Wert erhalten.

4.3.1.5 Größe der Verkaufsfläche

Neben der Lage ist die Größe der Verkaufsfläche ein weiteres wichtiges Indiz für die Qualität des Ladenlokals. Je größer die Verkaufsfläche ist, desto übersichtlicher ist die Warenpräsentation und auch (im Normalfall) desto höher ist die Anzahl der Berater.

Ebenso wie die Schaufensterfläche werden die Daten der Verkaufsfläche der Shopdatenbank entnommen, die von den Verantwortlichen der O_2 Germany gepflegt werden.

Zwar wird in der Literatur auch diskutiert, dass die Größe einer Vertriebseinrichtung negative Auswirkungen auf die Loyalität des Agenten gegenüber dem Prinzipal haben kann.[162] Dies ist nachvollziehbar bei einem Vergleich mit sehr stark divergierenden Größenunterschieden verbunden mit der Argumentation, dass Größe eine Anonymisierung und damit einen möglichen Distanzaufbau nach sich führt. Das individuelle Handeln wird im Kontext des Ganzen als wirkungsarm angesehen. Da es sich bei der vorliegenden Betrachtung um Varianzen zwischen 35 und 85 Quadratmeter handelt, trifft diese Argumentation nicht zu und wird vernachlässigt.

---

[161] Die Shopdatenbank enthält alle internen relevanten Daten, die O_2 Germany zur Steuerung der Shops benötigt. Hierunter fallen bspw. auch die Höher der Räumlichkeiten, Größe der Außenwerbeanlage, Mieter bzw. Betreiber der benachbarten Ladenlokale etc.
[162] Vgl.: Lafontaine, F., S.273, (1992)

Vorrangige Meinung ist in der Literatur, dass die Größe des Ladenlokals positiven Einfluss auf den Absatz hat. Je größer die Fläche ist, desto mehr Artikel können präsentiert werden und desto breiter, also mehr „facings"[163], können gezeigt werden.[164]

4.3.1.6 Dauer der Ladenöffnung (Öffnungszeiten)

Mit der Dauer der Ladenöffnung ist die Dauer der Verkaufszeit, also umgangssprachlich die Öffnungszeiten, gemeint.

In stetig frequentierten Lagen erhöht sich mit der Steigerung der Ladenöffnungsdauer die Abschöpfungswahrscheinlichkeit der Kundenfrequenz und damit die Kundengewinnung.[165]

Selbstverständlich gibt es bei dieser Betrachtung einen Grenzwert. So würde das Outlet sicherlich nicht wesentlich höheren Absatz verbuchen, wenn die Öffnungszeiten in der Nacht von 2 bis 4 Uhr ausgeweitet würden. Da in dieser Befragung jedoch vergleichbare Zeiten und Einkaufsverhalten miteinander verglichen werden, kann der Schluss gezogen werden, dass mit Verlängerung auch eine erhöhte Absatzwahrscheinlichkeit zu erwarten ist.

Die tatsächliche Dauer der Ladenöffnungszeiten wird beim Interview abgefragt und mit den, wie im Handbuch für Franchisenehmer und Filialleiter vorgegeben, an der Tür befindlichen Öffnungszeitenschildern verglichen. Ebenso sind diese Daten in der Shopdatenbank hinterlegt. Das vorab erklärte Prozedere dient nur der Sicherheit, dass die vom Prinzipal vorgeschriebenen Zeiten auch eingehalten werden.

---

[163] Begriff aus der Einzelhandelssprache: Frontstücke, die einen starken Attraktor auf den Kunden ausüben sollen
[164] Vgl.: Oehme, W., S.147, (1998)
[165] Ausgehend von einem stetigen Abschlussverhalten des Kunden. d.h. ein Kunde unterschreibt einen Vertrag am Vormittag mit derselben Wahrscheinlichkeit wie am Abend.

4.3.1.7 Wettbewerbsumfeld

Als letztes shopbedingtes und einzelhandelspezifisch bekanntes Phänomen sei die Konkurrenzsituation genannt. Die Nähe des Wettbewerbs und der Grad der Anbieterdichte fördern den Absatz. Der Kunde maximiert seinen Nutzen mit kurzen Wegen und hoher Beratungsdichte. Hierin zeigt sich auch die Erfolgsgrundlage der Einkaufszentren, die in den vergangenen 15 Jahren sehr stark die Kundenströme aus den Innenstädten umgeleitet haben.

Nach dem Interview wird das benachbarte Geschäftsumfeld bewertet und festgehalten, ob sich weitere Telekommunikationsanbieter in unmittelbarer Nähe befinden und welche dies sind. Hierbei wird über ein Punktesystem bewertet, welche Art von Wettbewerb in ca. 300 Metern in direkter Laufrichtung um den betrachteten Shop ansässig ist.

Im Telekommunikations-Einzelhandel gilt es, wie in der Einführung beschrieben, mehrere Absatzwege zu unterscheiden. Die diversen Absatzsysteme bergen unterschiedliche Wettbewerbsrisiken für die betrachteten Filial- oder Franchise-Outlets in sich und damit auch Attraktoren für die potentiellen Kunden. Filialen anderer Netzbetreiber haben eine größere Anziehungswirkung auf potentielle Kunden als die der Service Provider oder gar Einzelfachhändler. Natürlich gilt dies auch umgekehrt, so dass der in dieser Arbeit untersuchte Absatzkanal (Franchise und Filiale sind hier als gleichwertig für den Konkurrenten zu betrachten) für den konkurrierenden Anbieter als Bedrohung wahrgenommen wird. In der Telekommunikations-Branche wird zur Bewertung des Umfeldes ein sehr grobes Punktesystem genutzt.

Je höher das Risiko des Kundenabwerbens des Vertriebskanals ist, desto kleiner ist der Punktwert, den dieser erzielt. Der Netzbetreiber-Shop zeichnet sich durch eine hohe Beratungsqualität und damit auch höherem Preisniveau aus. Damit ist das Risiko, dass massenhaft Kunden dort kaufen, überschaubar.

Die Großflächen hingegen sprechen mit einer aggressiven Preis- und Kommunikationspolitik große Kundenkreise an. Aber auch das birgt gerade den Vorteil in sich, dass einige potentielle Kunden durch die Werbung aufgerüttelt werden, sich zu erkundigen.

Mit einem hohen Service- und Beratungsaufwand, den dieser Vertriebskanal meist nicht bieten kann, besteht für die befragten Outlets somit eine gute Chance des Abwerbens.

Der Fachhändler hingegen nutzt zuletzt aufgeführten Vorteil und setzt die Werbung der befragten Outlets für sich, um mit viel Beratungs- und Service-Einsatz den Kunden für sich zu gewinnen. Dies geschieht oftmals unter sehr starken Nachlässen. Somit können die befragten Outlets wenig bis gar nicht von der Nähe dieser Vertriebskanäle profitieren. Somit ergibt sich folgende Wertigkeit der unterschiedlichen Kanäle:

- Alternative Netzbetreiber (T-mobile, vodafone, E-plus)   3 Punkte
- Service Provider (mobilcom, Talkline, debitel etc.)   2 Punkte
- Großflächen (Saturn, Mediamarkt, Kaufhof etc.)   2 Punkte
- Fachhändler (freie unabhängige Verkaufspunkte)   1 Punkt

Ein Outlet mit einem Wert von zehn Punkten (zwei Netzbetreiber, ein Service Provider und eine Großfläche im Umkreis) hat bei diesem Attribut eine höhere Gewichtung als ein Outlet mit nur sieben Punkten. Zu beachten ist, dass alle shopbedingten Attribute metrisch aufgesetzt sind.

4.3.2 Aktorenbedingte Attribute

Neben den shopbedingten zielen die aktorenbedingten Kriterien auf das Humankapital ab. Hier sind neben den soziodemografischen Faktoren auch die weichen emotionalen Werte zu finden, die gerade im Einzelhandel von höchster Bedeutung für den Erfolg sind.

Daneben ist das intellektuelle Kapital[166] in jedem Outlet für den Absatz entscheidend. Vier Komponenten sind hierfür bestimmend:

---

[166] Wie in Abschnitt 3.1.3 beschrieben, achtet der Prinzipal beim Auswahlprozess auf die „characteristics" des Agenten, zu denen vor allem die einzelnen Kompetenzbestandteile zählen: Vgl.: Williamson, O. E., S.33, (1990).

1. individuelle Kenntnisse (Humankapital)[167]

2. organisatorische Fähigkeiten (Strukturkapital)

3. Verhältnis zu Kunden und Lieferanten (Kundenkapital)

4. Organisationale Intelligenz (Beziehungskapital)

Punkt 1 und 3 und 4 werden im näheren bei den aktorenbedingten Attributen unter den Begriffen Kompetenz, Freundlichkeit, Servicegedanke und Betriebsklima beleuchtet, auch wenn Punkt 1, wie oben bei den Ausschlusskriterien beschrieben, aufgrund des konzernübergreifenden Trainings als Differenzierungsmerkmal relativiert gesehen werden muss.

Punkt 2 wird unter den systembedingten Attributen subsumiert, auch wenn analog den Gedanken zu Punkt 1 die Strukturen aufgrund des Arbeits- oder Franchise-Vertrages durch den Prinzipal vorgegeben werden.

Rund 70% der Kaufentscheidungen werden direkt am Point of Sale (POS) - also am Verkaufsort - getätigt.[168]

Der Kunde ist sich demnach lediglich zu 30% über seine Präferenzen im Vorfeld bewusst. Es obliegt nun dem Verkäufer, im Beratungsgespräch über die richtigen Fragen und Informationen die wahren Belange des Kunden zu erfahren und ihn zum präsentierten Produkt zu leiten, um zielorientiert die gestellte Abschlussfrage mit einer Vertragsunterschrift beantwortet zu bekommen.[169]

Den Beratern kommt hierbei eine sehr große Verantwortung zu. Sie entscheiden im täglichen Geschäft über Verlust und Gewinn ihres Franchise- bzw. Arbeitgebers.[170] Dies gilt systemunabhängig.

---

[167] Vgl.: Hayek, F. A., S.520, (1945). Der Autor streicht besonders das Wissen über die Umstände von Raum und Zeit heraus. Um einen ganzheitlichen Blick über die Fähigkeiten des Beraters anstellen zu können, müsste man auch seine regionale Verwobenheit einfließen lassen. Es ist davon auszugehen, dass die Herkunft und die lokale Verbundenheit und damit die objektiven und subjektiven Ortskenntnisse einen positiven Einfluss auf die dem Berater entgegen gebrachte Sympathie und damit verbunden auf die Wahrscheinlichkeit des Kaufabschlusses haben. In dieser Arbeit wird dieser Umstand aus Vereinfachungsgründen nicht näher betrachtet.

[168] Vgl.: Frey, U. D., S.1, (2001)

[169] Vg.: Minkler, A. P., S.22, (1988)

[170] Vgl.: Richter, R. / Furobotn, E., S.90, (2003)

4.3.2.1 Fachliche Kompetenz

Um den Kern eines Beratungsgesprächs und dessen Verlauf beeinflussen zu können, bedarf es eines hohen Maßes an Verkaufsgeschick, das mit Kompetenz auf der Produkt-, also fachlichen, und Vertriebsebene gleichgesetzt werden kann.

Fachliche Kompetenz versetzt den Berater in die Lage, die Bedürfnisse des Kunden zu erkennen und ihm das für ihn passende Produkt zu empfehlen. Aufgrund der professionellen Beratung fühlt sich der Kunde mit seinen Wünschen ernst genommen und schließt somit wahrscheinlicher den Vertrag ab.[171] Dieses subjektive und individuelle Wissen über Produkte, Tarife aber Kundenansprache stützt sich auf Daten und Informationen und prägt die Basis der individuellen Handlungsfähigkeit.[172]

Die Kompetenz lässt sich sehr gut objektiv durch so genannte „Mystery Shoppings"[173] messen, in dem sich ein Tester in einem Verkaufsgespräch gegenüber dem hierüber nicht informierten Berater als potentieller Kunde ausgibt.[174]

Diese vierteljährlich stattfindenden Testkäufe[175] dienen auf der einen Seite dazu, die Qualität der Beratungsgespräche zu testen und sie mit den aktuellen Verkaufszahlen zu vergleichen. Möglicherweise lassen sich hierdurch Erklärungen finden, warum ein Shop besonders niedrige Absätze hat oder in einem anderen Shop ein bestimmtes Produkt besonders häufig verkauft wird.

---

[171] Minkler streicht die Wichtigkeit des Wissens des Outlet-Betreibers heraus. Der Prinzipal kann sich das Wissen des Agenten aneignen und auf die anderen Agenten anwenden und somit ein sich selbst verbesserndes System unterhalten. Vgl.: Minkler, A. P., S.24, (1988)

[172] Vgl.: Nelson, R. R. / Winter, S. G., S.78, (1982)

[173] In der Arbeit werden die Ergebnisse der Welle III 2005 verwendet, die am 29.04.05 betriebsintern veröffentlicht wurden.

[174] Unter „Mystery Shopping" versteht man demnach eine verdeckt teilnehmende Beobachtung, durch die subjektiv wahrgenommene Sachverhalte objektiv erfasst werden. Über ein standardisiertes Vorgehen des Testkäufers ist es möglich, objektive und valide Ergebnisse über die Interaktionen zwischen Berater und Kunde in den persönlichen Beratungs- und Verkaufsgesprächen zu erhalten. In den Protokollen werden die jeweiligen Beobachtungen, Mängel, Rügen als auch Lobe mit Bewertungen versehen, die somit auch als Skalierung in diese Untersuchung Eingang finden.

[175] Vgl.: Seidel, M., S.50, (1997). Seidel kritisiert das Test-Verfahren, weil es kosten- und zeitintensiv und lediglich subjektive Informationen liefert. Da Mystery-Shopping ein fester Bestandteil der Qualitätskontrolle des betrachteten Unternehmens ist, sind die zwei ersten Kritikpunkte für die Forschungsfrage irrelevant. Die Subjektivität der Messung würde nur dann keine Aussagekraft zulassen, wenn das Ergebnis mit anderen Methoden verglichen würde. Da in dieser Arbeit jedoch die Ergebnisse für alle betrachteten Outlets durch diese Methode gewonnen wurden, ist der Vergleich zulässig.

Auf der anderen Seite sollen sie als Grundlage für Kritikgespräche dienen, in denen der Agent vom Prinzipal über die Kompetenz seiner Mitarbeiter (oder gar seiner eigenen) unterrichtet wird.

Dieser ständige Verbesserungsprozess dient allen Beteiligten, da die beiden Führungsverantwortlichen nicht wissen können, wie sich ihre Mitarbeiter im Verkaufsgespräch verhalten.

Ebenso ist auch der Fall denkbar, dass man durch einen Testkauf eine Verkaufstechnik von einem Berater erfährt, die man als besonders effektiv einschätzt und diese in Zukunft als Grundlage für die Trainings aller Berater aufnimmt.

Bei O_2 Germany werden über das ganze Jahr hinweg über 3.000 Testkäufe in den eigenen Kanälen vorgenommen und weitere 600 bei den Wettbewerbern.

In dieser Arbeit wird der Durchschnittswert der letzten drei Testwellen zu Grunde gelegt. Je mehr Wellen eingeschlossen werden, desto größer wird die Verdichtung auf der Realität wiedergebenden Daten. Auf weiter zurück liegende Daten kann nicht gegriffen werden, da das Testverfahren geändert wurde.

Die zwei folgenden grundlegenden Bewertungen bestimmen die fachliche Kompetenz:

- Bedarfsanalyse durchgeführt

  Hat der Verkäufer zur Ermittlung eine der folgenden Fragen gestellt, um Ihre Bedürfnisse zu ermitteln bevor Sie irgendwelche Empfehlungen erhielten:

  Wie hoch ist Ihre monatliche Rechnung?

  Bevorzugen Sie ein Handy mit festem Vertrag oder ein Handy mit Prepaid-Karte?

  Nutzen Sie gegenwärtig Versand von Kurzmitteilungen MMS/SMS?

  Suchen Sie ein spezielles Handy?

  Telefonieren Sie mit Ihrem Handy hauptsächlich privat oder geschäftlich?

  Möchten Sie mit dem Handy Musik und Bilder nutzen?

  Möchten Sie mit dem Handy E-Mails verschicken?

  Telefonieren Sie oft vom selben Ort aus?

  Führen Sie vom Handy aus oft Gespräche ins Mobilfunknetz?

Wieviel möchten Sie pro Monat für das Telefonieren mit Ihrem Handy ausgeben?

▪ Sachkenntnis

Wie groß erschien Ihnen die Kompetenz und Sachkenntnis des Verkäufers?

4.3.2.2 Verkaufskompetenz

Wie bereits erwähnt setzt sich das Verkaufsgeschick aus fachlichen Kenntnissen als auch aus vertrieblichem Know-how[176] zusammen. Der Berater muss dem Kunden das Produkt erklären und näher bringen können.[177] Doch ein Verkaufsgespräch ist erst dann erfolgreich beendet, wenn der Kunde seine Kaufabsicht umsetzt und somit kauft. Daher ist eine wichtige Komponente der Absatzoptimierung das vertriebliche Wissen und dessen Anwendung bei den Beratern.

Im „„Mystery Shopping““ wird hierbei auf der einen Seite die Technik des Verkaufens und damit die Herangehensweise des Beraters dem Kunden gegenüber bewertet. Auf der anderen Seite muss die profane Frage beantwortet werden, ob der Testkäufer angesichts des Beratungsgesprächs nun am Ende tatsächlich kaufen und damit abschließen würde oder eben nicht.

▪ Beratung

Empfahl Ihnen der Verkäufer letztendlich einen Tarif von O_2?

Spezielle Fragen zu den einzelnen O_2 Produkten und ob vom Verkäufer deren spezifische Ausprägungsmerkmale genannt wurden?

Erwähnte der Verkäufer spontan oder erst auf Nachfrage Zusatzprodukte? Hierbei werden mehrere spezifische Produkte in einzelnen Fragen getestet.

Hat der Verkäufer die einzelnen Zusatzprodukte dann erklärt? Hierbei werden mehrere spezifische Produkte in einzelnen Fragen getestet.

---

[176] Vgl.: Hayek, F. A., S.518, (1945)
[177] Vgl.: Nelson, R. R. / Winter, S. G., S.77, (1982)

Hat der Verkäufer Ihnen das Gefühl vermittelt, dass O_2 die beste Wahl für Ihre Bedürfnisse/Nutzungsprofil ist?

- Verkaufsabschluss

Wie effektiv war die Verkaufstechnik des Verkäufers?

Bewertung des Auftretens des Beraters unter den verschiedenen Perspektiven:

  - Sicheres Auftreten

  - Zeit nehmend für den Kunden

  - Verständliche Ausdrucksweise

  - Deutlichmachen des Produktnutzens

  - Einen vertrauensvollen Eindruck hinterlassen

  - Umfangreiches Informieren

  - Aktives Beraten, nicht nur auf Nachfrage reagierend

  - Engagement

  - Freundliches Auftreten

  - Positiven Eindruck hinterlassend

- Kaufwahrscheinlichkeit

Wie versuchte Sie der Verkäufer zum Kaufabschluss zu bewegen? Direkte Frage, Angebot der Handy-Hinterlegung etc.

Hätten Sie den Kauf in dem Geschäft getätigt? Gleichzeitig werden hierbei die Gründe bei Ablehnung und Zustimmung abgefragt

4.3.2.3 *Freundlichkeit*

Neben den wichtigen Kompetenzkriterien, die ein Berater erfüllen sollte, muss er auch die sozialen Anforderungen erfüllen und die empathische Ebene bereitstellen, damit der Kunde ihm vertraut. Vereinfacht wird es in diesem Zusammenhang mit Freundlichkeit umschrieben.

Der Sympathiewert des Beraters ist oft sehr darüber entscheidend, ob die oben beschriebenen 70%ige Unschlüssigkeit des Kunden am POS zugunsten einer Kaufentscheidung ausfällt.[178]

Nach der Dissonanztheorie streben Kunden nach Gleichgewicht ihres kognitiven Systems und somit nach Zufriedenheit. Bei der Beratung oder Kauf eines Produktes wird dieses Gleichgewicht über die hohe Zufriedenheit des Kunden mit den Verhaltensweisen und der Leistung des Beraters erreicht.[179]

Auch hierzu kann die Messung über den Testkauf erfolgen. Folgende zwei Bewertungen werden herangezogen:

- Kundenerlebnis

  Als Sie das Geschäft betraten: Gab es etwas, das einen negativen Eindruck auf Sie hinterließ?

  Wie wurden Sie bei Betreten des Shops begrüßt?

  Wie lange dauerte es, bis ein Verkäufer Sie bediente?

  Alles in allem: Wie präsentierte der Verkäufer O_2? Hierbei wird das Empfinden enthusiastisch, kritisch, neutral etc. abgefragt.

  Alles zusammen: Welchen Eindruck hinterlässt das Einkaufserlebnis bei Ihnen?

4.3.2.4 Servicegedanke

Neben Kompetenz und Freundlichkeit des Verkaufspersonals ist der Service zu nennen, den der Kunde vor und bei Abschluss als auch während der Dauer des Dienstleister-Kunden-Vertragsverhältnisses geboten bekommt wie das Erklären von Produktneuheiten oder Handhabungen nach Vertragsabschluss, Beheben etwaiger Kleinstprobleme,

---

[178] Die in Abschnitt 3.1.3 beschriebene beidseitige Nutzenmaximierungsabsicht der beiden Parteien nach Schweizer, U., S.230, (1999) ist auch zwischen Verkaufsberater und Kunde zu erwarten. Der potentielle Käufer, der wiederum als Agent gegenüber dem Verkäufer als Prinzipal auftritt (vgl.: Müller, S., S.27, (2002)), strebt seinen Nutzen zu maximieren. Hierzu gehört auch eine angenehme Atmosphäre beim Verkaufsgespräch zu haben, die durch Freundlichkeit des Beraters gefördert werden kann.

[179] Stock beschäftigt sich mit dem Zusammenhang zwischen Mitarbeiter- und Kundenzufriedenheit. Hierbei werden die auftretenden direkten, indirekten und moderierten Effekte empirisch und theoretisch untersucht. Vgl.: Stock, R., S.82, (2003)

der diskussionsfreie Umtausch oder ein funktionierender Leihgeräteprozess. Da hier die Voraussetzungen auf der Seite des Betreibers geschaffen werden müssen aber auch die Bereitschaft und das proaktive Anbieten dieser Leistungen der Belegschaft gegeben sein müssen, gehörte dieses Attribut zu den aktoren- wie auch zu den systembedingten Attributen.

Auch dieses Attribut ist über die Ergebnisse des „Mystery Shopping" zu messen. Hierbei wird folgende Bewertung herangezogen:

- Zusätzliche Dienste empfohlen

    Gemessen an der Anzahl der Kunden im Laden. Wurden Sie innerhalb einer angemessenen Wartezeit bedient?

    Fragte Sie der Verkäufer, ob Sie noch einen Wunsch hätten oder er etwas für Sie tun könnte?

    Wenn ja, welche der folgenden Angebote erwähnte der Verkäufer? Zur Antwort stehen mehrere Zubehörartikel und Dienstleistungen zur Verfügung Beriet und informierte er Sie daraufhin umfangreich?

4.3.2.5 Betriebsklima

Neben diese nach außen gerichteten Attribute gilt es noch eine gewichtige Komponente zu stellen, die (aus betrieblicher Sicht gesehen) nach innen wirkt. Es geht nicht wie bei den oberen vier aktorenbedingten Attributen um die Kommunikation und Verhalten zum Kunden hin, sondern vielmehr das Verhalten und die Stimmung des Beraterteams untereinander.

Somit ist das Betriebsklima als das interne Gegenstück zum externen Image zu verstehen.[180] Zur Messung dieses wichtigen Merkmals wird in der Literatur das „Stimulus-

---

[180] Vgl.: Parker, C. P. / Baltes, B. B. / Young, S. Y. / Huff, J. W. / Altman, R. A. / Lacost, H. A. / Roberts, J. E., S.394, (2003). Die Autoren zeigen die Verbindung von dem Klima der Arbeitsgruppe, der Organisation etc. und der Arbeitseinstellung bzw. Motivation und der sich daraus ergebenden Leistungsergebnisse. Die Autoren weisen starke positive Effekte auf das Arbeitsergebnis durch ein positives Betriebsklima nach.

Organism-Response-Modell" diskutiert.[181] Hierbei werden die vom Unternehmen aus-
gesendeten Stimuli und die Organismusfaktoren des Rezipienten, also dessen Erfahrungen, Begehrlichkeiten, Lebensparameter in Verbindung gebracht und schließlich zum
Ergebnis der Imagebewertung verdichtet. Da in der vorliegenden Arbeit jedoch ein und
dasselbe Unternehmen (O_2 Germany) im Fokus steht und dieses der Hauptträger des
Images ist und nicht etwa der einzelne Shop alleine dies beeinflusst, wird das Image
nicht weiter betrachtet. Vollständigerweise sei zu erwähnen, dass jedes einzelne Outlet
einen gewichtigen Einfluss auf die Wahrnehmung und Bewertung des gesamten Unternehmens durch den Kunden ausübt. Diesem Umstand wird bei den systembedingten
Attributen Rechnung getragen.

Das Betriebsklima ist ein schwer direkt messbarer Begriff, der in dieser Arbeit entgegen
der Arbeitszufriedenheit nicht zu den systembedingten Attributen gezählt wird, da er
direkt durch die einzelnen Akteure - also Mitarbeiter - im jeweiligen Outlet und deren
Handlungen geschaffen wird. Freilich ist auch hier eine stark führungsbedingte und damit systemabhängige Komponente enthalten.

Neuberger[182] hat zur validen Messung des Organisationsklimas acht verschiedene in-
haltliche Komponenten isoliert, die im Folgenden nur kurz angerissen werden sollen:

1. Strukturierung:

    Die Verhaltensspielräume der einzelnen Akteure und die Dichte der Regeln,
    die diese bestimmen, stehen hierbei im Vordergrund. Ein ausschlaggebender
    Hinweis ist, ob es sich um eher chaotische oder normlose Abläufe im Arbeits-
    alltag handelt.

2. Autonomie:

    Entscheidungsfreiheit und Entfaltungsmöglichkeiten des Einzelnen sind hier-
    unter zu verstehen, also der Grad der Selbstständigkeit bzw. Abhängigkeit in
    der Gestaltung des beruflichen Umfeldes.

---

[181] Vgl.: Burkhard, R., S.41, (1998)
[182] Vgl.: Neuberger, O., S.130, (1980)

3. Wärme und Unterstützung:

   Diese Komponente beschreibt das Betriebsklima im engeren Sinne. Hierbei sind Hilfsbereitschaft, Vertrauen, Kommunikation untereinander etc. von Bedeutung.

4. Leistungsorientierung:

   Der Gradmesser der Leistungsmotivation ist im erkennbaren Interesse und Engagement der einzelnen Aktoren zu sehen; ebenso die Frage wie stark die Arbeitsmotivation nach außen vermittelt wird.

5. Zusammenarbeit:

   Hierbei wird gemessen, wie stark die Kooperation innerhalb des Systems ist und ob diese von Harmonie und Solidarität geprägt ist.

6. Belohnungshöhe und Fairness:

   Eine gerechte Verteilung von Belohnung und Sanktionierung ist die Voraussetzung.

7. Innovation und Entwicklung:

   Aufgrund der Innovationsträchtigkeit der Branche untersucht diese Komponente die Offenheit, Risikoneigung und die Änderungsbereitschaft innerhalb des Systems.

8. Hierarchie und Kontrolle:

   Zu bewerten ist, ob und inwieweit der Führende auf Gleichheit untereinander achtet, die in Partnerschaftlichkeit und Selbstständigkeit mündet.

Die aus Neubergers Darstellung resultierende Messung ist nur im Rahmen eines umfassenden Forschungsprojektes möglich, das in dieser Arbeit nicht in vollem Umfang praktiziert werden kann.

Eine andere Herangehensweise[183] erfolgt über Indikatoren, die die Werteeinstellung der Aktoren widerspiegeln und somit einen wichtigen Teil Neubergers Komponenten in reduziertem Umfang mit abbilden.

---

[183] Vgl.: Bogner, F. M., S.324, (2001)

Die wichtigsten sind hierbei die Fluktuationsrate, also der Wechsel im Mitarbeiterbestand, die Höhe der Krankenstände, die Qualität der Arbeitsleistung. Des Weiteren werden die Bereitschaft zur Leistung von Überstunden und die Teilnahme an Firmenveranstaltungen[184] als Kennzahlen herangezogen.

Daneben ist auch die Häufigkeit der Wünsche nach Gehaltserhöhung und das Interesse an einer hausinternen Karriere ein Indikator zur Messung. In der vorliegenden Studie wurde auf die letzten beiden Komponenten verzichtet, da sie aufgrund der Größe der jeweiligen Outlets als nicht zielführend betrachtet werden.

Die oben genannten fünf Items zur Bemessung von Betriebsklima werden als geschlossene Frage formuliert:

• Die Fluktuation, also der Wechsel im Mitarbeiterbestand ist...

• Die Höhe der Krankenstände relativ zur Mitarbeiteranzahl ist...

• Die von Ihren Mitarbeitern erbrachte Qualität der Arbeitsleistung ist...

• Die Bereitschaft Ihrer Mitarbeiter zur Erbringung von Überstunden ist...

• Die Teilnahme an angebotenen oder selbst organisierten Firmenveranstaltungen ist...

Für die Beantwortung der Fragen stehen dem jeweiligen Entscheider jeweils neun Antwortmöglichkeiten zur Verfügung:

1	stimmt überhaupt nicht
2	
3	stimmt kaum
4	
5	stimmt etwas
6	
7	stimmt ziemlich
8	
9	stimmt vollkommen

---

[184] Stock weist empirisch einen Zusammenhang zwischen Teilnahmen an internen Veranstaltungen und dem Entstehen eines Wir-Gefühls und damit der Verbesserung des Betriebsklimas nach. Vgl.: Stock, R., S.82, (2003)

Die Summe aller Punkte ergibt dann das Ergebnis des Betriebsklimas. Da es lediglich dazu dient, im Folgenden ins Verhältnis zu den anderen Alternativen gesetzt zu werden und vorab normiert wird, ist die Einheit oder die Art der Bepunktung irrelevant. Vor der Normierung ist der Maximalwert des Betriebsklimas gesetzt mit:

5 (Fragen) * 9 (Maximalpunktwert) = 45 Punkte

Wie schon bei den shopbedingten Attributen erkennt man aufgrund des Erhebungsverfahrens, dass alle Attribute zumindest intervallskaliert sind. Sie können hierbei ebenso metrisch verwendet werden, da aufgrund der Fragestellungen davon auszugehen ist, dass die Befragten die jeweiligen Intervalle gleichrangig sehen.[185]

4.3.3 Systembedingte Attribute

Unter den systembedingten Kriterien werden Spezifika verstanden, die sich aus der Vertriebsart und somit aus dem jeweiligen Vertragsverhältnis, der inneren Bindung zum jeweiligen System o.ä. ergeben. Somit behandelt diese Attributs-Gruppe die Themen, die den Agenten selbst betreffen: Hierbei stehen seine Empfindungen, Einstellungen und Fähigkeiten im Vordergrund.

4.3.3.1 Bezahlung bzw. Verdienstmöglichkeit

Wie bei den Transaktionskosten beschrieben, ist das Ziel jedes Agenten, seinen Nutzen und damit sein Einkommen und seine Zufriedenheit zu maximieren.

Es stehen dafür zwei ausschlaggebende Komponenten für den Filial- und den Franchiseleiter zur Verfügung:

---

[185] Das bedeutet, dass für den Experten bspw. der Unterschied zwischen 3 und 4 genauso gewichtig ist wie der zwischen 8 und 9

Die aktorenbedingten Attribute wie Betriebsklima, Zufriedenheit etc.[186] wurden bereits beschrieben.

Daneben ist das monetäre Incentivierungsmodell[187] zu sehen, das die Agenten über Provisionen, Boni, Gehälter etc. steuert und den Hauptmotor für die Leistung darstellt.[188]

Hierbei wird beim Shopleiter der Brutto-Lohn und beim Franchisenehmer die Provisions-Auszahlung jeweils der letzten 12 Monate betrachtet. Dabei wird das Ist als auch das mögliche Ist bei 100% Zielerreichung (Post, Prepaid, Retention) betrachtet. Beide Werte werden als Grundlage für das jeweilige Outlet addiert und dann der Durchschnitt gebildet.

Bei den Franchisenehmern ist die Besonderheit zu beachten, dass sie ggf. vom Franchisegeber neben den monatlichen Provisionsausschüttungen auch Unterstützungsleistung für Mietkosten bekommen. Dies wird dann praktiziert, wenn bspw. das Objekt, das O_2 Germany gemietet hat und nun an den Franchisenehmer weiter vermieten möchte, aus marktpolitischen Gründen angemietet wurde. Der Wunsch, mit diesem Objekt einen Marktteilnehmer zu verdrängen, könnte unter Umständen betriebswirtschaftlich ohne diesen Zuschuss für einen Franchisenehmer sonst schwer darstellbar sein.

Daneben muss berücksichtigt werden, dass der Franchisenehmer von seinen Einnahmen seine betrieblichen Ausgaben zu bestreiten hat. Um eine Vergleichbarkeit der Einnahmeseiten beider Systeme zu ermöglichen, wird von seiner Provisionseinnahme die Kostenblöcke Miete und Personal abgezogen.

---

[186] Aus Sicht der Zentrale ist dies der oben definierte Begriff der Absatzoptimierung
[187] Neben den monetären oder materiellen Beteiligungsmodellen zeigt Sundermeier die immateriellen Beteiligungsmodelle auf, die sich aus Dezentralisation, Delegation und Partizipation zusammensetzen. In dieser Arbeit werden das Vorhandensein und die Auswirkungen der drei Bereiche indirekt über die Arbeitszufriedenheit befragt. Vgl.: Sundermeier, B., S.114ff, (1992)
[188] Vgl.: Kemper, N., S.94, (1976). Der Autor sieht fünf Voraussetzungen, dass die Erfolgsbeteiligung bzw. Verdienstmöglichkeit motivierend wirkt: Es muss ein direkter Zusammenhang zwischen Leistung und Erfolgsgröße stehen. Der Erfolg, also das ex ante gesetzte Ziel, muss verständlich, erreichbar und direkt beeinflussbar sein. Dabei muss die Erfolgsgröße für den Beteiligten eine gewisse Wichtigkeit aufweisen und sich auf sämtliche geschäftsrelevanten Verhaltensauswirkungen des Betroffenen beziehen. Sämtliche fünf Punkte können in praxi bei beiden Systemen als gegeben angesehen werden.

Die Miete[189] ist dem Prinzipal bekannt aufgrund des Untermietverhältnisses, das der Franchisenehmer bei O$_2$ (Germany) Shop GmbH hat. Die Personalkosten sind aufgrund von Erfahrungen und den Angaben des Franchisenehmers gemittelt. Mit diesem Verfahren sollen mögliche Einsparungen oder Mehrausgaben in diesem Bereich des Franchisenehmers ausgeglichen werden. Sämtliche andere Nebenkosten, wie Telefon, Buchhaltung, Versicherung des Ladenlokals etc. sollten in der Realität durch die Einnahmen aus dem Zubehör-Geschäft gedeckt werden und sind daher in dieser Arbeit unberücksichtigt.

Somit ist von einer Vergleichbarkeit von Einkommen des Filialleiters und Provisionserlöse des Franchisenehmers auszugehen.[190]

4.3.3.2 Arbeitszufriedenheit

Nicht allein die kurz- bis mittelfristig (jeweils bis zum Ende einer Periode, wie Monat, Quartal, Geschäftsjahr o.ä.) abzielenden Anreize sind ein wichtiger Faktor, die Agenten zu motivieren.

Damit Anreizsysteme funktionieren ist es notwendig, dass die Akteure, auf die sie abzielen, motiviert werden. Hierbei sind zwei Arten der Motivation nach Frey[191] festzuhalten, die das menschliche Verhalten beeinflussen. Aus der Neuen Institutionen Ökonomie konnte im Kapitel 3 abgeleitet werden, dass die Arbeitszufriedenheit als eigener Nutzen ein zentrales Element darstellt, das den Absatzerfolg beeinflusst.[192]

Extrinsische Motivation

---

[189] Kalliwoda unterstreicht in diesem Zusammenhang den hohen Kostenblock, den der Franchisenehmer dem Franchisegeber abnimmt, wenn sich das Outlet in der 1a-Lage befindet. Vgl.: Kalliwoda, N., S.36, (1999).

[190] Zur Vereinfachung wird in dieser Arbeit keine Differenzierung in Bezug auf Versicherungspflicht, steuerliche Belange, finanzielle Vorsorge etc. vorgenommen.

[191] Vgl.: Frey, B., S.7, (1997)

[192] Vgl.: Neumann, U., S.167, (1999), der in der Zufriedenheit des Agenten (hier im Speziellen des Franchisenehmers) einen Indikator für die Stabilität und Wirkungskraft der Beziehung zwischen Agent und Prinzipal sieht, die sich in Loyalität und vor allem Absatz widerspiegelt.

Negative und positive Anreize werden von außen gesetzt. Ersteres sind Strafen, die angedroht (Mahnung) oder ausgesprochen (Bonus- bzw. Provisionseinbehaltung etc.) werden können. Zweites sind die weiter oben erklärten Belohnungen in Form von Bonus-Zahlungen, Sonderprämien, Trainings o.ä.

Intrinsische Motivation:

Dieser Anreiz geht von dem betrachteten Akteur selbst aus. Hierzu gehören z.B. die positive Einstellung zur Arbeit, die Freude, jeden Tag mit Menschen zu tun zu haben, zu wissen, dass es nicht selbstverständlich ist, eine Arbeit zu haben, die einen ausfüllt u.v.m.

Aber natürlich auch im negativen Fall, die Angst zu versagen, Lustlosigkeit zu verspüren usw.[193]

Die extrinsische Motivation wird zum Teil mit dem zuerst genannten systembedingten Attribut der Bezahlungs- und Verdienstmöglichkeit erfasst.

Um auch die intrinsische Motivation bewerten (lassen) zu können, wird die Arbeitszufriedenheit gemessen. Um diese Zufriedenheit zu messen[194], finden sich in der Literatur einige Methoden wieder. Die wichtigsten deutschsprachigen, standardisierten Verfahren sind:

- Die Skala zur Messung allgemeiner Arbeitszufriedenheit von Fischer und Lück.[195] Diese Methode zur Messung der Gesamt-Arbeitszufriedenheit basiert auf einem Fragebogen mit 37 Fragen und jeweils fünf vorgegebenen Antwortmöglichkeiten.

---

[193] Rosenstiel findet intrinsische Motivation in Tätigkeiten, die befriedigenden Charakter haben (und nicht mehr nur das Ergebnis selbst) und die Entfaltungsmöglichkeiten bieten und Raum um die bei sich selbst hoch eingeschätzten Fähigkeiten und Kompetenzen nutzen zu können. Daneben werden Tätigkeiten, die selbst verantwortet und kontrolliert werden und die eine Vielfältigkeit von Aufgaben darstellen und eine Erweiterung des Handlungsspielraums ermöglicht, als wahrscheinlicher intrinsischer Motivator gesehen. Vgl.: Rosenstiel, L. v., S.139, (1985)

[194] Vgl.: Meffert, H. / Bruhn, E., S.600, (1981). Die Autoren unterscheiden zwischen objektiven und subjektiven Messverfahren. Die Objektiven Verfahren nutzen direkt messbare und beobachtbare Indikatoren, die nicht durch subjektive Wahrnehmungen verzerrt werden können. Als Beispiel sei hier der Fluktuation, Ertrag etc. Die subjektiven Verfahren messen individuelle Handlungs- und Denkweisen der Befragten und ermitteln somit die subjektiv wahrgenommene Zufriedenheit des Einzelnen.

[195] Vgl.: Fischer, L. / Lück, H. E., S.64, (1972)

Das Instrument orientiert sich an den positiven Aspekten der Arbeitssituation und misst speziell die Zufriedenheit mit der Arbeitsumwelt.

- Der Arbeitszufriedenheits-Kurzfragebogen.[196] Die Arbeitszufriedenheit wird hierbei als Ergebnis eines dynamischen Prozesses verstanden. Sie ist das Resultat eines ständigen Vergleichs zwischen dem vorfindbaren Ist-Zustand und der gewünschten Soll-Vorstellung des Aktors, also seinem Anspruchsniveau. Aufgrund dieser Ausgangsbetrachtung wird die Annahme einer stabilisierenden Zufriedenheit abgelehnt.

- Der Arbeitsbeschreibungsbogen[197] stellt den in der Literatur und in der Empirie am häufigsten genutzten Instrument dar.

Die Arbeitszufriedenheit definiert sich aufgrund von Einstellungen zu verschiedenen Aspekten der Arbeitssituation. Sie stellt somit das Ergebnis komplexer Informationsverarbeitungsprozesse dar, die jeweils vor dem subjektiv situativen Erlebten ablaufen.

Da jedoch alle Methoden zur Messung der Arbeitszufriedenheit eines oder mehrerer Aktoren bestimmt sind und nicht entwickelt wurden, um die Zufriedenheit mehrerer Aktoren in nicht denselben Arbeitsstätten zu bewerten, wird der Großteil der in den Skalen erhobenen Items außen vor gelassen.[198] In der vorliegenden Arbeit wird lediglich auf einige wichtige Items fokussiert.[199] Hierbei wird darauf geachtet, dass zum einen Faktoren aus dem Arbeitskontext (extrinsische oder Hygienefaktoren) und zum anderen Faktoren aus dem Arbeitskontent (intrinsische Faktoren oder Motivatoren) ausreichend beinhaltet sind.[200]

---

[196] Vgl.: Bruggemann, A. / Groskurth, P. / Ulich, E., (1975)

[197] Vgl.: Neuberger, O. / Allerbeck, M., S.32 ff, (1978)

[198] In der Literatur findet sich zur Messung der Arbeitszufriedenheit eine sehr lange wissenschaftliche Auseinandersetzung wieder, die in diesem Zusammenhang nur erwähnt sei.

[199] Vgl.: Wunderlich, M., S. 12, (2005). Sie unterscheidet in ihrer Arbeit zwischen Mitarbeiter-, Kunden- und Franchisenehmerzufriedenheit und nutzt zu deren Messung unterschiedliche Verfahren. Ebenso betont Decker, A. S. 38, (1998) die Spezifika der unterschiedlichen Zufriedenheitswerte. In der vorliegenden Arbeit wurde auf eine Unterteilung verzichtet und ein gemeinsames Verfahren gewählt, um die Ergebnisse gleichwertig nebeneinander bewerten zu können.

[200] Vgl.: Fischer, L., S.9, (1991)

- Ich bin mit meiner Arbeit alles in allem zufrieden.
- Ich beabsichtige nicht, in naher Zukunft meine Arbeit zu ändern.
- Irgendwie bin ich mit meiner Situation unzufrieden, weiß aber nicht, was ich ändern kann.
- Meine Arbeit macht mir Spaß.
- Als Angestellter oder Franchisenehmer kann man nicht viele Ansprüche stellen, was die Erfüllung der eigenen Bedürfnisse im Arbeitsverhältnis betrifft.

Für die Beantwortung stehen dem Entscheider neun Antwortmöglichkeiten zur Verfügung:

1	stimmt überhaupt nicht
2	
3	stimmt kaum
4	
5	stimmt etwas
6	
7	stimmt ziemlich
8	
9	stimmt vollkommen

Aufgrund der Fragestellung haben die dritte und fünfte Frage umgekehrte Vorzeichen. Das Ergebnis dieser beiden Fragen muss jeweils von zehn abgezogen werden, um den Anteilswert der Arbeitszufriedenheit zu erhalten.

Wenn bei Frage drei bspw. mit acht Punkten geantwortet wird, ist der Wert:

10 (Umkehrungsbasis) – 8 (Antwort) = 2 Punkte

Um den Wert der Arbeitszufriedenheit zu erhalten, werden die Punktwerte aller Fragen summiert und über alle Antworten normiert. Somit ist vor der Normierung der Maximalwert der Arbeitszufriedenheit festgelegt mit:

5 (Fragen) * 9 (Maximalpunktwert) = 45 Punkte

Ebenso wie das Betriebsklima lässt sich dieses Attribut nicht eindeutig von den aktorenbedingten Attributen trennen, da einerseits das System der Impulsgeber, andererseits
jedoch der Aktor der Impulsempfänger und damit –umsetzer ist.

Aufgrund der vorgenommenen Differenzierung sei nochmals betont, dass bei dem Betriebsklima das Gefüge aller im Outlet Arbeitenden gemessen wird. Hingegen wird mit
der Arbeitszufriedenheit die Einstellung des Filialleiters bzw. des Franchisenehmers
bewertet.

Eine mittelbare Auswirkung dieser Werte auf die jeweiligen Mitarbeiter[201] wird angenommen, aber nicht vorausgesetzt.[202]

4.3.3.3 Führung

Betrachtet man den systemischen Arbeits-Ablauf chronologisch, ist am Anfang der Personalauswahlprozess[203] zu sehen, der darüber entscheidet, ob der „richtige Mitarbeiter"
gewählt wird und der „nicht Passende" abgelehnt wird.[204]

Die Antwort auf diese Frage ist sehr subjektiv[205] sind und wird von dem Entscheider
jeweils im Lichte unterschiedlicher Umweltbedingungen[206] betrachtet und beantwortet.
Hierbei gilt es, soziodemographische Merkmale, vorherrschende Nationalitäten, politi-
sche Tendenzen etc. der Stadt zu berücksichtigen.

---

[201] Vgl.: Boswell, W. R. / Boudreau, J. W. / Tichy, J. (2005). Die Autoren haben in diesem Zusammenhang den sog. Honeymoon-Hangover-Effekt untersucht, der eine direkte Verbindung zwischen der ersten Zeit der Zugehörigkeit und Zufriedenheit aufzeigt. Die Zufriedenheit wird ähnlich der überaus
positiven Gefühle in den Flitterwochen beschrieben, die sich ebenso nach einiger Zeit der Ehe wieder
auf ein Durchschnittsniveau einpegeln.
Dieser Zusammenhang wurde in der Arbeit nicht berücksichtigt, obgleich gerade bei den Franchisenehmern, die mitunter erst seit sehr kurzer Zeit bei dem Unternehmen arbeiten, dies möglicherweise eine positive Auswirkung auf ihre Zufriedenheit haben könnte.
[202] Eine hohe Korrelation zwischen Arbeitszufriedenheit und Betriebsklima wird erwartet.
[203] Lehmann, H. R. / Polli, E., S.17, (1992): „Der Erfolg eines Managers hängt immer mehr davon ab,
welche Mitarbeiter er in seinem Team aufnimmt und welche Aufgaben er ihnen anvertraut."
[204] Vgl.: Picot, A. / Wolf, B., S. 12, (1995), Herrfeld, P., S.160, (1998). Die Genannten verweisen hier auf
die Qualität der Kriterien, die der Suchende als Profil bei den Kandidaten anstrebt und die Güte des
Bewerbungsverfahrens.
[205] Vgl.: Picot, A. / Wolf, B., S.16, (1995). Sie Autoren beschreiben, dass Franchise-Systeme und Filialunternehmen unterschiedliche Manager-Typen beschäftigen.
[206] Vgl.: Münsterberg, H., S.5ff, (1912)

So ist bspw. ein türkischer Landsmann mit nur durchschnittlichen Deutsch-, aber sehr guten Türkisch- und Russischkenntnissen in einer Stadt mit einem hohen Ausländeranteil wie Offenbach eher für den dortigen Laden geeignet als ein hochdeutsch Sprechender, der damit nicht den alltäglichen Ton der Kunden trifft..

Demnach kann festgehalten werden, dass der Personalauswahlprozess[207] ein zentrales Thema der zukünftigen Absatzoptimierung darstellt. Hierin ist eine starke aktoren- als auch systembedingte Komponente enthalten.

Die Messung der richtigen Personalauswahl ist aus o.g. Gründen nicht direkt objektivierbar.

Sie ist des Weiteren auch zu einem Oberbegriff zusammen zu fassen, der im Folgenden unter Führung subsumiert wird.

Will man Führung bewerten, also mit einem Ideal abgleichen, führt dies zu einem ausufernden Diskurs von Führungsansätzen, -meinungen, -lehren, -grundsätzen, die meist nur vage und inkonsistent in der Aussage sind.[208]

Im vorliegenden Fall geht es um das Führen von Organisationen und Mitarbeitern. In diesem Zusammenhang sind in der Literatur unterschiedliche Ausprägungen von Führungsstilen diskutiert. Im Folgenden werden die vier am meist verbreiteten Grundtypen[209] nur genannt, nicht aber näher ausgeführt:

1. Patriarchalischer Führungsstil
2. Charismatischer Führungsstil
3. Autokratischer Führungsstil
4. Bürokratischer Führungsstil

---

[207] Clemens befragte in einer Studie 119 Franchisegeber, worin sie die größten Hemmnisse für einen weiteren Ausbau ihres Franchisesystems sehen. Knapp ein Viertel (54,4%) der Befragten gaben an, dass die Probleme in der Person des Franchisenehmers begründet wären. D.h., dass über die Hälfte der Interview-Partner nicht zufrieden mit ihrer Personalwahl gewesen ist und gleichzeitig angibt, dass es schwierig sei, Franchisenehmer mit ausreichender Qualifikation, Motivation und Kooperationsbereitschaft zu finden. Clemens, R., S. 12ff., (1988)
[208] Vgl.: Neuberger, O., S.10, (1994)
[209] Vgl.: Staehle, W. H., S.315, (1994)

Der zwischen Führendem und Geführten (Prinzipal und Agent) aufgeteilte Spielraum der Entscheidungsfindung und der Ausübung der Führungsfunktion lässt vom autoritären bis kooperativem Stil unterscheiden. Beide Ausprägungen stellen die gegensätzlichen Enden des Kontinuums der Führungsstile dar.

Im Weiteren wird als Grundlage der Bemessung der Führungstest Blake Mouton[210] angewandt und zur Bewertung leicht modifiziert. Bei dem hier anzuwendenden „Managerial Grid" handelt es sich um einen praktikablen Weg, den Führenden selbst zu interviewen und einem Test zu unterziehen, ohne eine weitere objektive Bewertung durch einen Außenstehenden vornehmen zu lassen, die in diesem Fall nicht realistisch wäre, da niemand den Wissensstand hätte, alle Befragten beurteilen zu können.

Der Ansatz basiert auf der Aussage, dass Führung ein ständiges Ausbalancieren von Aufgabenorientierung und Mitarbeiterorientierung ist. Ein Überbetonen eines der beiden Ziele führt zu Minderung der Arbeitsproduktivität und damit auch das Abwenden von der in dieser Arbeit geforderten Absatzoptimierung.

Der Experte wird bei diesem Attribut nochmals erinnert, dass es sich nicht um einen Leistungstest handelt, in dem er als Person im Vordergrund steht. Damit wird vom Autor nochmals die Bitte verknüpft, dass die Experten hierbei sich selbst möglichst objektiv bewerten.

Es soll nicht aufgezeigt werden, wie sich der Befragte gern sähe, sondern es soll ein Abbild seiner realen Persönlichkeit gegeben werden.

In dem Test werden fünf Aussagen aus sechs elementaren Verhaltensbereichen im Kontakt mit Menschen aufgestellt:

- Entscheidungen
  1.) Ich nehme die Entscheidung anderer gleichgültig hin.
  2.) Ich unterstütze Entscheidungen, die die zwischen menschlichen Beziehungen fördern.

---

[210] Vgl.: Picot A. / Reichwald, W., (2001)

3.) Ich bemühe mich um durchführbare Entscheidungen, wenn sie auch nicht immer perfekt sind.

4.) Ich erwarte, dass meine Entscheidungen als endgültig akzeptiert werden

5.) Ich lege großen Wert auf vernünftige und schöpferische Entscheidungen, die Verständnis und Einverständnis herbeiführen.

- Überzeugung

1.) Ich vermeide es, Partei zu ergreifen. Deshalb lege ich meine Meinung, Einstellung und Ideen nicht offen dar.

2.) Ich mache mir lieber die Meinung, Einstellung und Ideen anderer zueigen, als meine eigenen durchzusetzen.

3.) Anderen Meinungen, Einstellungen und Ideen komme ich möglichst auf halbem Wege entgegen.

4.) Ich stehe für meine Meinungen, Einstellungen und Ideen ein, auch wenn ich anderen dadurch manchmal auf die Füße trete.

5.) Ich höre zu und suche nach alternativen Meinungen, Ideen und Einstellungen. Ich habe feste Überzeugungen, aber ich reagiere auf vernünftige Ideen anderer und ändere meine Meinung.

- Konflikt

1.) In Konflikten versuche ich neutral zu bleiben.

2.) Ich bemühe mich, einen Konflikt gar nicht erst entstehen zu lassen. Wenn er aber auftaucht, versuche ich, die aufgebrachten Gemüter zu beruhigen und die Gegner zu versöhnen.

3.) Im Konflikt bemühe ich mich um eine für alle faire Lösung.

4.) Wenn ein Konflikt entsteht, versuche ich, ihn im Keim zu ersticken oder ihn für mich zu entscheiden.

5.) In Konflikten versuche ich die Gründe festzustellen und die Lösung bei den tiefer liegenden Ursachen anzusetzen.

- Temperament

1.) Da ich unbeteiligt bin, rege ich mich selten auf.

2.) Da Spannungen Missfallensäußerungen hervorrufen können, reagiere ich herzlich und freundlich.

3.) In Spannungen fühle ich mich unsicher. Ich weiß nicht, wie ich die Erwartungen der anderen erfüllen soll.

4.) Ich wehre mich, leiste Widerstand und schlage mit Gegenargumenten zurück, wenn etwas nicht richtig läuft.

5.) Ich beherrsche mich in meiner Aufregung, obwohl meine Ungeduld sichtbar wird.

• Humor

1.) Andere halten meinen Humor für witzlos.

2.) Durch meinen Humor lenke ich vom Ernst der Lage ab.

3.) Mein Humor dient mir und meiner Stellung.

4.) Ich habe einen beißenden Humor.

5.) Selbst unter Druck behalte ich meinen Humor.

• Einsatz

1.) Ich tue nur das Allernotwendigste.

2.) Lieber unterstütze ich andere, als von mir aus etwas zu unternehmen.

3.) Ich versuche ein gleichmäßiges Arbeitstempo beizubehalten.

4.) Ich treibe mich und andere an.

5.) Ich setze meine Kraft ein, und andere folgen mir darin.

Der Befragte vergibt an die Aussage, die seiner Persönlichkeit am nächsten kommt, fünf Punkte, die ihr am zweitnächsten kommt, bekommt vier Punkte. Das Statement, das er für sich als am wenigsten zutreffend einschätzt bekommt einen Punkt.

Die Punkte von 1 bis 5 werden jeweils genau einmal pro Bereich vergeben.

Am Ende werden die Punkte zeilenweise summiert. D.h. die Punktwerte der jeweilig ersten Aussage aller sechs Verhaltensbereiche werden addiert. Dasselbe Vorgehen wird dann bei den restlichen vier Zeilen wiederholt.

Der Testbogen ist so ausgerichtet, dass die Aussagen aller Bereiche zeilenweise einem bestimmten Führungscharakter entsprechen. Der zu der Zeile mit der größten Punktsumme gehörende Führungsstil ist bei dem Befragten bestimmend.

Folgende fünf Führungsstile sind zu unterscheiden:

- Führungsstil 1.1

  Dieser Stil ist nicht mehr als Führung zu bezeichnen. Er ist als „laissez-faire" in der Literatur bekannt. Trotz Lethargie und Apathie gelingt es, die Position zu halten. Die Führungskraft hat weder die Kraft noch bemüht sie sich, die Zufriedenheit der Mitarbeiter oder auch den Erfolg des Unternehmens zu fördern. Er stellt somit die geringstmögliche Einwirkung auf Arbeitsleistung und die Menschen dar.

- Führungsstil 9.1

  Der Führende geht bei diesem Stil davon aus, dass die Belange des Unternehmens und des Mitarbeiters nicht vereinbar sind. Eine sehr starke Betonung der Produktivität und äußerst schwache Betonung der Partner zeichnet diesen sehr autoritären Führungsstil aus, der den Mitarbeitern lediglich die Aufgabe der Ausführung zukommen lässt. Arbeitsleistung wird eingefordert, ohne dabei Rücksicht auf menschliche Beziehungen zu nehmen. Es ist zu erwarten, dass mittelfristig die Leistung aufgrund von Demotivation sinken wird.

- Führungsstil 1.9

  Dieses Verhalten betont die Belange der Partner stark und die Sache schwach. Der Führende ist bemüht, dem Mitarbeiter die Möglichkeit zu geben, dessen persönliche Motive in der betrieblichen Tätigkeit zu befriedigen und dafür auch die Interessen des Unternehmens im Zweifel hintanzustellen. Eine freundliche und bequeme Atmosphäre wird gefördert und beeinflusst dadurch die Arbeitsgeschwindigkeit negativ.

- Führungsstil 5.5

  Dieses Verhalten ist dadurch gekennzeichnet, dass die Führungskraft versucht, beide Belange – des Unternehmens und des Mitarbeiters - auszubalancieren. Es wird versucht einen Kompromiss zwischen der Leistung und dem Interesse des Mitarbeiters herzustellen, um Schwierigkeiten mit beiden Seiten zu umgehen. Demnach sind Arbeitsleistung und Betriebsklima als durchschnittlich zu bezeichnen.

Dieser Stil ist auf Sicherheitsüberlegungen und Opportunitätsgedanken aufgebaut und zeichnet sich durch den Versuch des Führenden aus, möglichst nicht unangenehm aufzufallen.

- Führungsstil 9.9

  Dieser Stil ist dann gegeben, wenn die Führungskraft es geschafft hat, die Belange des Unternehmens zu den Zielen des Mitarbeiters zu machen, d.h., wenn die Leistungsziele mit den persönlichen Zielen der Ausführenden vereinbar sind. In diesem Fall ist ein Maximum an Mitarbeiterproduktivität gewährleistet. Erfüllung der unternehmerischen Ziele führt zur Befriedigung der persönlichen Ziele und damit zu Begeisterung bei den Mitarbeitern.

Wie in Kapitel 3. bei der Neuen Institutionen Ökonomie bereits erarbeitet, geht es den jeweiligen Individuen um die Maximierung ihrer Nutzen. Dies gilt freilich nicht nur für die Filialleiter oder Franchisenehmer, sondern auch für deren Mitarbeiter. Deswegen wird in der vorliegenden Arbeit unter dem Aspekt der Führung lediglich der Führungsstil 9.9 als Bewertungskriterium herangezogen. Unabhängig welcher Führungsstil bei dem Experten vorliegt, wird seine Qualität im Hinblick auf dieses Verhalten gemessen. Als Maximum kann der Befragte hierbei folgende Punktzahl erreichen:

5 (Fragen) * 5 (Maximalpunktwert) = 25 Punkte

Eine darauf folgende Normierung der Ergebnisse ermöglicht im Weiteren eine Vergleichbarkeit der Daten.

4.3.3.4 POS-Pflege

Neben den motivationsbedingten Attributen, die sich im Verhalten äußern, existiert ein sehr pragmatisches Kriterium, das sich in der Außendarstellung[211] widerspiegelt.

---

[211] Vgl.: Eickholt, A., S.157, (2001)

Der Einzelhandel lebt von Produkten und deren Vermarktung.[212] Weiter oben wurde festgehalten, dass die Werbung aufgrund der stark zentral gesteuerten Aktivitäten nicht als Differenzierungsmerkmal herangezogen wird. Ein wichtiger Teil der Vermarktung, nämlich die Darstellung und Pflege des Point of Sale (POS)[213], also des Verkaufsraums, obliegt klar dem Betreiber und dessen Mitarbeitern.[214]

Dieses Attribut wird ebenfalls objektivierbar über die Ergebnisse des „Mystery Shopping". Aus dessen Protokoll werden folgende Bewertungen herangezogen:

• Optischer Eindruck

  War das äußere Erscheinungsbild des Geschäfts sauber, ordentlich und in einem guten Zustand?

  Waren funktionierende Testgeräte für den Kunden vorhanden und frei zugänglich?

4.3.3.5 Zusätzliches Angebot

Nachdem bei der POS-Pflege rein optische Kriterien herangezogen werden, haben die Verantwortlichen beider Absatzformen die Möglichkeit, zusätzliche (Kleinst-)Artikel in ihr Sortiment aufzunehmen, um auf der einen Seite ihren Umsatz zu erhöhen und auf der anderen Seite somit möglicherweise zusätzliche Attraktoren im Verkaufsraum[215] zu haben, die potentielle Kunden anziehen könnten.[216] Die Möglichkeit, zusätzliche Artikel anbieten zu können, stellt entweder der Prinzipal und bietet es dem Agenten auf freiwilliger Basis an oder der Agent beschafft sich selbstständig die Ware und stellt diese aus. Gemessen wird dieses Attribut durch den Interviewer, der sich im Ladenlokal von dem Angebot überzeugt und diese Artikel in die Bewertung aufnimmt. Es wird die Anzahl

---

[212] Vgl.: Oehme, W., S.145, (1998)
[213] Vgl.: Krober-Riel, W., S.84, (1985). Der Autor betont die Wichtigkeit des optischen Reizens bei der Angebotspräsentation.
[214] Das positive Gefühl beim Kauf, nach dem der Kunden nach der in Abschnitt 4.3.2.3 beschriebenen Dissonanztheorie strebt, wird auch durch optische Reize gefördert. Vgl.: Stock, R., S.82, (2003)
[215] Vgl.: Krober-Riel, W., S.84, (1985)
[216] Das Wissen über Räumlichkeit und Zeit nimmt in diesem Zusammenhang einen besonderen Stellenwert ein. Die ausgestellten Artikel müssen saisonal als auch örtlich auf die Kundenbedürfnisse abgestimmt sein, um potentielle Kunden anzulocken: Vgl.: Hayek, F. A., S.520, (1945)

94

der zusätzlichen, also über das Standardangebot hinausgehenden Leistungen wie Handyverleih, Reparatur etc. aufgenommen.

Wie bei den beiden anderen Attributen der Ebene1 sind auch bei den systembedingten sämtliche Attribute intervallskalierbar und aufgrund obiger Erklärung auch metrisch zu verwenden.

Wie oben erwähnt, gäbe es noch weitere messbare, abfragbare Kriterien, die ein Ladenlokal definieren. Mit der hiermit getroffenen Auswahl ist jedoch das Ziel erreicht worden, eine möglichst heterogene Menge zu definieren, die zusammen genommen hinreichend die absatzförderlichen Potentiale darstellen.[217]

Die Struktur der Dreiteilung findet sich auch im Fragebogen wieder. Hiermit soll dem Befragten ein leichteres Verständnis und damit ein schnelleres Beantworten ermöglicht werden, da Gedankensprünge weitestgehend ausgeschlossen sind.

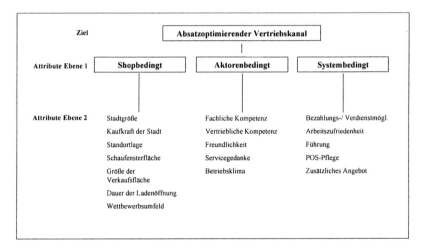

Abbildung 9: Attributseinstufung

---

[217] Um eine inhaltlich lückenlose Vergleichbarkeit zu ermöglichen, müssten nach den Ergebnissen von Shane das Alter der jeweiligen Betriebe in Bezug zueinander gestellt werden. Er leitet den empirischen Nachweis her, dass jüngere Franchise-Unternehmen eine höhere Wahrscheinlichkeit des Misserfolges aufweisen als Betriebe, die sich schon längere Jahre auf dem Markt beweisen. Da dieser Arbeit ausschließlich Franchise-Outlets zugrunde liegen, die seit höchstens zwei Jahren geöffnet haben, wird dieses Attribut nicht näher betrachtet. Vgl.: Shane, S. A., S.703, (1998)

5 Durchführung der Untersuchung

In diesem Kapitel wird der empirische Gang der Arbeit beschrieben. In diesem Zusammenhang wird der Aufbau des Fragebogens, die einzelnen Schritte der Untersuchung und die resultierenden Ergebnisse betrachtet, die wiederum durch unterschiedliche Betrachtungsweisen dargestellt werden.

5.1 Erläuterung des Fragebogens und des Vorgehens

5.1.1 Aufbau des Fragebogens

Der Fragebogen ist so konzipiert, dass sich der Befragte in seiner derivativen und somit organisationsbezogenen Lebens- und Sprachwelt[218] angesprochen fühlt. Damit sollte es möglich sein, ein möglichst realitätsnahes Abbild der Wirklichkeit in den Antworten zu erhalten. Im vorliegenden Fall sind sämtliche Befragten der deutschen Sprache mächtig; die meisten haben sie als Muttersprache gelernt. Auch der Erfahrungshintergrund ist für die drei befragten Gruppen als ähnlich zu bezeichnen. Alle Befragten haben Kenntnisse aus der Telekommunikations-Branche, wobei die meisten sogar schon länger als drei Jahre in dem Bereich tätig sind. Aufgrund dieser Zusammenhänge ist es möglich, den Interpretationsspielraum der Antworten gering zu halten. Um dies zu verdeutlichen, werden Fragen zu Alter, Unternehmenszugehörigkeit, Geschlecht, Verweildauer in der Telekommunikations-Branche[219] als soziodemographischer Einstieg in den Fragebogen gestellt. Hierbei wird ein relativ homogenes Ergebnis erwartet. Weitere Fragen zum Unternehmen, wie Größe, Mitarbeiterzahl etc. werden aufgrund der Einheitlichkeit nicht gestellt.

---

[218] Vgl.: Kirsch, W., S.26, (1991)
[219] Vgl.: Klandt, H., S.258, (1984)

Damit die Experten ihre Erfahrungen preisgeben, ist keine direkte Incentivierung nötig, da die Befragten informiert sind, dass die Ergebnisse dazu genutzt werden, Schwachstellen aufzudecken. Diese Unzulänglichkeiten, die sie in ihrer täglichen Arbeit behindern, können sich auf Systeme, einfache Abläufe oder Kommunikationsprobleme beziehen. Der Befragte ist aufgrund einer möglichen zukünftigen Verbesserung seiner Arbeitsgrundlage motiviert, die Fragen ehrlich und offen zu beantworten.

Ebenso wird ihm versichert, dass die Befragungsergebnisse anonym behandelt werden und er keinerlei Repressalien zu befürchten hat.

Dennoch können aufgrund eines möglichen „Principal-Agent-Konflikts" die Ergebnisse verfälscht und nicht ehrlich sein. Diesem Problemfeld der „Inter-Item-Reliability" wird mit dem AHP-Vorgehen begegnet.

Der AHP gibt die Art der Fragestellung im starken Maße vor. Es werden paarweise Attribute getestet und Alternativen gebildet. D.h. in diesem Teil der Abfrage werden geschlossene skalierte Antworten vorgegeben, die keine Abweichungen zulassen. Hierbei werden sämtliche Konstellationen der Attributsrelationen paarweise abgefragt. Um bei obigem Beispiel zu bleiben wird der Experte befragt, wie viel wichtiger ein großes Schaufenster im Gegensatz zu einer guten Lauflage ist. In einer weiteren Frage wird die Beziehung von Lage und Größe des Outlets und in einer dritten Frage das Verhältnis von Schaufenster und Größe getestet. Hierbei können falsche Zirkelbezüge aufgedeckt werden. Um daneben die wahre Einstellung des Antwortenden genauer zu erfassen, wird der Autor wie zu jedem Antwortblock einen open-space einrichten, der den Experten ermöglicht, etwaige Äußerungen hinzufügen zu können.

Da im Vorfeld nicht sicher feststeht, dass die vom Autor vorgegebenen Attribute allumfassend sind, wird dem Interviewten, wie oben erwähnt, die Möglichkeit gegeben, additive Faktoren zu ergänzen. Bspw. sieht ein Filialleiter in der Größe, also der Anzahl der Quadratmeter, des Lagers einen erheblichen Erfolgsfaktor, den der Autor zuvor als solchen nicht erkannt hatte. Wenn diese Antwort in einem signifikanten Ausmaß wiederholt wird, muss sie als Faktor für die anschließende Messung zugelassen werden.

Vor dem eigentlichen Interview werden dem Befragten der Zweck des Interviews[220] und der Modus kurz vorgestellt. Hierbei wird die 1-9-Skala (siehe Abbildung 5) erklärt und anhand eines Beispiels verdeutlicht. In diesem Zusammenhang wird dem Experten eröffnet, wie lange das Interview ungefähr dauern werde und dass die Antworten selbstverständlich vertraulich behandelt werden.

Anfänglich werden, wie oben beschrieben, einzelne Fragen zur Person des Befragten, im Anschluss zwei bis drei offene Fragen gestellt, was dem Interviewten aktuell als besondere Schwäche oder Stärke erscheint im Hinblick auf sein Geschäft (Konjunktur, Zusammenarbeit mit der Zentrale, Mitarbeitersuche etc.).

Mit diesem Einstieg soll eine offene Gesprächsatmosphäre erzeugt werden.

- Name
- Alter
- Geschlecht
- Zugehörigkeit in Jahren (bei Franchisenehmern ist hierunter der Beginn der Partnerschaft zu verstehen)
- Vorherige Erfahrungen im Telekommunikationsmarkt oder/und Einzelhandel (Beschreibung und Dauer)
- Anzahl der im Outlet Beschäftigten mit der Unterscheidung zwischen Voll- und Teilzeit bzw. Aushilfe
- Filialleiter / Franchisenehmer / Management
- Worin sehen Sie momentan besondere Schwächen / Stärken in Ihrem geschäftlichen Umfeld?

In einem zweiten (Haupt-) Teil werden nach dem AHP die Attribute paarweise gegenüber gestellt. Hierbei wird, wie bereits erwähnt, eine offene Anschluss-

---

[220] Bei der Terminabsprache wurde der Hintergrund der Befragung erläutert

Antwortmöglichkeit gegeben, auch wenn dies nicht dem originären Verfahren entspricht.

Wichtig hervorzuheben ist, dass bei der Gewichtung der Expertenmeinungen nicht alleine Wissen und Erfahrung gefragt sind und die Antworten im Nachgang als falsch gewertet werden können (abgesehen bei fehlender „Inter-Item-Reliability" bzw. zu hoher Inkonsistenz der Bewertungen untereinander), sondern auch Schätzung bzw. Einschätzung der Experten einen großen Einfluss finden werden. Konkret wird nach den Einflussgrößen auf den Absatz der hergeleiteten Attribute gefragt, die sich shopspezifisch, aktorenabhängig und systembedingt differenzieren lassen.

Bei dieser - per definitionem - quantitativen Erhebungsmethode werden qualitative Kommentare zugelassen, die eine Vervollständigung der jeweiligen Sicht ermöglichen.

Bei einem paarweisen Vergleich, wie im AHP angewandt, wird folgende Anzahl an Fragen gestellt:

$$x = n (n - 1) / 2$$

x steht für die Anzahl der Vergleiche
n steht für die Anzahl der Attribute

In dem zu untersuchenden Fall, in dem 17 Attribute getestet werden, würde sich ohne Hierarchie somit folgende Anzahl an Fragen ergeben:

$$17 (17 - 1) / 2 = 136$$

Somit müsste der Befragte im Maximalfall ein Schlüsselattribut gegen 16 weitere Attribute werten.

In der vorliegenden Befragung wird, wie in Abschnitt 4.3 beschrieben, mit einer Zweistufigkeit der Hierarchie der Attribute gearbeitet.

Somit sind vier unterschiedliche Blöcke zu befragen: Einen in der Attribute Ebene1 und drei in der Attribute Ebene2. Daraus ergibt sich nach obiger Formel folgende Anzahl an Vergleichen:

Ebene1: $\qquad 3\ (\ 3-1\ )\ /\ 2 = 3$

Ebene2: $\qquad 7\ (\ 7-1\ )\ /\ 2 = 21$

$\qquad\qquad\quad 5\ (\ 5-1\ )\ /\ 2 = 10$

$\qquad\qquad\quad 5\ (\ 5-1\ )\ /\ 2 = 10$

Summe: $\qquad$ **44 Vergleiche**

Man kann hierbei erkennen, dass sich aufgrund der Hierarchiegestaltung die Anzahl der Vergleiche von 136 auf 44 reduziert und damit mehr als drittelt.

So genannte „combined judgements", also Aussagen mehrerer Personen, wie es nach der Auswertung der Befragung der Arbeit zugrunde liegt, werden nach Saaty mit Hilfe des geometrischen Mittels zusammengeführt.[221]

Am Ende dieses Teils werden die Experten gebeten, nach den Attributsvergleichen auf Ebene2 nun auch die drei Schritte der Priorisierung der Attribute der Ebene1 vorzunehmen.

In einem dritten Teil werden einigen Attributen ihre realen Werte zugeordnet. Mithilfe des Fragebogens werden folgende Attribute von den jeweiligen Filialleitern und Franchisenehmern in ihrem Ist-Wert gemessen:

- Dauer der Ladenöffnung
- Betriebsklima
- Arbeitszufriedenheit
- Führung.

In dem Fragebogen werden ebenfalls die Beobachtungen des Interviewers festgehalten, die für die Festlegung des Ist-Wertes der folgenden Attribute grundlegend sind:

---

[221] Saaty, T. L., S.62, (1989)

- Dauer der Ladenöffnung
- Wettbewerbsumfeld
- Zusätzliches Angebot.

Sämtliche anderen Attribute können, wie oben erwähnt, direkt gemessen werden.

Zusammengefasst ist das Vorgehen der Befragung in Abbildung 10 graphisch festgehalten:

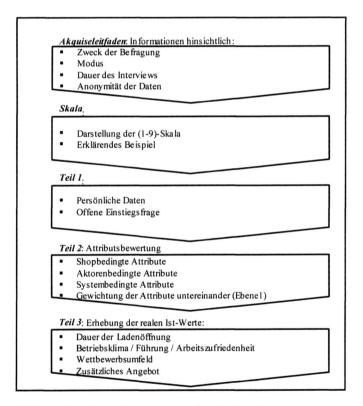

Abbildung 10: Aufbau des Fragebogens des Experteninterviews

Die Fallzahl ist aufgrund der Größe des Franchise-Kanals begrenzt. Somit werden 15 Franchisenehmer, dieselbe Anzahl an Filialleitern und neun Verantwortliche aus dem

Management befragt. Eine größere Fallzahl ließe die Aussagekraft des Ergebnisses deutlich steigern. Aufgrund der fehlenden Erfahrung weiterer Franchisenehmer wird auf deren Befragung jedoch verzichtet, um die Qualität der Antworten zu optimieren.

5.1.2 Art der Befragung

Aufgrund dieser Fallzahl wird als Dokumentationsmethode das Protokollieren von Notizen gewählt. Ein möglicher höherer Informationsverlust als bei der Paraphrasierung oder gar Transkription wird in Kauf genommen, da, wie oben beschrieben, die qualitativen Daten lediglich der Unterstützung dienen.

Die Fragen werden in einem persönlichen Interview von dem Autor in einem realistisch—unbeteiligten Stil gestellt, um auch Nebenaussagen zu erhalten, die möglicherweise wichtige über die eigentliche Fragestellung hinausgehende Informationen enthalten. Dieses Vorgehen wurde trotz des größeren Arbeitsaufwandes als bspw. bei einem postalischen Versand des Fragebogens gewählt aufgrund der geringen Stichprobe und damit der Notwendigkeit, eine überdurchschnittlich hohe Rücklaufquote zu erhalten. Diese ist bei einem (zu einem bestimmten Termin) vereinbarten persönlichen Gespräch sehr viel höher. Aufgrund der 100%igen Rücklaufquote der Befragten müssen keine Daten gemittelt, verworfen oder angepasst werden, wie es bei Versand zu erwarten gewesen wäre. Das Phänomen des sog. „Nonresponse Bias"[222] kann somit unberücksichtigt bleiben.

Ein weiteres zentrales Problem wurde auch darin gesehen, dass bei einer „Fernbefragung" das Interesse an dem Ergebnis bei den Experten eher gering ausgefallen wäre und damit nicht nur eine geringere Antwortquote, sondern auch eine bedeutend schlechterer Qualität der Antworten zu erwarten gewesen wäre. Ein weiterer Qualitätsminderer wäre mit hoher Wahrscheinlichkeit die unterschiedlichen Auslegungen der einzelnen Bewerter gewesen: Im Laufe der Interviews stellte sich heraus, dass einige Attribute unterschiedlich aufgefasst wurden. Rein durch den direkten Kontakt zwischen Experte und

---

[222] Vgl.: Armstrong, S. / Overton, T., S.401, (1977)

Autor konnte ein durchgehend einheitliches Verständnis aller Attribute ermöglicht werden.

In vier Fällen wurde ein Telefoninterview durchgeführt. Um oben angesprochene Qualität und Konsistenz beizubehalten, wurde hierbei mehr Zeit (ca. 60 Minuten) und noch mehr Konzentration des Experten[223] benötigt. Die Werte des Konsistenzratios (C.R.) zeigen auf, dass die Ergebnisse durchaus mit den Werten der persönlichen Befragung vergleichbar sind. Auffallend ist die Beobachtung, dass sicherlich aufgrund der höheren Konzentrationsleistung des Interviewten weniger Nebenbemerkungen artikuliert werden als im Vier-Augen-Gespräch.

Nur der Vollständigkeit sei erwähnt, dass auf möglichen biometrischen Daten beruhende Ergebnisse nicht heran gezogen werden. D.h. weder psychologische- noch physiologische Daten wie Herzfrequenz, Emotionen, Augenbewegungen etc. werden erhoben. Dies hätte bspw. bzgl. des Wahrheitsgehaltes der von den Experten gemachten Bewertungen Aufschlüsse geben können.

Alles in allem wurde eine Interviewdauer von 40 bis 60 Minuten benötigt.

5.1.3 Vorbereitung und Durchführung des Interviews

Die Datenerhebung wurde in mehreren Schritten organisiert. Zu Beginn wurde die Geschäftsführung der O₂ (Germany) Shop GmbH vom Autor informiert, dass die Befragungen in Kürze stattfinden würden und sie bitte ihre Vertriebsleiter darüber informieren sollten.

Nachdem dies geschehen war, gab der Autor den regionalen Vertriebsleitern die Daten der ausgewählten Filial- und Franchise-Outlets durch mit der Bitte um deren Information, dass sich der Autor bzgl. Terminabsprache persönlich an die betreffenden Verant-

---

[223] Ohne den direkten, persönlichen Kontakt zwischen Interviewführendem und Experten und der meist erheblichen Nebengeräuschkulisse bei den Telefoninterviews mussten sehr häufig Fragen wiederholt oder eingehender erklärt werden als bei den direkten Befragungen.

wortlichen wenden werde. Nach diesem Schritt sprach der Autor mit den jeweiligen Leitern telefonisch die Termine für die Befragung in der jeweiligen Stadt ab.

Die eigentliche Datenerhebung erfolgte in zwei Wellen. In der ersten wurden bundesweit innerhalb von vier Wochen (ausgenommen der Telefon-Interviews) alle jeweiligen Filial- und Franchiseleiter befragt.

In einer zweiten Welle, die aufgrund erschwerter Terminabsprachen gesplittet werden musste, wurde der Fragebogen mit den ausgewählten Entscheidern des Managements durchgegangen. Hierbei wurde lediglich der erste und zweite Teil befragt. Auf Betriebsklima, Zufriedenheit und Führungskompetenz des jeweiligen Managementexperten wird aufgrund der Fragestellung der Arbeit kein Fokus gesetzt.

Aus der Abbildung „Interviewpartner Filial/Franchise" sind die Shop-Orte, die jeweiligen Verantwortlichen und das Datum der Befragung und damit auch die ungefähren Routenplanung ersichtlich. Mit den Abkürzungen FN und FL werden Franchisenehmer bzw. die Filialleiter bezeichnet.

Ort / Straße	Person / Position	Datum
Halle	Michael Stobinski / FL	13.06.05
Berlin1 / Tauentz	Erik Regenbrecht / FL	13.06.05
Berlin2 / Schloss	Colette Bodendorf / FL	13.06.05
Berlin / Gropius	Arne Thimm / FN	13.06.05
Paderborn	Susanne Reese / FL	14.06.05
Hamburg / ElbeEZ	Thomas Glamann / FN	14.06.05
Hamburg / Sachsentor	Thomas Glamann / FN	14.06.05
Bielefeld	Oliver Niebrügge / FN	14.06.05
Wiesbaden	Wibke Schneider / FL	15.06.05
Sulzbach / MTZ	Stefanie Tömp / FN	15.06.05
Frankfurt / Bergerstr	Sait Özcan / FN	15.06.05
Offenbach	Sait Özcan / FN	15.06.05
Neu Isenburg	Lars Friedrich / FN	15.06.05
Bochum2 / Ruhrpark	Sonja Henkel / FL	16.06.05
Essen1 / Kettwiger	Senha Korjenic / FL	16.06.05
Düsseldorf1 / Schadow	Songül Karakaplan / FL	16.06.05
Mühlheim / Schloss	Peter René Klöcker / FN	16.06.05
Mülheim / RRZ	Peter René Klöcker / FN	16.06.05
Düsseldorf / Friedrich	Marion Eber / FN	16.06.05
Witten	Udo Koschorreck / FN	16.06.05
Köln4 / Schilder	Edmond Gashi / FL	17.06.05
Köln / Venloer	Hakan Özdemir / FN	17.06.05
Köln / WDR	Renè Schmitz / FN	17.06.05
Siegburg	Frank Weisser / FN	17.06.05
Osnabrück	Andrea Carls / FL	21.06.05
München5 / Herzogsp	Mark Löffler / FL	22.06.05
Passau	Stefan Zoels / FN	05.07.05
Augsburg	Jürgen-Rico Oettel / FL	06.07.05
Bayreuth	Ingo Knoll / FN	12.07.05
Leipzig / Nikolai	Beate Stroot / FN	12.07.05
Mönchengladbach	Werner Neiken / FL	27.07.05
Braunschweig	Tanja Süßmilch / FL	29.07.05
Kassel	Torsten Knopp / FL	29.07.05

Tabelle 6: Interviewpartner Filiale/Franchise

Die Befragungen des Managements der O_2 (Germany) Shop GmbH wurde innerhalb von zwei Wochen durchgeführt.

Name	Funktion / Position	Datum
Frieder Mollat	Leiter regionales Marketing	30.06.05
Robert Dill	Vertriebsleiter Süd	30.06.05
Gregor Schröder	Leiter Vertriebsinnendienst	30.06.05
Alexander Franke	Geschäftsführer (Vertrieb)	04.07.05
Oliver Ziems	Sprecher der Geschäftsführung	06.07.05
Gerhard Kaiser	Ehem. Vertriebsleiter	06.07.05
Thomas Wohnus	Leiter Franchise	06.07.05
Louis Hartung	Produkt Marketing	06.07.05
Dr. Andreas Most	Ehem. Sprecher der	13.07.05

Tabelle 7: Interviewpartner Management der O₂ (Germany) Shop GmbH

Zum Überblick über das Design der Studie sind die wichtigsten Merkmale in folgendem empirischen Steckbrief dargestellt. (Vollständiger Fragebogen auf S. **Fehler! Textmarke nicht definiert.**)

Erhebungsform	Face-to-Face Expertenbefragung
Grundgesamtheit	▪ 105 Filial Outlets ▪ 23 Franchise-Outlets ▪ 45 Mitarbeiter der o2 Shop GmbH
Befragter Personenkreis	▪ Filial Leiter ▪ Franchise Nehmer ▪ Management Vertreter
Auswahl der Outlets	Zufallsauswahl innerhalb definierter Kriterien
Auswahl der Experten	▪ Jeweilige Leiter der Outlets ▪ Vertreter des Managements, die sehr eng an dem Thema Absatz arbeiten
Anzahl der Befragten	▪ 18 Filial Leiter ▪ 15 Franchise Nehmer ▪ 9 Vertreter des Managements
Erhebungsinstrument	▪ 1 standardisierter Fragebogen mit geschlossenen und offenen Fragen ▪ 1 Akquiseleitfaden und 1 Darstellung der Skala
Erhebungsort	▪ Jeweiliger Standort des Outlets ▪ Drei testweise telefonische Befragungen ▪ Management Befragung in München
Befragte Unternehmen	Alle Befragten stehen in vertraglicher Bindung zu o2 Germany
Zeitraum der Erhebung	Juni – Juli 2005
Auswertung	▪ SSP ▪ MS Excel

Tabelle 8: Empirischer Steckbrief der Expertenbefragung

5.2 Bewertung der Erfolgsfaktoren durch Franchisenehmer, Filialleiter und Management im Interview

5.2.1 Allgemeine Beobachtungen

Einheitlich festzuhalten ist, dass sämtliche Befragten aus den drei unterschiedlichen Gruppen mit sehr hoher Konzentration und Akribie an dem Interview teilnahmen.[224] Nach den einheitlich gewählten Einführungsworten und Erklärungen des Autors war ein hohes Interesse und Bereitschaft zu erkennen, den Vertriebsapparat von O_2 Germany gegebenenfalls mit gestalten zu können und aufgedeckte Schwachstellen zu reduzieren.

Die Einleitung mit dem Hinweis auf die Anonymisierung der Daten wurde von den meisten mit dem Kommentar versehen, dass sie nichts zu verdecken hätten und die Antworten auch mit Angabe ihres Namens weiter gereicht werden könnte. Beim späteren dritten Teil bei Befragung der Arbeitszufriedenheit wurde von einigen diese Aussage wieder revidiert. Die mithilfe des Principal-Agent-Ansatzes erklärte Informationsasymmetrie zwischen den beiden Vertragspartnern wird hierbei deutlich.

5.2.1.1 *Reaktionen der Experten*

Im ersten Teil wurden die anfänglichen allgemeinen Fragen des Bogens ohne Gegenfrage beantwortet.

Die oben erläuterte Antwort auf die Einstiegsfrage nach momentanen Schwächen und Stärken wurde von der breiten Mehrheit genutzt, um auf der einen Seite die hohen Preise der Endgeräte gegenüber dem Wettbewerb zu kritisieren und auf der anderen Seite die hohe Markenbeliebtheit und –Einzigartigkeit der Marke O_2 zu betonen, die einen Abverkauf erleichtere.

---

[224] In diesem Zusammenhang ist hervorzuheben, dass drei der Experten ihren Urlaub unterbrachen, um einen Termin für die Befragung zu ermöglichen.

Die eigentliche Befragung zum paarweisen Vergleich der einzelnen Attribute im zweiten Teil bedurfte teils eingehender Erklärung. Ebenso wurde von den Experten immer wieder nach Beispielen gefragt, um sich die Situation besser vorstellen zu können, bevor ein Votum abgegeben wurde. In diesem Teil wurde der erhöhte Aufwand des persönlichen Interviews gerechtfertigt, da eine reine Postversendung auch mit einer detaillierteren Erklärung sicherlich einen hohen Grad an Antworten zur Folge gehabt hätte, die auf Missverständnissen beruhten. Erfahrungen aus der operativen Praxis zeigen die Schwierigkeit, Sachverhalte aus einer analytischen Augenblickaufnahme zu bewerten.[225]

Erst durch die jeweiligen Beispiele des Autors konnten die meisten Experten aufgrund ihrer Erfahrung die unterschiedliche Attributsgewichtung vornehmen. Als eingehende Methode stellte sich hierbei das Aufzeigen der jeweiligen Extremfälle heraus: Als kurzes Beispiel sei hier die Gegenüberstellung auf der Ebene1 von shopbedingten und aktorenbedingten Attributen genannt:

„Ist für den Absatz eher ein Outlet in einem Top-Standort mit einem mäßigen Team förderlich oder eher ein Ladenlokal in einem mäßigen Standort, das von einem Top-Team geführt wird."

Als problematisch stellte sich bei einigen Interviews die Abstraktion dar. In mehreren Fällen wurde mit Effizienz- und Gewinnfolgerungen argumentiert.[226]

Alle Befragungen schlossen mit einem C.R. von kleiner als 10 % ab. Diese Grenze wurde weder bei einer der drei Attributsgruppierungen auf Ebene2 noch bei der Gegenüberstellung dieser auf Ebene1 überschritten. Die durchschnittlich niedrigsten C.R.-Werte wurden bei den Befragungen des Managements gemessen.[227]

---

[225] Bei den shopbedingten Attributen wurde wiederholt argumentiert, dass bei dem Vergleich von Ladenöffnungsdauer und Wettbewerbsumfeld mittelfristig sowieso eine Angleichung der Öffnungszeiten erfolgen würde und daher das Wettbewerbsumfeld zu bevorzugen wäre.

[226] Mehrmals wurde geantwortet, dass lange Öffnungszeiten nicht ratsam sind, da die Personalkosten dann zu hoch wären. Hier oblag es dem Autor, darauf hinzuweisen, dass sich der komplette Fragebogen rein mit der Thematik der Absatzoptimierung befasst.

[227] Der Min-Wert lag bei 0%. Es handelt sich demnach um eine durchgehend folgerichtige logische Bewertung.

Im Franchise- als auch im Filial-Bereich mussten während des Experteninterviews immer wieder Zwischenfragen vom Autor gestellt werden, da einige der Antworten augenscheinlich inkonsistent zu den anderen davor getroffenen Aussagen ausfielen. Mit den Nachfragen, ob er das richtig verstanden hätte oder ob der Experte die Antwort nochmals überdenken möge, schaffte es der Autor, durchgängig in sich logische Antwortketten von den Experten zu erhalten.

Beim dritten Teil der Befragung mussten die meisten Befragten bei der Beantwortung der zweiten und fünften Frage inne halten, da hierbei ein hohes Rating nicht wie bei den anderen Fragen Zufriedenheit signalisierte, sondern Unzufriedenheit. Gerade bei der zweiten Frage führte die Verneinung der Negation zu Verwirrung:[228]

Ich beabsichtige nicht, in naher Zukunft meine Arbeit zu ändern.

Für den Blake Mountain-Test benötigten die Experten durchschnittlich knapp 15 Minuten. Als Schwierigkeit wurde hierbei des öfteren gesehen, dass die Noten 1 bis 5 pro Antwortblock jeweils nur einmal zur Verfügung standen. Eine Entscheidung musste demnach getroffen werden, obwohl, nach Aussagen einiger Interviewter, bei einigen Blocks einige Antworten gleichsam vollständig zutrafen oder ebenbürtig abzulehnen waren.

5.2.1.2 *Nennung weiterer Attribut durch die Experten*

Am Ende des ersten Teils, also der Bewertung der 17 Attribute und der Attributsgruppen auf Ebene1 wurde dem Experten die Frage gestellt, ob seiner Meinung nach ein Attribut nicht genannt bzw. erfasst wurde, dass einen relevanten Einfluss auf den Absatz hätte. Wenn hier noch ein wichtiges Attribut entdeckt würde, müssten die bereits durchgeführten Interviews für diesen Punkt wiederholt und die noch ausstehenden Interviews um diesen Punkt erweitert werden.

---

[228] Um Zufriedenheit und fehlende Abwanderungsgedanken zu dokumentieren, muss hier ein extrem stark/hoch angekreuzt werden.

Hierauf kamen in neun Fällen drei homogene Antworten:

- Produktqualität

- Produktsortiment / -Breite

- Preisstruktur von Hardware und Tarifen

Wie bei den hergeleiteten Unterstellungen[229] ausgeführt, in deren Zusammenhang einige Themen ausgeklammert wurden, werden obere drei Antworten nicht berücksichtigt.

Daneben wurden insgesamt weitere drei mögliche Attribute genannt, die im Fragebogen nicht erfasst sind:

1. Wie hoch sind die jeweiligen Freiheitsgerade der Betreiber in Bezug auf Unternehmertum?
2. Wie stark ist die lokale Verwobenheit des Betreibers?
3. Welche Möglichkeiten lässt die Kommunalpolitik zu in Bezug auf Werbemaßnahmen, Aktionen, Außenkennzeichnung etc.?

Da diese drei Attribute noch nicht behandelt wurden, werden sie im Folgenden kurz behandelt:

Zu 1)

Die Frage der Freiheitsgrade der einzelnen Betreibergruppen wird in den jeweiligen Verträgen geregelt. In dem Franchise-Vertrag (Franchisenehmer) wie auch dem Arbeitsvertrag (Filialleiter) oder in jeweilig separaten Anlagen hierzu sind die Rechte und Pflichten in Bezug auf Werbung, Einstellung von Personal, Gewähren von speziellen Konditionen, Aufnahme von zusätzlichen Produkten etc. geregelt. Hierbei sind die Unterschiede von Franchisenehmer zu Filialleiter in Bezug auf die Forschungsfrage zu vernachlässigen.

---

[229] Vgl.: Abschnitt 4.3

Zu 2)

Das lokale Netzwerk eines Betreibers ist ein wesentlicher Faktor für die Anlaufgeschwindigkeit des Outlets nach Eröffnung. Es ist nachvollziehbar, dass ein in dem Ort Geborener oder ein Betreiber, der in einigen Vereinen Mitglied ist oder ähnlich eine lokale Größe ist einen größeren Wirkungsgrad hat als jemand, der fremd in der Stadt ist und sich mit den lokalen Gegebenheiten erst vertraut machen muss. Mit der Zeit jedoch schwindet dieser Vorteil, und der Zugezogene kann sich ebenso etablieren. Daneben stellt es sich schwierig dar, einen Betreiber auf sein lokales Netzwerk hin zu überprüfen.

Zu 3)

Die lokalen Gegebenheiten können sehr unterschiedlich sein. Gerade in Einkaufszentren sind bspw. oftmals Handzettelverteilungen untersagt, die in Innenstädten genehmigt würden. Daneben hat in historischen Städten oftmals der Denkmalschutz einen sehr hohen Stellenwert, sodass die Leuchtwerbetafel über dem Shop nur teilweise oder gar nicht angebracht werden darf. Dieser Punkt sollte bei der Entscheidung der Suche nach dem Ladenlokal mit eingebunden werden. In Bezug auf die Forschungsfrage, gerade vor dem Hintergrund der sehr heterogen ausgewählten Standorte, kann dieser Faktor jedoch unberücksichtigt bleiben.

5.2.2 Franchisenehmer

Insgesamt wurden 15 Franchisenehmer in einem Durchschnittsalter von 38 Jahren befragt. Davon waren 3 weiblich und 12 männlich. Die Befragten waren im Durchschnitt seit gut zwei Jahren Franchise-Partner der O_2 (Germany) Shop GmbH und verfügten durchschnittlich über zehn Jahre Erfahrung in der Telekommunikationsbranche.

Auf die Einstiegsfrage, was sie momentan besonders im Verkauf unterstützt (Pro) bzw. hemmt (Contra), gaben die Franchisenehmer zum großen Teil übereinstimmend die drei Antworten: jeweils

Pro:

- Markenstärke

- Tarifstruktur von Postpaid-Produkten (insb. Genion)

- Innovationskraft von O_2 Germany als Kaufmotivator

Contra:

- Zu hohe Hardwarepreise

- Sehr aggressive Werbung der Wettbewerber

- Verfügbarkeit von neuen bzw. stark nachgefragten Geräten meist nicht ausreichend gegeben

Darüber hinaus gab es viele individuelle Statements, die in Auszügen (mitunter in Zitatform) aufgelistet sind[230]:

- geringe Kaufkraft in der Region aufgrund hoher Arbeitslosigkeit

- Hohe Dichte an potentiellen Kunden im Alter von durchschnittlich 30 Jahren

- „Wir machen einfach die beste Beratung. Deswegen verkaufen wir gut"

- Kunden haben Zukunftsangst und sind deswegen sehr zurückhaltend bei Kaufentscheidungen

- Betreuung des Franchisegebers ist nicht gut

- „Dem Team macht es Spaß für Blau[231] zu arbeiten"

Bei der folgenden Befragung der Franchisenehmer fiel auf, dass entgegen der Bewertungen von Filialleitern und Management, ein großes Gewicht auf den shopbedingten Attributen und hierbei sehr stark auf Kaufkraft und Frequenz gelegt wird.

---

[230] Aus Vereinfachungsgründen in der Darstellung wird auf die Einteilung in Pro oder Contra verzichtet

[231] „Blau" steht hierbei für O_2 Germany aufgrund der Dominanz der Farbe Blau in der Markenkommunikation.

Attribut	Franchise	
	Ranking	Gewicht
Shopbedingt *Gewicht*		39%
Stadtgröße	11	5%
Kaufkraft	2	11%
Frequenz	1	13%
Schaufenster	12	4%
Verkaufsfläche	15	3%
Ladenöffnungsdauer	13	4%
Wettbewerbsumfeld	8	5%
Aktorenbedingt *Gewicht*		32%
Fachliche Kompetenz	16	3%
Verkaufskompetenz	3	9%
Freundlichkeit	4	7%
Servicegedanke	9	5%
Betriebsklima	7	6%
Systembedingt *Gewicht*		29%
Bezahlung / Verdienstmöglichkeit	10	5%
Arbeitszufriedenheit	5	7%
Führung	6	6%
POS-Pflege	14	4%
Zusätzliches Angebot	17	3%

Tabelle 9: **Ranking und Gewichtung der Franchisenehmer (15 Fälle)**

Zwar werden die Verkaufskompetenz und die Freundlichkeit mit jeweils 9% und 7% sehr weit oben gesehen, dennoch werden Frequenz und Kaufkraft mit jeweils 13% und 11% als noch wichtiger angesehen. Eine mögliche Erklärung liegt in der Tatsache, dass bei den Ist-Werten die gemessene Frequenz bei den Franchise-Outlets unter den Werten der Filialen liegen. Mögliche Minderabsätze werden von den Verantwortlichen auf die fehlende Frequenz zurückgeführt.

Der Größe der Stadt, der Schaufensterfläche und der Verkaufsfläche wird mit Werten zwischen 3% und 5% kein besonderes Gewicht in Bezug auf Absatz attestiert. Auch das Wettbewerbsumfeld und die Dauer der Ladenöffnung werden in diesem Bereich gesehen. Dennoch sind diese Werte signifikant höher als bei den anderen beiden Expertengruppen.

Eine Erklärung könnte darin liegen, dass im Durchschnitt die Outlets der Franchisenehmer in kleineren Städten liegen.

Alle fünf aktorenbedingten Attribute werden von den Franchisenehmern ausnahmslos niedriger bewertet als von den beiden anderen Gruppen. Bei der relativen Gewichtung zueinander zeigen alle Experten Gemeinsamkeiten auf. D.h. die Verkaufskompetenz und Freundlichkeit werden mit 9% und 7% zwar schwächer bewertet als von Filialleiter und Management, dennoch sind dies die beiden wichtigsten Attribute in dieser Gruppe.

Ebenso sieht der Franchisenehmer im Betriebsklima mit 6% und im Servicegedanken (5%) einen deutlich schwächeren Motor für einen Mehrabsatz als die beiden anderen Expertengruppen. Hierbei könnte die Hypothese aufgestellt werden, dass der klassische Unternehmer sehr stark auf sich selbst und seinen Vorteil bedacht ist und daher die Wichtigkeit des Gruppengefühls innerhalb seines Outlets als nebenrangig versteht. Da die realen Ist-Werte jedoch ein sehr positives Betriebsklima bei dem Franchise-Partner aufzeigen, liegt eher die Vermutung nah, dass im Auge des Befragten dieses Attribut als Hygienefaktor gesehen wird.

Entgegen den anderen beiden Fragegruppen als auch im Durchschnittswert erkennbar, wird den systembedingten Attributen mit 29% weniger hohe Gewichtung als den shop-bedingten (39%) oder aktorenbedingten (32%) Attributen zugeordnet. Wie oben bereits erwähnt, spiegeln die systembedingten Attribute den Einflussgrad des Verantwortlichen wider. Unter anderem wird hierbei seine Verdienstmöglichkeit und Zufriedenheit als auch die Führungskompetenz bewertet. Gerade hierbei hätte man erwartet, dass die Franchisenehmer, als Selbstständige, sehr viel stärker auf die Rolle ihrer eigenen Leistung und persönlichen Attribute hinweisen.

Die drei gerade aufgeführten Einzelattribute bewegen sich im Mittelfeld und unterscheiden sich nur marginal von den Aussagen der anderen beiden Gruppen. Die POS-Pflege weist hierbei einen Wert mit 4% auf und wird niedriger bewertet. Die vom Franchise-Partner vertraglich vorgeschriebene und stets kontrollierte POS-Pflege wird von ihm selbst nicht als signifikant absatzrelevant angesehen.

Diese Haltung kann man auch an den schwachen Ist-Werten erkennen. Die Schlussfolgerung liegt nahe, dass der einheitliche Auftritt, der dem Grundgedanken des Franchise-Modells entspricht, vom Franchisenehmer nicht als der hervorstechende Vorteil beim Abverkauf gesehen wird.

Auf der anderen Seite zeigt sich der Franchisenehmer mit der Breite des Sortiments als zufrieden. Zum einen sieht er es mit 3% als am wenigsten relevant für einen Mehrabsatz, und zum anderen zeigt auch seine real fehlende aktive Ausweitung des vom Franchisegeber angeboten Portfolios, dass die Franchisenehmer hieraus keinen deutlichen Absatzsprung erwarten.

Erstaunlich ist jedoch, dass der Franchise-Partner einen möglichen Mehrabsatz nur sehr schwach verbunden sieht mit seiner eigenen Verdienstmöglichkeit (5%).

Spätestens an dieser Aussage lässt sich nochmals deutlich erkennen, dass die Befragten versuchten, eine objektive Sicht einzunehmen und das Interview missbrauchten, um bspw. ihre eigenen Interessen bezüglich Provision durchzusetzen.

5.2.3 Filialleiter

Insgesamt wurden 15 Filialleiter mit einem Durchschnittsalter von knapp 34 Jahren befragt. Davon waren 8 weiblich und 7 männlich. Sie waren im Durchschnitt seit vier Jahren bei der O_2 (Germany) Shop GmbH angestellt und verfügten durchschnittlich über sieben Jahre Erfahrung in der Telekommunikationsbranche.

Auf die Einstiegsfrage, was sie momentan besonders im Verkauf unterstützt (Pro) bzw. hemmt (Contra), antworteten die Filialleiter ähnlich wie die Franchisenehmer

Pro:

- Bedarfsgerechtes Produktportfolio
- Markenstärke der O_2 Germany
- Überdurchschnittliches Team-Engagement

Contra:

- Hardwarepreise nicht marktgerecht
- Hardware-Verfügbarkeit wird weder dem Bedürfnis der Kunden noch der Geschwindigkeit des Abverkaufs gerecht
- Sehr aggressive Preis-Schlacht der Wettbewerber

Neben diesen immer wiederkehrenden Antworten wurden viele individuelle Statements abgegeben, die in Auszügen (teilweise als Zitat) aufgelistet sind[232]:

- „Wir haben eine Riesen-Baustelle vor dem Shop – Die Kunden nehmen uns einfach nicht mehr wahr"
- Schwache Motivation der Mitarbeiter aufgrund fehlender Anerkennung seitens der Zentrale
- „Wir verkaufen gut und das spornt uns zu noch mehr Absatz an"
- Anspruchsvolle Optik des Ladenlokals
- „Die Lage des Ladens ist einfach schlecht"
- „Die Werbung spült uns die neugierigen Kunden in den Shop. Wir müssen dann vertrieblich zaubern, damit die Kunden bei uns auch wirklich kaufen"

Bei der anschließenden Befragung der Filialleiter wurde ein sehr starkes Gewicht auf die aktorenbedingten Attribute gelegt. Dies wird darin deutlich, dass das Gewicht hierbei auf 43% gelegt wurde und darin, dass alle Attribute im Ranking einstellig sind und sogar die ersten vier Plätze von dieser Ebene gestellt werden.

---

[232] Aus Vereinfachungsgründen in der Darstellung wird auf die Einteilung in Pro oder Contra verzichtet

Attribut	Filial	
	Ranking	Gewicht
Shopbedingt *Gewicht*		26%
Stadtgröße	14	2%
Kaufkraft	10	4%
Frequenz	8	5%
Schaufenster	16	2%
Verkaufsfläche	15	2%
Ladenöffnungsdauer	17	2%
Wettbewerbsumfeld	13	2%
Aktorenbedingt *Gewicht*		43%
Fachliche Kompetenz	9	5%
Verkaufskompetenz	4	11%
Freundlichkeit	1	15%
Servicegedanke	2	13%
Betriebsklima	3	11%
Systembedingt *Gewicht*		31%
Bezahlung / Verdienstmöglichkeit	11	3%
Arbeitszufriedenheit	5	7%
Führung	6	7%
POS-Pflege	7	6%
Zusätzliches Angebot	12	3%

Tabelle 10: Ranking und Gewichtung der Filialleiter (15 Fälle)

Freundlichkeit, Betriebsklima, Verkaufskompetenz und Servicegedanke und mit großem Abstand die fachliche Kompetenz nehmen knapp die Hälfte des Gesamtgewichtes aus Sicht der Filialleiter ein.

Dies zeigt, dass sich die Filialleiter mit ihren Teams als einen sehr wichtigen integrativen Bestandteil des Absatzsystems verstehen. Lediglich die fachliche Kompetenz wird mit 5% als nebenrangig angesehen.

Wenig erstaunlich dagegen ist die Bewertung der shopbedingten Attribute, die mit lediglich 26% gewichtet werden. Alle sieben Attribute sind im schwachen einstelligen Bereich angesiedelt. Nicht einmal die Kaufkraft mit 4% oder die Frequenz (5%) sind besonders erhöht. Auch hieraus lässt sich erkennen, dass die Filialleiter davon ausgehen, dass sie mit einem gut trainierten Team und der richtigen Einstellung selbst schwächeren Standorten zu steigenden Absätzen verhelfen können. Sämtliche andere Attribute, wie Größe der Stadt, der Verkaufsfläche, der Schaufenster und Ladenöffnungszeit bzw. Wettbewerbsumfeld fallen mit 2% kaum ins Gewicht.

Auch hier muss man jedoch die realen Ist-Werte dagegen halten und feststellen, dass die meisten Filialen in guten Lagen mit sehr guter Infrastruktur und Shopgegebenheiten ausgestattet sind. Eine allzu schwache Bewertung der shopbedingten Attribute scheint vor diesem Hintergrund relativiert betrachtet werden zu müssen.

Dennoch ist die einheitliche Sichtweise nicht wegzuwischen und sollte für den weiteren Verlauf im Auge behalten werden.

Eine nach den oben errechneten Ergebnissen erwartungsgemäß mittlere Position nimmt die Gewichtung der systembedingten Attribute mit 31% ein. Schwächer als die aktoren- und stärker als die shopbedingten Attribute werden die Themen gesehen, die direkt mit dem Filialleiter selbst zu tun haben. Seine Verdienstmöglichkeit als auch das zusätzliche Angebot schätzt der Filialleiter mit 3% als nahezu gleich (un-)wichtig für den Absatzverlauf ein.

Wie schon bei den Franchise-Partnern lässt sich auch hier die Beobachtung wiederholen, dass die Experten dieses wissenschaftliche Forum augenscheinlich nicht für die Durchsetzung ihrer eigenen monetären Vorteile zu missbrauchen versuchten.

Dagegen werden die Attribute Arbeitszufriedenheit, Führung und POS-Pflege auf die Plätze fünf bis sieben gewählt. Eine Erklärung liegt in dem Zusammenhang mit den aktorenbedingten Attributen, mit denen alle drei genannten Attribute eine direkte Schnittstelle haben: Führung wirkt sich direkt auf die Mitarbeiter aus; die POS-Pflege wird in hohem Ausmaß von den Mitarbeitern erledigt; und die Zufriedenheit des Filialleiters, der in diesem Zusammenhang von den Befragten mehrheitlich als Mitglied des Teams verstanden wird, stellt dessen Ausprägung in Bezug auf das Betriebsklima dar.

5.2.4 Management

Wiederholt sei hier, dass dem Management nur den ersten und zweiten Teil des Fragebogens vorgelegt wurde. Lediglich die Erfahrungen und Einstellungen zu den absatzre-
levanten Attributen wurden erfragt. Bzgl. Betriebsklima, Arbeitszufriedenheit und Füh-
rungseinstellung wurden keinerlei Daten erhoben. Daraus resultiert eine zeitliche Ver-
ringerung des Beantwortens der Fragen von durchschnittlich über 45 Minuten bei dem
gesamten Fragebogen im Vergleich zu ca. 20 Minuten bei der somit verkürzten Version.

Zu beobachten war, dass sämtliche Vertreter des Managements sehr viel stärker auf die
Stringenz und Logik ihrer Antworten Wert legten als die anderen Befragten. In vielen
Fällen wurde auf die weiter oben im Fragebogen gegebenen Werte zurückgeblickt, um
die Konsistenz der Antworten zu gewährleisten. In fast allen Fällen gelang dies, ohne
dass der Autor nach der Bewertung nochmals nachfragen musste, um Korrekturen zu
verlangen aufgrund fehlender Konsistenz.

Bei den Vertretern des Managements war ebenfalls zu beobachten, dass bei den Be-
gründungen der Antworten oftmals unterschiedliche Outlets in unterschiedlichen Städten als Beispiel genannt wurden. Die Bewertung baute daher nicht auf einer fokalen Situation auf, wie bei den meisten Filialleiter und Franchisenehmern, die ihren aktuellen
Standort als Begründungsbasis sahen, sondern vielmehr auf einem Übereinanderlegen
von vielen Beispielen und unterschiedlich gemachten Erfahrungen. Zum einen kann
man damit einen gewissen Weitblick unterstellen, zum anderen fehlt damit sicherlich
auch der direkte Bezug zum alltäglichen Umgang mit Kunden und damit zu den operativen Bedürfnissen im Tagesgeschäft.

Insgesamt wurden neun Vertreter des Managements der O_2 (Germany) Shop GmbH mit
einem Durchschnittsalter von knapp 39 Jahren befragt. Sämtliche Befragten waren
männlich. Sie waren im Durchschnitt seit fünf Jahren bei der O_2 (Germany) Shop
GmbH angestellt und verfügten durchschnittlich über zwölf Jahre Erfahrung in der Telekommunikationsbranche.

Attribut		Management	
		Ranking	Gewicht
Shopbedingt	*Gewicht*		23%
Stadtgröße		**11**	3%
Kaufkraft		**12**	2%
Frequenz		**9**	5%
Schaufenster		**15**	2%
Verkaufsfläche		**16**	1%
Ladenöffnungsdauer		**17**	1%
Wettbewerbsumfeld		**14**	2%
Aktorenbedingt	*Gewicht*		46%
Fachliche Kompetenz		**8**	6%
Verkaufskompetenz		**1**	17%
Freundlichkeit		**3**	11%
Servicegedanke		**2**	12%
Betriebsklima		**4**	10%
Systembedingt	*Gewicht*		31%
Bezahlung / Verdienstmöglichkeit		**7**	6%
Arbeitszufriedenheit		**6**	6%
Führung		**5**	9%
POS-Pflege		**10**	4%
Zusätzliches Angebot		**13**	2%

Tabelle 11: Ranking und Gewichtung des Managements (9 Fälle)

Sehr deutlich wurde die Gewichtung auf der Ebene 1 bewertet. Deutlicher als Franchise-Partner und sogar noch stärker als die Filialleiter sehen die Vertreter des Managements das Gewicht der aktorenbedingten Attribute mit 46%.

Verkaufskompetenz, Freundlichkeit, Servicegedanke und Betriebsklima machen über die Hälfte des Gesamtgewichtes aus. Auch hier wird dem fachlichen Wissen mit 6% eine untergeordnete Stellung zugewiesen. Hiernach müssten die Schulungen und Trainings der Franchisenehmer und Filialleiter in Bezug auf Produkte, Tarife etc. zu Gunsten von vertrieblichen und sozialen Themen inhaltlich und zeitlich zurück gestuft werden.

Dass das Management dem Betriebsklima ein so hohes Gewicht zuordnet, ist bemerkenswert.

Fraglich hierbei ist, inwieweit die Vertreter des Managements diese Erfahrung selbst erlebt haben und deswegen der Atmosphäre im Shop und dem Zusammengehörigkeitsgefühl der Berater untereinander einen so hohen Stellenwert beimessen. Vorstellbar ist auch, dass die Experten dieser Gruppe nur glauben, dass die Stimmung für den Absatz wichtig ist, da der Begriff Betriebsklima in sehr vielen Debatten mit Arbeitnehmervertretern und eigenen Mitarbeitern eine hohe Brisanz aufweist.

Das Management sieht nach den aktorenbedingten die systembedingten Attribute mit 31% in der Hierarchie der absatzbestimmenden Parameter klar auf Platz zwei vor den shopbedingten Attributen. Die Führungskompetenz wird mit 9%, Zufriedenheit und die Verdienstmöglichkeit des jeweilig Verantwortlichen (je 6%) werden als dominierend in dieser Kategorie gesehen. Die POS-Pflege wird erstaunlicherweise nur mit 4% gewertet. Es stellt sich hierbei die Frage, ob diese Sicht dem Anspruch des Shop- bzw. Franchise-Gedanken gerecht wird, dass die Outlets als Werbe- und Kommunikationsflächen dienen und diesen Zweck nur unter der Voraussetzung eines guten POS-Zustandes sichern können. Daneben muss auch kritisch betrachtet werden, dass die Mitarbeiter und Franchisenehmer sehr stark angehalten sind, das Outlet nach den Vorgaben sauber, gepflegt und dekoriert zu halten. Ein sehr hoher Aufwand an Administration und Nachhaltung seitens der Zentrale und an Zeit für den Franchisenehmer bzw. Filialleiter, der nicht in Relation zu dieser schwachen Bewertung steht.

Wenig verwunderlich hingegen ist die niedrige Bewertung des zusätzlichen Angebots, das mit 2% untergeordnet gesehen wird. Schließlich ist das Management für das aktuelle Angebot verantwortlich und würde sich bei einer starken Bewertung selbst kein gutes Zeugnis ausstellen.

Die shopbedingten Attribute werden sehr deutlich mit 23% auf den letzten der drei Plätze auf Ebene1 gewertet. Mit Ausnahme der Frequenz (5%) werden allen anderen sechs Attributen zwischen 1% und 3% zugeordnet. Sie befinden sich mit dieser Gewichtung[233] auf dem Gesamtranking auf den letzten Plätzen. Somit sehen die Vertreter des Mana-

---

[233] Abgesehen von der POS-Pflege auf Platz 13

gements in der Frequenz, der Kaufkraft, der Größe der Stadt, der Verkaufsfläche und der Schaufenster lediglich einen Einfluss auf den Absatz von 13%.

Als Ergebnis lässt sich bei der Managementbefragung ziehen, dass die menschlichen und sozialen Komponenten als absolut überwiegend gesehen werden, wenn es um Absatzsteigerung geht. Das Team und der Verantwortliche vor Ort sind die wahren bestimmenden Faktoren und nicht die Güte und Qualität der Umwelteinflüsse wie Lage, Ausstattung, Standortfaktoren.

Erstaunlich nehmen sich dagegen die realen Ist-Werte im Gesamten aber vor allem im Filialbereich. So stellt das Management zwar in der Befragung die Wichtigkeit der sozialen Faktoren absolut in den Mittelpunkt. In der Realität zeigt sich jedoch, dass die shopbedingten Faktoren die absolut dominanten Attribute sind.[234]

Aus oben gewonnenen Erkenntnissen abgeleitet, müsste man die 1a-Lagen den Wettbewerbern überlassen und sich darauf konzentrieren, die besten und engagiertesten Mitarbeiter vom Markt zu rekrutieren, die es dann schaffen, selbst aus 1b-Lagen sehr gute Absatzergebnisse zu erzielen. Bei dieser Vorgehensweise müsste durch gezielte Trainingsmaßnahmen die Verkaufskompetenz des Teams und die Führungsfähigkeiten des Verantwortlichen gestärkt werden und parallel Maßnahmen getroffen werden, die das Betriebsklima und die Freundlichkeit der einzelnen Berater stimuliert. Dies gilt insbesondere vor dem Hintergrund der erhobenen Ist-Werte, die bei diesen Attributen nur durchschnittliche bis schwache Ausprägungen vorweisen

---

[234] Zwei Erklärungen für diese Diskrepanz sind denkbar:
Die Standortthemen werden als „erledigt" angesehen, da sowieso nur in den 1a-Lagen akquiriert wird. Ein besonderer Mehrabsatz ist nicht zu erwarten, wenn man in noch qualitativ höher stehende Objekte zieht. Daher wird das Augenmerk auf das Team und die Verantwortlichen gelegt.
Eine andere Erklärung ist in dem erforderlichen Mut der Standortpolitik zu sehen. Wie erklärungsfähig ist eine oben aufgestellte Relation der Attribute zueinander, wenn bspw. der Mehrabsatz ausbleibt? In anderen Worten, welche Argumentationsmöglichkeit hat das Management, wenn man sich hauptsächlich auf die weichen Faktoren wie Zufriedenheit, Klima, Ausbildung, Kompetenzerweiterung konzentriert und gleichzeitig die Outlets in wenig frequentierte Lagen setzt, um die entstehenden Mehrkosten wieder zu kompensieren. Bei ausbleibendem Erfolg wäre eine solche Strategie stark angreifbar.

5.2.5   Gesamtergebnis der Bewertung

Attribut		Gesamt	
		Ranking	Gewicht
Shopbedingt	*Gewicht*		*30%*
Stadtgröße		12	3%
Kaufkraft		8	5%
Frequenz		5	8%
Schaufenster		15	3%
Verkaufsfläche		17	2%
Ladenöffnungsdauer		16	2%
Wettbewerbsumfeld		13	3%
Aktorenbedingt	*Gewicht*		*39%*
Fachliche Kompetenz		11	4%
Verkaufskompetenz		1	12%
Freundlichkeit		2	11%
Servicegedanke		3	9%
Betriebsklima		4	9%
Systembedingt	*Gewicht*		*30%*
Bezahlung / Verdienstmöglichkeit		10	5%
Arbeitszufriedenheit		7	7%
Führung		6	7%
POS-Pflege		9	5%
Zusätzliches Angebot		14	3%

Tabelle 12: Ranking und Gewichtung Gesamt (39 Fälle)

Auffallend hoch deutlich fällt die Gewichtung der aktorenbedingten Attribute aus, die mit 39% die anderen beiden Merkmalsgruppen der Ebene1 mit jeweils ca. 30% klar dominiert.

Die höchsten Gewichte werden von den Experten in dieser Attributsgruppe gesehen.

Die oftmals in den Interviews sehr stark betonte Wichtigkeit der Frequenz landet bei der Gesamtbetrachtung der Ergebnisse auf Rang 5.

Attribut		Int.werte MAX und MIN					
		FN Max	FN Min	Fil Max	Fil Min	Mgt Max	Mgt Min
Shopbedingt	*Gewicht*	*74%*	*11%*	*59%*	*7%*	*59%*	*8%*
	Stadtgröße	10%	0%	14%	0%	13%	1%
	Kaufkraft	26%	2%	13%	1%	10%	1%
	Frequenz	23%	2%	18%	1%	19%	2%
	Schaufenster	16%	1%	5%	0%	6%	0%
	Verkaufsfläche	11%	0%	5%	0%	3%	1%
	Ladenöffnungsdauer	16%	1%	6%	0%	3%	1%
	Wettbewerbsumfeld	23%	0%	19%	0%	6%	0%
Aktorenbedingt	*Gewicht*	*70%*	*7%*	*69%*	*8%*	*72%*	*12%*
	Fachliche Kompetenz	10%	0%	10%	0%	20%	1%
	Verkaufskompetenz	15%	2%	15%	1%	27%	2%
	Freundlichkeit	42%	1%	30%	3%	16%	3%
	Servicegedanke	42%	1%	21%	2%	17%	1%
	Betriebsklima	21%	1%	34%	1%	26%	1%
Systembedingt	*Gewicht*	*41%*	*10%*	*63%*	*11%*	*75%*	*10%*
	Bezahlung / Verdienstmöglichkeit	10%	1%	17%	0%	25%	2%
	Arbeitszufriedenheit	16%	1%	18%	1%	24%	2%
	Führung	11%	2%	20%	1%	17%	2%
	POS-Pflege	8%	0%	20%	1%	12%	0%
	Zusätzliches Angebot	14%	1%	10%	0%	8%	0%

Tabelle 13: Min- und Max-Werte der Interviewwerte (39 Fälle)

Erstaunlicherweise fiel bei der Befragung auf, dass keine der drei Expertengruppen die systembedingten Attribute als wichtigstes Element angesehen hat. Bei den Franchisenehmern ist hier ein konsistenteres Bild vorhanden. Als Maximalwert von 41% und 10% als Minimalgewicht weisen diese Daten einen sehr viel konsistenteren Wert auf als bspw. beim Management, die als Max-Wert 75% und als Minimalwert ebenfalls niedrige 10% sehen. Man sieht hieran, dass die Vertreter des Managements die Gewichtung der Absatzrelevanz des Betreibers vor Ort sehr unterschiedlich beurteilen.

Die in Bezug auf die Gesamtbetrachtung am wichtigsten gewerteten aktorenbedingten Attribute werden mit 33% auch innerhalb der einzelnen Expertengruppen höchst unterschiedlich gesehen.

Hierbei sticht die Verkaufskompetenz als gewichtigstes Merkmal heraus, da die Maximalwerte bei den Franchisenehmern als auch bei den Filialleitern mit 15% vergleichsweise gering ausfallen. Im Durchschnitt erreicht das Attribut dagegen eine Gewichtung von 12%. Die niedrigen Minimalwerte sind klare Ausreißer aus einer stark verdichteten Einstellung aller Befragten.

Die Rankings eins bis vier sind in dieser Attributgruppe mit Verkaufskompetenz, Freundlichkeit, Servicegedanke und Betriebsklima wieder zu finden. Bei allen drei Bewertergruppen erhalten diese vier Attribute verhältnismäßig hohe Gewichtungen und kommen somit im Gesamtbild auf eine Betonung von über 40%. Auch werden die jeweils zwei höchsten Maximalwerte der 17 Attribute bei den drei Expertengruppen innerhalb dieser vier Themen vergeben.

Insgesamt lässt sich bei den aktorenbedingten Attributen festhalten, dass die vergleichsweise schwächere Gewichtung auf Seiten der Franchisenehmer durch die Betonung der Filialleiter und des Managements überkompensiert wird.

Alle drei Expertengruppen sehen in der fachlichen Kompetenz mit 4% den schwächsten Treiber für den Absatz innerhalb dieser Attributsgruppe. Eine sehr homogene Bewertung zwischen 4% und 6% unterstreicht dieses Ergebnis. Bei Franchise und Filiale erreicht die fachliche Kompetenz sogar nur einen niedrigen Maximalwert von 10%.

Bei den schwach gewichteten Attributen lässt sich ein konsistentes Bild bei allen drei Expertengruppen folglich auch im Gesamtergebnis wieder finden:

Die Größe der Schaufenster, der Verkaufsfläche und der Stadt, die Ladenöffnungsdauer, das Wettbewerbsumfeld, das zusätzliches Angebot und die fachliche Kompetenz kommen insgesamt auf ein Gewicht von einem Viertel.

Die mit 30% Gewicht bewerteten shopbedingten Attribute weisen gerade im Hinblick auf die Werte Frequenz (8%) und Kaufkraft (5%) eine hohe Heterogenität aus. Bei den Franchisenehmern werden diese auf Platz und eins und zwei gesehen.

Bei Filialleitern und Management bekommen sie lediglich Werte zwischen 2% und 5%. Eine mögliche Erklärung liegt hier in der noch jungen Geschichte der Franchisenehmer. Wie oben beschrieben, sind sie mit ihrem Outlet seit nicht einmal zwei Jahren Franchise-Partner der O_2 (Germany) Shop GmbH. Da in den meisten Fällen das Ladenlokal neu eröffnet wurde, dürften die Erfahrungen mit der anfänglich schleppenden Frequenz noch sehr präsent sein. Interessant wäre zu erfahren, wie die Befragten in zwei bis drei Jahren dieses Attribut sehen würden. Die Kaufkraft dürfte hier in einem ähnlichen Verhältnis gesehen werden.

Die weiteren fünf shopbedingten Attribute, die in der Gesamtheit zwischen 2% und 3% ausmachen, sind auch in den einzelnen Gruppen lediglich 1% bis 5% bewertet worden. Mit der Ausnahme der Bewertung der Franchisenehmer des Wettbewerbsumfeldes (Rang 8) werden allen anderen Attribute von den drei Gruppen durchgehend zweistellige Rangplätze zugewiesen. Mit anderen Worten sind sich die Experten einig, dass von dem Ladenlokal selbst, also der Größe der Verkaufsfläche, der Warenpräsentationsmöglichkeit durch die Schaufenstergröße, dem Wettbewerbsumfeld und der Dauer der Ladenöffnungszeiten keine deutliche Auswirkung auf den Absatz ausgeht. Einer Strategie, die eine starke Waren- bzw. Kommunikationskomponente enthält, wie z.B. ein sog. Flagshipstore-Konzept[235], wird demnach vor dem Hintergrund der Absatzoptimierung nur eine geringe Chance eingeräumt.

Die mit ebenfalls 30% gewichteten systembedingten Attribute werden durchwegs von allen drei Expertengruppen jeweils ziemlich homogen gesehen. Die maximale Abweichung einer gemittelten Expertengruppe bzgl. eines Attributs zur Gesamtbewertung beträgt 2%. Auch die maximalen Werte sind mit Ausnahme von zwei Bewertungen innerhalb des Managements hinsichtlich Bezahlungsmöglichkeit mit 25% und Arbeitszufriedenheit (24%) unter 20%. Das bedeutet, dass nicht einmal einzelne Experten diese Attribute als besonders absatzrelevant erachten.

---

[235] Engl.: Flagschiff – steht für eine außerordentlich starke Präsentation der Marke und Produkte an prominenter Stelle. Meist ist dieses Outlet in großen Städten zu finden und zeichnet sich durch große Flächen aus.

Hervorzuheben ist die Tatsache, dass das Management die Verdienstmöglichkeit (6%) doppelt so wichtig ansieht wie die Filialleiter und immer noch ein Fünftel wichtiger als die Franchisenehmer. Ähnliche Einstellung ist beim Management bei der Führung feststellbar. Auf der einen Seite wiederholt sich hiermit die Aussage aus 5.2.4, dass die Vertreter des Managements auf die sozialen Aspekte ein besonders starkes Augenmerk legen. Auf der anderen Seite kann man daraus die Schlussfolgerung ziehen, dass der Prinzipal mit dieser Einstellung die falschen Motivatoren in Betracht zieht, wenn es darum geht, seine Agenten zu höheren Absätzen bewegen zu wollen.

Insgesamt muss noch die Frage beantwortet werden, ob die Experten ihre Bewertungen nicht nur vor dem Hintergrund ihrer eigenen Erfahrungen abgegeben haben, sondern vielleicht auch durch ihre jetzige Situation stark beeinflusst wurden. Man kann sich vorstellen, dass zum einen, wie oben beschrieben, der Betreiber eines Outlets in einer hoch frequentierten Lage oder mit einem sehr guten Betriebsklima diese Werte als Hygienefaktoren[236] ansieht und diese somit als sehr schwach relevant ansieht in Bezug auf Absatzoptimierung.

Zum anderen ist der Fall vorstellbar, dass Betreiber, die ein hoch verkaufskompetentes Team haben, diese Stärke als einzigen Motor ihres Verkaufs sehen und somit diesem Attribut ein stark dominierendes Gewicht geben und die anderen Attribute vernachlässigen.

Um diese Fehlerquelle zu analysieren, wird eine Korrelation zwischen den gemessenen Ist-Werten der Attribute und den durch den Fragebogen erhaltenen Interview-Werten gemessen. Die Annahme besagt, dass eine gegebene Korrelation bei den gegebenen 33 Interview-Werten pro Attribut und den 33 gemessenen Ist-Werten den oben beschriebenen Zweifel bestätigt, dass die Experten nicht objektiv geantwortet haben.

Ziel ist es demnach eine Korrelation aller Werte von unter absolut 50 % zu erreichen. Wünschenswert wären Ergebnisse, die weit unter diesem Wert liegen.

---

[236] im Hinblick auf die Bedürfnis-Pyramide von Maslow, A. H., S.380, (1943), in der fünf Ebenen der Bedürfnisse erklärt werden. Nach Befriedigung des Bedürfnisses auf einer Ebene strebt der Aktor die nächst höhere Ebene an.

	Int_ Stadtgr	Int_ Kaufkraf	Int_ Frequenz	Int_ Schaufens	Int_ VKFläche	Int_ Laden-öffnung	Int_ Wett-bewerb	Int_ Fachl_ Komp	Int_ Verk_ Komp	Int_ Freundlich	Int_ Service	Int_ Betriebs-klima	Int_ Verdienst	Int_ Zufriedenh	Int_ Führung	Int_ POS_ Pflege	Int_ Zus_ Angebot
Stadtgröße	0.336	0.040	-0.087	-0.153	-0.252	-0.161	-0.112	-0.097	0.086	0.036	-0.090	0.032	0.045	0.121	0.011	0.036	0.147
Kaufkraft	-0.269	-0.282	-0.311	-0.356	-0.214	0.015	-0.051	-0.032	0.200	0.474	0.069	0.462	-0.021	0.074	-0.158	-0.169	-0.132
Frequenz	-0.106	-0.110	-0.155	0.036	0.058	0.095	-0.101	0.182	0.180	-0.016	0.091	0.068	-0.146	0.062	0.007	0.010	-0.095
Schaufenster	0.016	-0.295	-0.076	-0.151	-0.066	-0.095	-0.066	-0.161	0.007	0.222	-0.117	0.333	0.054	-0.100	-0.185	0.149	0.419
Verkaufsfläche	-0.086	-0.242	-0.257	-0.417	-0.103	-0.276	-0.248	-0.224	-0.011	0.318	-0.034	0.251	0.137	0.327	0.164	0.233	0.154
Ladenöffnung	0.196	-0.005	0.235	-0.114	0.196	0.101	0.358	0.239	-0.267	-0.002	-0.262	-0.049	-0.292	-0.233	0.086	0.120	0.020
Wettbewerb	-0.023	-0.095	-0.092	0.078	-0.017	-0.120	-0.175	-0.027	-0.127	-0.176	0.138	0.040	0.055	0.088	0.141	0.259	0.092
Fachl_Komp	0.146	-0.140	0.034	-0.014	-0.043	0.106	0.088	0.062	0.033	-0.345	-0.144	-0.155	0.147	0.217	0.215	0.089	0.339
Verk_Komp	0.139	-0.518	-0.319	-0.106	-0.211	0.107	-0.240	-0.101	-0.081	-0.015	-0.070	0.042	0.353	0.218	0.275	0.510	0.578
Freundlichk	0.148	-0.381	-0.109	-0.028	-0.042	0.189	-0.076	-0.206	-0.144	-0.195	-0.243	-0.054	0.487	0.282	0.279	0.425	0.494
Serviceged	0.329	-0.211	0.041	-0.005	0.052	0.183	-0.017	-0.216	-0.158	0.016	-0.229	-0.108	0.020	0.035	0.088	0.351	0.393
Betriebsklima	-0.255	-0.067	-0.325	0.013	-0.290	0.135	-0.170	-0.132	0.252	0.261	0.074	-0.002	-0.067	0.189	0.063	0.109	0.073
Verdienstmög	-0.182	0.155	0.074	0.060	0.114	0.229	0.143	-0.228	0.222	-0.159	0.069	-0.214	0.121	0.114	-0.190	-0.351	0.109
Arbeitszufried	-0.259	-0.410	-0.443	-0.410	-0.200	0.127	0.062	0.026	0.360	0.519	-0.317	0.164	-0.065	0.229	0.195	0.303	0.291
Führung	-0.011	0.024	-0.019	0.035	-0.118	-0.135	0.032	-0.067	-0.015	0.016	0.153	-0.251	0.069	-0.081	0.049	0.102	0.171
POS_Pflege	0.187	-0.176	0.106	-0.089	-0.342	-0.269	-0.010	0.119	-0.073	-0.190	0.046	-0.083	0.086	-0.046	0.167	0.415	0.169
Zus_Angebot	-0.185	-0.214	-0.178	-0.047	-0.092	0.115	0.064	-0.018	0.002	-0.192	0.575	-0.082	0.193	-0.049	-0.195	-0.169	0.068

Tabelle 14: Korrelation der Interview- und Ist-Werte der Attribute (33 Fälle)

Anhand der hervorgehobenen Diagonalen kann man sehr gut erkennen, dass 12 der 17 Attribute eine Korrelation von unter 20 % (in der Tabelle mathematisch dargestellt als: 0,20) aufweisen. Lediglich die Stadtgröße ist als Ausreißer zu erkennen. Hier liegt die Korrelation zwischen Interview-Wert und Ist-Wert zwar bei 35,6% aber immer noch deutlich unter 50%.

Service, Kaufkraft, Zufriedenheit und POS-Pflege liegen jeweils bei ca. 28%. Mit diesem Ergebnis kann auch die Hypothese abgelehnt werden, dass eine Verbindung zwischen aktueller Situation und Bewertung besteht.

Bemerkenswert ist hierbei auch, dass knapp die Hälfte der Bewertungen negativ sind und die andere Hälfte positiv. Selbst hier lassen sich keine Schlussfolgerungen ziehen, dass jeweils bei besonders guten oder schwachen Grundvoraussetzungen zumindest tendenziell das jeweilige Attribut als besonders oder eben weniger wichtig eingeschätzt wird.

5.3 Auswertung der Analyse der erhobenen Ist-Daten

Neben dem reinen Vergleich der Bewertungsdaten der unterschiedlichen Expertengruppen und den klar ersichtlichen Gewichtungen der einzelnen Attribute gilt es weitere Untersuchungen durchzuführen, um die Forschungsfrage hinreichend beantworten zu können.

5.3.1 Allgemeine Darstellung der Ist-Attributsergebnisse

Bevor die einzelnen Daten mit bestimmten Berechnungsmethoden analysiert werden, soll ein grober Überblick über die erhobenen Ist-Werte gegeben werden:

Wie bereits beschrieben, sind mehrere Quellen zur Datenerhebung genutzt worden:

- Befragung der Experten

- „Mystery Shopping"

- Kemper´s Daten

- Controlling O_2 (Germany) Shop GmbH

- Shop Datenbank

- Beobachtung des Autors

Das Vorgehen bei der Erhebung der jeweiligen realen Ist-Werte wurde unter den jeweiligen Attributen beschrieben.[237]

	Anzahl	Mittelwert	Maximum	Minimum	Standardab weichung
Absatz	33	12562	22251	4092	4390
Stadtgröße	33	752732	3382169	50536	948270,37
Kaufkraft	33	151	581	65	101,54
Frequenz	33	5402	14830	980	3422,02
Schaufenster	33	17	48	3	11,57
Verkaufsfläche	33	49	74	23	12,80
Ladenöffnung	33	57	64	51	3,32
Wettbewerb	33	18	35	1	6,87
Fachl_Komp	33	61	85	35	13,09
Verk_Komp	33	65	90	15	17,10
Freundlichk	33	65	90	20	19,32
Serviceged	33	20	50	5	17,02
Betriebsklima	33	37	45	24	5,57
Verdienstmög	33	72838	150604	33854	40478,86
Arbeitszufried	33	34	44	22	6,17
Führung	33	25	29	16	2,69
POS_Pflege	33	78	95	58	11,57
Zus_Angebot	33	1	3	0	1,00

Tabelle 15: Allgemeine Darstellung der Attributsergebnisse (33 Fälle)

---

[237] Vgl.: Abschnitt 4.3 ff

Die Anzahl der Werte bezieht sich auf die bereits oben erwähnten befragten 15 Filialleiter und 15 Franchisenehmer, die zusammen 18 Outlets verantworten.

Der Mittelwert der jeweiligen Attribute sagt mitunter wenig über die starke Streuung aus, so z.b. bei der Stadtgröße. Ließe man bspw. Berlin aus der Betrachtung, so läge der Mittelwert anstelle von 752.732 bei 474.689 Einwohnern. Man erkennt hieran, wie stark sehr große Werte[238] das Gesamtergebnis aufgrund der relativ geringen Stichprobengröße beeinflussen.

Bei einigen sehr starken oder sehr schwachen Werten sind doch Ableitungen erlaubt:

Bspw. ist der Servicegrad über alle Outlets hinweg sehr gering eingestuft. Man kann hier erkennen, dass auf die Attribute der Verkaufs- und fachlichen Kompetenz als auch Freundlichkeit ein sehr viel größerer Wert gelegt wird.

In diesem Zusammenhang sei auch das zusätzliche Angebot erwähnt, dass aufgrund der stark eingeschränkten Möglichkeit im Filialbereich erwartungsgemäß schwach ausfällt. Dennoch bemerkenswert ist, dass der Mittelwert eines Index-Attributs (also bei 100 Maximum) unter 1 liegt. Die geringe Standardabweichung von 3 und der Maximalwert von 3 unterstreichen diesen bemerkenswerten Umstand.

Bei den Verdienstmöglichkeiten sind die beiden Extrempunkte zwischen Franchise und Filiale zu erkennen. Der Maximalwert wird verständlicherweise durch den Franchise-Bereich geliefert. Der Minimalwert hingegen erwartungsgemäß vom Filial-Bereich.

An dem durchschnittlichen Kaufkraft-Wert von rund 151 lässt sich erkennen, dass die gewählten Outlets bzw. Städte einen annehmbaren Querschnitt der Republik wiedergeben. Bei einer stärkeren Fokussierung auf den Osten Deutschlands auf der einen Seite oder größere Städte wie München, Hamburg, Köln auf der anderen Seite wären stärker verzerrte Werte zu erwarten gewesen.

Eine durchschnittliche Verkaufsfläche von knapp 50 qm und einer durchschnittlichen Schaufensterfläche von ca. 17 qm entsprechen dem Suchprofil bei Neuanmietungen von weiteren Shops und somit einem guten Mittelwert.

---

[238] wie in diesem Beispiel 3.382.169 Einwohner in Berlin

Bei den Attributen Betriebsklima, Führung und Arbeitszufriedenheit sind keine großen Abweichungen vom Mittelwert erkennbar. Diese Werte werden unabhängig von Betriebermodell, Region, Größe der Stadt sehr ausgewogen bewertet. Hingegen wird die Freundlichkeit sehr differenziert wahrgenommen. Eine Standardabweichung von ca. 19 bei Min/Max von 65/90 ist erheblich.

In einer weiteren Übersicht sieht man weiters die Daten in der differenzierten Betrachtung hinsichtlich der Vertriebskanäle.

	Typ									
	Fil					FN				
	Anzahl	Mittelwert	Maximum	Minimum	Standardab weichung	Anzahl	Mittelwert	Maximum	Minimum	Standardab weichung
Absatz	15	15041	22251	9371	3207	18	10496	20315	4092	4226
Stadtgröße	15	864474,93	3382169	164101,00	1062591,26	18	659612,94	3382169	50536,00	861740,83
Kaufkraft	15	165,60	581,00	65,00	127,85	18	139,67	263,00	71,00	74,99
Frequenz	15	6640,80	14830,00	980,00	4084,12	18	4370,11	9720,00	1020,00	2413,46
Schaufenster	15	18,13	40,00	6,00	10,69	18	16,78	48,00	3,00	12,53
Verkaufsfläche	15	56,47	74,00	42,00	10,38	18	42,83	70,00	23,00	11,40
Ladenöffnung	15	58,13	63,00	56,00	1,96	18	56,61	64,00	51,00	4,06
Wettbewerb	15	20,40	35,00	5,00	7,73	18	15,11	22,00	1,00	5,12
Fachl_Komp	15	60,53	85,00	45,00	13,36	18	61,11	83,00	35,00	13,23
Verk_Komp	15	70,00	90,00	42,00	13,59	18	60,28	90,00	15,00	18,78
Freundlichk	15	70,00	90,00	35,00	17,01	18	60,28	90,00	20,00	20,47
Serviceged	15	23,33	50,00	5,00	16,55	18	16,94	50,00	5,00	17,33
Betriebsklima	15	34,13	45,00	27,00	5,26	18	38,94	45,00	24,00	4,94
Verdienstmög	15	34789,33	35481,00	33854,00	441,43	18	104545,61	150604,00	45662,00	27244,28
Arbeitszufried	15	34,87	44,00	27,00	4,69	18	33,67	44,00	22,00	7,28
Führung	15	25,00	29,00	18,00	2,83	18	25,11	28,00	16,00	2,65
POS_Pflege	15	81,20	95,00	58,00	12,57	18	74,67	90,00	58,00	10,06
Zus_Angebot	15	,00	,00	,00	,00	18	,94	3,00	,00	1,21

Tabelle 16: Differenzierte Darstellung der Attributsergebnisse

Aus dem Schaubild ist ablesbar, dass die Franchise-Outlets im Durchschnitt in den kaufkraft- und vor allem frequenzschwächeren Lagen angesiedelt sind.

Darüber hinaus haben die Filialen im Durchschnitt eine größere Verkaufs- und Schaufensterfläche und mehr Wettbewerb in ihrer Nähe.

Erstaunlich ist, dass in Bezug auf Verkaufskompetenz, Freundlichkeit, Servicegrad und auch POS-Pflege die Filialen einen höheren Durchschnittswert aufweisen. Gerade bei diesen Werten wäre zu erwarten gewesen, dass die Franchisenehmer einen höheren Einsatz- und Leistungswillen zeigen als die Filialleiter. Weder die erhebliche Einstiegsgebühr noch das Wissen, dass jede zusätzliche Einnahme im Laden den beruflichen

133

Selbstständigen einen Schritt näher zur finanziellen Unabhängigkeit bringt, treiben diese
Werte nach oben.

Für eine graphische Gegenüberstellung der Werte, wurden die Mittelwerte logarithmiert.
Bei einer einfachen Darstellung könnte man aufgrund der unterschiedlichen Skalierung
die Unterschiede nicht deutlich erkennen.

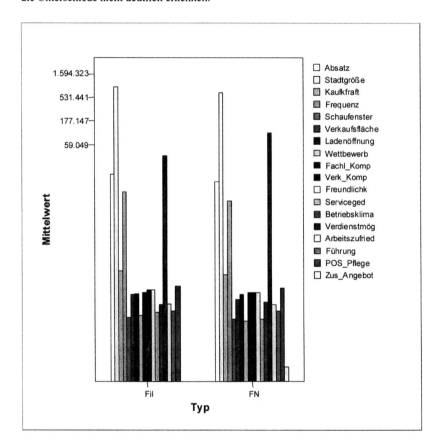

Abbildung 11: Differenzierte graphische Darstellung der Attributsmittelwerte

Es lässt sich erkennen, dass im Franchise-Bereich lediglich bei den Attributen Verdienstmöglichkeit und Betriebsklima signifikant höhere Werte als bei den Filialen vorliegen.

Da alle Ist-Werte messbar sind und keine subjektiven Einschätzungen der Experten vorgenommen werden müssen, sind alle Ist-Werte der Outlets als gewichtet anzusehen.[239]

5.3.2 Darstellung der gewichteten Ist-Attributswerte pro Outlet

Um die Daten mithilfe des AHP Verfahrens gegenüber stellen zu können, müssen sie noch ins Verhältnis zueinander gesetzt und damit normiert werden. Hierzu werden zwei verschiedene Verfahren angewandt:

Bei den Attributen wie Stadtgröße, Verkaufsfläche etc. wird der jeweilige Ist-Wert des Outlets in das Verhältnis zur Summe des Attributes aller Outlets gesetzt.[240]

Bei Indexwerten, wie Kaufkraft und den Daten aus „Mystery Shopping" wie Freundlichkeit, Verkaufs- und fachliche Kompetenz etc. wird der jeweilige Ist-Wert ins Verhältnis zum niedrigsten Ist-Wert aller anderen Outlets gebracht und im Anschluss normiert, also durch die Summer aller errechneten Verhältnisse dieses Attributes dividiert.[241]

Ziel dieses Vorgehens ist es, die mit unterschiedlicher Skalierung gemessenen Attribute vergleichbar zu machen. Dabei ist die Größenordnung von untergeordneter Bedeutung, da die Normierung jeweils innerhalb des Attributs unter allen relevanten Outlets stattfindet:

Die Normierung wird somit auch als Relativierung zur Gesamtsumme bzw. zum Gesamtminimum verstanden. Bei der Einwohnerzahl der Stadt Augsburg bspw. wird die Anzahl der Einwohner durch die Anzahl der Einwohner aller befragten Städte geteilt:

---

[239] Anders verhielte es sich, wenn bspw. die Attribute Stadtqualität, Umgebungsschönheit o.ä. zu berücksichtigen wären, da aufgrund der fehlenden Messbarkeit dann eine paarweise Gegenüberstellung im klassischen Sinne des AHP vorzunehmen wäre.
[240] Vgl.: Golden, B. L. / Wasil, E. A. / Harker, P. T., S.6, (1989)
[241] ebenda, S.9

Attribut Stadtgröße: 254.982 / 25.796.459 = 0,010

Dasselbe Prozedere gilt dann bspw. für die Frequenz und die Dauer der Ladenöffnung der Stadt Augsburg:

Attribut Frequenz: 3.657 / 196.690 = 0,019

Attribut Dauer der Ladenöffnung: 56 / 2.060 = 0,027

Als Beispiel für die Indexwerte sei hier die Kaufkraft und Freundlichkeit aufgeführt:

Attribut Kaufkraft: (99 - 65) / 65 * 100 = 53,308
                           53,308 / 4.737,77 = 0,011

Attribut Freundlichkeit: (80 – 20) / 20 * 100 = 300
                                300 / 7752,00 = 0,039

Diese Berechnung wird für alle 33 Outlets über alle 17 Attribute durchgeführt.

Als Ergebnis der oben geführten Operation lassen sich sämtliche Ist-Gewichte jedes Attributs für jeden Standort darstellen.

137

Typ	Stadt	Stadt größe	Kauf-kraft	Frequenz	Schau fenster	Verkaufs-fläche	Laden-öffnungs-dauer	Wett-bewerbs-umfeld	Fachl. Komp	Verkaufs-kompetenz	Freundlich keit	Service-gedanke	Betriebs klima	Verdienst möglichkeit	Arbeits-zufrieden heit	Fuhrung	POS-Pflege	Zusätz. Angebot
Fi	Augsburg	0,010	0,011	0,019	0,028	0,033	0,027	0,038	0,011	0,033	0,039	0,037	0,030	0,014	0,030	0,030	0,043	0,000
FN	Bayruth	0,003	0,021	0,014	0,056	0,039	0,031	0,029	0,045	0,033	0,042	0,084	0,027	0,036	0,020	0,030	0,036	0,000
FN	Berlin / Gropius	0,131	0,008	0,024	0,027	0,025	0,029	0,030	0,045	0,042	0,039	0,037	0,026	0,067	0,028	0,029	0,036	0,176
Fi	Berlin1 / Tauentz	0,131	0,027	0,046	0,014	0,034	0,029	0,014	0,039	0,029	0,026	0,084	0,026	0,014	0,024	0,031	0,030	0,000
Fi	Berlin2 / Schloss	0,131	0,006	0,028	0,045	0,037	0,028	0,040	0,042	0,042	0,042	0,084	0,020	0,014	0,023	0,022	0,043	0,000
FN	Bielefeld	0,016	0,017	0,043	0,036	0,024	0,027	0,034	0,028	0,034	0,032	0,084	0,032	0,060	0,032	0,025	0,001	0,117
Fi	Bochum2 / Ruhrpark	0,015	0,019	0,035	0,016	0,027	0,029	0,026	0,019	0,015	0,019	0,037	0,023	0,014	0,021	0,029	0,036	0,000
Fi	Braunschweig	0,010	0,022	0,060	0,010	0,029	0,027	0,018	0,066	0,030	0,039	0,000	0,025	0,014	0,034	0,023	0,043	0,000
FN	Dusseldorf / Friednch	0,022	0,020	0,020	0,020	0,025	0,026	0,019	0,047	0,024	0,029	0,000	0,018	0,041	0,020	0,018	0,017	0,000
Fi	Dusseldorf / Schadow	0,022	0,020	0,067	0,063	0,029	0,028	0,066	0,031	0,030	0,039	0,000	0,022	0,014	0,027	0,020	0,011	0,000
Fi	Essen1 / Kettwiger	0,023	0,032	0,022	0,062	0,029	0,029	0,036	0,022	0,042	0,039	0,084	0,034	0,014	0,029	0,029	0,049	0,000
FN	Frankfurt / Bergerstr	0,026	0,060	0,030	0,022	0,026	0,027	0,027	0,026	0,020	0,013	0,000	0,029	0,043	0,020	0,029	0,030	0,176
Fi	Wiesbaden	0,026	0,060	0,076	0,019	0,026	0,031	0,045	0,017	0,026	0,013	0,000	0,032	0,014	0,034	0,032	0,001	0,000
Fi	Halle	0,010	0,000	0,023	0,047	0,029	0,028	0,043	0,011	0,028	0,029	0,037	0,023	0,014	0,028	0,030	0,043	0,000
FN	Hamburg / ElbeEZ	0,066	0,045	0,049	0,038	0,021	0,028	0,027	0,026	0,018	0,023	0,037	0,031	0,040	0,031	0,026	0,024	0,000
FN	Hamburg / Sachsentor	0,066	0,045	0,031	0,012	0,030	0,025	0,027	0,031	0,022	0,029	0,000	0,031	0,062	0,031	0,026	0,036	0,000
FN	Köln / Venloer	0,037	0,064	0,005	0,061	0,025	0,027	0,021	0,036	0,039	0,045	0,037	0,034	0,048	0,034	0,030	0,011	0,000
FN	Köln / WDR	0,037	0,064	0,006	0,076	0,021	0,026	0,002	0,014	0,023	0,010	0,037	0,034	0,067	0,035	0,028	0,043	0,000
Fi	Köln4 / Schilder	0,037	0,064	0,010	0,012	0,041	0,028	0,021	0,011	0,022	0,010	0,037	0,034	0,013	0,036	0,028	0,017	0,000
FN	Leipzig / Nikolai	0,019	0,008	0,040	0,006	0,021	0,028	0,027	0,011	0,019	0,023	0,000	0,031	0,033	0,032	0,026	0,004	0,000
Fi	Monchengladbach	0,010	0,001	0,019	0,027	0,024	0,027	0,030	0,031	0,035	0,026	0,084	0,023	0,014	0,032	0,031	0,017	0,000
FN	Mulheim / Schloss	0,007	0,003	0,016	0,009	0,025	0,027	0,035	0,017	0,028	0,023	0,000	0,031	0,016	0,027	0,028	0,014	0,059
FN	Mülheim / RRZ	0,007	0,003	0,019	0,018	0,022	0,028	0,027	0,026	0,022	0,019	0,000	0,031	0,035	0,027	0,028	0,024	0,059
Fi	Munchen5 / Herzogsp	0,047	0,168	0,006	0,037	0,040	0,029	0,009	0,022	0,029	0,042	0,037	0,026	0,014	0,027	0,028	0,024	0,000
Fi	Kassel	0,014	0,022	0,044	0,024	0,037	0,028	0,038	0,039	0,035	0,045	0,037	0,030	0,014	0,032	0,031	0,030	0,000
FN	Neu Isenburg	0,005	0,007	0,008	0,022	0,030	0,031	0,018	0,001	0,000	0,000	0,000	0,024	0,035	0,024	0,031	0,004	0,000
FN	Offenbach	0,005	0,007	0,020	0,017	0,022	0,025	0,030	0,022	0,026	0,019	0,000	0,029	0,047	0,020	0,029	0,027	0,176
Fi	Osnabrück	0,006	0,020	0,042	0,014	0,033	0,027	0,037	0,022	0,024	0,029	0,000	0,028	0,014	0,031	0,029	0,036	0,000
Fi	Paderborn	0,011	0,017	0,022	0,013	0,025	0,027	0,034	0,063	0,040	0,035	0,000	0,028	0,014	0,026	0,029	0,049	0,000
FN	Passau	0,002	0,006	0,019	0,014	0,015	0,027	0,016	0,033	0,032	0,042	0,000	0,029	0,030	0,020	0,028	0,017	0,000
FN	Siegburg	0,002	0,002	0,016	0,009	0,013	0,026	0,030	0,014	0,014	0,010	0,000	0,030	0,033	0,017	0,030	0,024	0,000
FN	Sulzbach / MTZ	0,007	0,060	0,020	0,009	0,016	0,031	0,016	0,063	0,020	0,026	0,000	0,028	0,014	0,030	0,030	0,043	0,117
FN	Witten	0,004	0,006	0,020	0,023	0,033	0,025	0,019	0,047	0,042	0,045	0,084	0,030	0,048	0,031	0,030	0,024	0,117

Tabelle 17: Darstellung der Outlets mit ihren jeweiligen normierten Ist-Attributs-Werten

Um eine anschaulichere Perspektive einzunehmen, werden die Daten im Folgenden in einem Netzdiagramm dargestellt.[242] Da es sich bei den Kanälen um eine Durchschnittsbetrachtung handelt, sind hierbei nicht etwaige Ausreißer und Extremwerte von Interesse, sondern die jeweilige Dichte der einzelnen Werte.

An den dicken schwarzen Linien sind die Filialen und an den grauen gestrichelten Linien die Franchise-Outlets erkennbar.

---

[242] Aus Gründen der Übersichtlichkeit wird auf eine kanaldifferenzierte Betrachtung verzichtet.

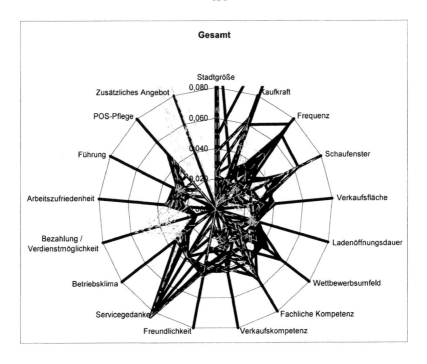

Abbildung 12: Darstellung der normierten Ist-Attributs-Werte im Netzdiagramm (33 Fälle)

5.3.3 Darstellung der gewichteten Ist-Attributswerte gesamt

In einem weiteren Schritt können die erhobenen Daten verdichtet werden auf durchschnittliche Attributs-Gewichte. Das Ergebnis weist die relativen Stärken der einzelnen Attribute in der Realität aus. In anderen Worten werden die Attribute bei diesem Vorgehen kanalspezifisch und auch gesamtheitlich nach ihrem Vorkommen bzw. ihres Gewichtes in den einzelnen Outlets bewertet.

Dies wird errechnet, indem das geometrische und nicht etwa das arithmetische Mittel[243] der oben errechneten Attributs-Gewichte über die jeweiligen Outlets gebildet wird.

$$a_{12} = [\, a^1{}_{12} * a^2{}_{12} * \ldots a^N{}_{12}\,]^{\,1/N}\ {}^{244}$$

$a^1{}_{12}$ steht für die Bewertung 1 des Attributsvergleichs der Attribute 1 und 2

Mit dieser Herangehensweise werden stark positive Ausreißer noch stärker nivelliert als beim arithmetischen Mittel. Daher sei nochmals wiederholt, dass bspw. in Abbildung 12 die sichtbaren positiven Ausschläge noch keine Begründung für einen hohen Durch-schnittswert darstellen. Die Ergebnisse werden im Folgenden diskutiert:

---

[243] Vgl.: Weber, K., S.110, (1993)
[244] Die einfließenden Outlets sind von 1 bis N aufgezählt

5.3.3.1 Ist-Attributs-Werte der Franchisenehmer

Attribut	FN IST Attribut	
	Ranking	Gewicht
Shopbedingt		*100%*
Stadtgröße	**14**	**4%**
Kaufkraft	**15**	**3%**
Frequenz	**10**	**6%**
Schaufenster	**8**	**6%**
Verkaufsfläche	**5**	**8%**
Ladenöffnungsdauer	**3**	**8%**
Wettbewerbsumfeld	**7**	**8%**
Summe		*44%*
Durchschnittsgewicht	*6,3%*	
Aktorenbedingt		
Fachliche Kompetenz	**9**	**6%**
Verkaufskompetenz	**12**	**6%**
Freundlichkeit	**13**	**4%**
Servicegedanke	**16**	**1%**
Betriebsklima	**2**	**8%**
Summe		*26%*
Durchschnittsgewicht	*5,2%*	
Systembedingt		
Bezahlung / Verdienstmöglichkeit	**6**	**8%**
Arbeitszufriedenheit	**4**	**8%**
Führung	**1**	**9%**
POS-Pflege	**11**	**6%**
Zusätzliches Angebot	**17**	**0%**
Summe		*30%*
Durchschnittsgewicht	*6,0%*	

Tabelle 18: Gewichtete normierte Ist-Attributs-Werte der Franchisenehmer (18 Fälle)

Bei den Franchisenehmern fällt auf, dass die systembedingten Attribute mit einem durchschnittlichen Gewicht von 6,6% dominant sind.

Die Verdienstmöglichkeit als beherrschendes Attribut besitzt mit 12% ein sehr hohes Gewicht. Erklärt wird dieser hohe Wert mit den sehr hohen Provisionssummen, die im Durchschnitt einen sechsstelligen Eurobetrag darstellen.[245]

Die Arbeitszufriedenheit und Führung haben mit 8% ebenfalls einen überdurchschnittlichen Wert. Der Zufriedenheitsaspekt auf fünftem Rang kann zum einen damit erklärt

---

[245] Ein Filialleiter verdient jährlich durchschnittlich ca. 34.000 Euro.

werden, dass sich die Experten mit der Entscheidung zum Franchise-Konzept[246] vom Angestelltendasein hin zur Selbstständigkeit entwickelt haben und diesen Schritt sehr positiv sehen. Zum anderen muss in die Betrachtung auch die mit nicht einmal zwei Jahren relativ kurze Zugehörigkeit der Partner eingeschlossen werden, die eine mögliche Anfangseuphorie beinhalten kann.[247] Das gute Abschneiden des Führungsattributs ist sicherlich in Verbindung zu bringen mit einem durchschnittlichen Alter von 38 Jahren und einer beruflichen Erfahrung im Telekommunikationsumfeld von 10 Jahren. Es kann auch die Vermutung aufgestellt werden, dass die nun Selbstständigen gut nachvollziehen können, wie die Mitarbeiter zu motivieren und zu steuern sind. Da jeder von ihnen bis vor kurzem selbst in der Rolle gewesen ist.

Augenscheinlich ist, dass dieser Kanal gerade in Bezug auf zusätzliches Angebot mit 0% sehr schwach auftritt. In Verbindung mit der oben beschriebenen Arbeitszufriedenheit des Franchisenehmers ist auch eine offensichtliche Zufriedenheit mit dem von Franchisegeber gestellten Produktportfolio ersichtlich, das der Franchisenehmer als nicht erweiterungsbedürftig ansieht.

Ein ähnliches Verhältnis zwischen Einstellung und tatsächlicher Umsetzung lässt sich bei der POS-Pflege feststellen. Die Franchisenehmer sehen in der optischen Darstellung ihres Ladenlokals keinen starken Treiber für ihren Absatz und achten dementsprechend auch nicht in besonders hohem Maße auf deren Umsetzung. Mit 5% rangiert dieses Attribut auf den hinteren Rängen.

Die shopbedingten Attribute weisen mit einem Durchschnittswert von 5,8% einen mittleren Wert auf.[248]

---

[246] Wie in Abschnitt 2.1 beschrieben, werden aufgrund der hohen Ansprüche des Franchisegebers in Bezug auf Loyalität und Exklusivität die meisten Franchisenehmer aus den Reihen der Angestellten rekrutiert. Ein bereits erfolgreicher Selbstständiger im Bereich Telekommunikation müsste auf seine bisherige Tätigkeit verzichten.

[247] Vgl. hierzu den Abschnitt 4.3.3.3 erklärten Honeymoon-Hangover-Effekt: Vgl.: Boswell, W. R. / Boudreau, J. W. / Tichy, J. (2005)

[248] Als Grundlage für diese Überlegung gilt die Berechnung: 100% dividiert durch 17 Attribute ergibt einen theoretischen Durchschnittswert von 5,9%.

Die langen Ladenöffnungsdauer (Rang 4) ergeben sich zwangsläufig aus der überdurchschnittlich hohen Quote von Lagen in Einkaufscentern. Bei den Franchisenehmern beträgt der Anteil 33%, bei den Filialen hingegen nur knapp ein Zehntel. In den meisten Einkaufszentren sind die Öffnungszeiten von Montag bis Samstag von jeweils 9.30 Uhr bis 20 Uhr bindend und somit länger als in den meisten Innenstädten.

Die Größe der Verkaufsfläche und der Schaufenster weisen mittlere Gewichte auf. Dies kann daran liegen, dass die Outlets nicht nur in absolute 1a-Lagen gelegt wurden, sondern auch in 1ab-Lagen[249], in denen größere Flächen die Attraktivitätseinbußen kompensieren helfen sollen. Ergänzend sei wiederholt, dass freilich beide Kanäle als Werbefläche dienen und daher das Management bei der Standortakquise auf ansprechende und werbewirksame Lagen, Flächen und Außenkommunikations-möglichkeit achten.

Die aktorenbedingten Attribute sind mit einem Durchschnittsgewicht von 5,3% schwach repräsentiert.

Auffallend niedrig ist der Servicegedanke mit 0%. Es lässt sich wiederum eine Parallele zu dem Interview-Ergebnis ziehen, dass entgegen der Ergebnisse bei Management und Filialleitern in diesem Kanal auch einen sehr geringen Wert aufweist.

Die Franchisenehmer sehen in dem Servicegedanken keinen Treiber für ihren Absatz und setzen ihn somit im Tagesgeschäft nicht ein.

Ein sehr hoher Wert zeigt sich mit 9% im Betriebsklima. Die Atmosphäre unter den Beratern ist stark ausgeprägt.

---

[249] Frequenz mit einem Wert von 5,6% eher unterdurchschnittlich und Stadtgröße und Kaufkraft mit jeweils 4%

Die Vermutung liegt nahe, dass die Zufriedenheit des Betreibers auf die Mitarbeiter abfärbt und ihm die gute Verdienstmöglichkeit auch die Möglichkeit gibt teambildende Maßnahmen, wie gemeinsame Abendessen o.ä., anbieten zu können.

Die vertriebliche Kompetenz und die Freundlichkeit weisen mit 6% und 5% allenfalls durchschnittliche Ergebnisse auf. Gerade vor dem Hintergrund der Einstellung der Franchisenehmer, die in den beiden Attributen einen sehr starken Absatztreiber sehen, wäre eine starke Fokussierung auf diese Themen zu erwarten gewesen. Beide Attribute sind steuer- und trainierbar. Drei mögliche Erklärungsansätze hierzu:

- Der Franchisenehmer kann die geringe Qualität seiner Mitarbeiter auf diesen Gebieten nicht erkennen. Da ihm ebenfalls die Ergebnisse des „Mystery Shopping" vorliegen, wäre dies als fahrlässig anzusehen.

- Der Franchisenehmer erkennt die schlechten Ergebnisse, hat jedoch nicht die nötigen Instrumente an der Hand, um die Lage zu verbessern. Hierbei muss eine Kommunikationsbarriere zwischen Franchisenehmer und Franchisegeber unterstellt werden, da ihn dieser mit Trainings, Schulungen und Informationsveranstaltungen hilfreich unterstützen könnte.

- Der Franchisenehmer hat nicht die Kraft, sich gegen seine Mitarbeiter durchzusetzen und seine Vorstellungen des Verhaltens gegenüber den Kunden umzusetzen. In diesem Fall sind beide Parteien (Franchisenehmer und dessen Mitarbeiter) nicht als verantwortungsvolle und zielorientierte Akteure zu sehen.

5.3.3.2 Ist-Attributs-Werte der Filialleiter

Bei den Filialen fällt sehr deutlich die starke Dominanz der shopbedingten Attribute mit einem Durchschnittswert von 6,6% auf.

144

Attribut	Fil IST Attribut	
	Ranking	Gewicht
Shopbedingt		*100%*
Stadtgröße	**15**	**4%**
Kaufkraft	**14**	**6%**
Frequenz	**10**	**7%**
Schaufenster	**12**	**6%**
Verkaufsfläche	**3**	**7%**
Ladenöffnungsdauer	**2**	**8%**
Wettbewerbsumfeld	**11**	**7%**
Summe		*44%*
Durchschnittsgewicht	*6,3%*	
Aktorenbedingt		
Fachliche Kompetenz	**8**	**7%**
Verkaufskompetenz	**1**	**8%**
Freundlichkeit	**5**	**7%**
Servicegedanke	**16**	**0%**
Betriebsklima	**7**	**7%**
Summe		*29%*
Durchschnittsgewicht	*5,8%*	
Systembedingt		
Bezahlung / Verdienstmöglichkeit	**13**	**6%**
Arbeitszufriedenheit	**4**	**7%**
Führung	**6**	**7%**
POS-Pflege	**9**	**7%**
Zusätzliches Angebot	**17**	**0%**
Summe		*27%*
Durchschnittsgewicht	*5,4%*	

Tabelle 19: Gewichtete normierte Ist-Attributs-Werte der Filialleiter (15 Fälle)

Die Verkaufsfläche, das Wettbewerbsumfeld, die Dauer der Ladenöffnungszeiten (alle 8%), die Frequenz und die Schaufensterfläche (beide 7%) spiegeln die Standortpolitik des Shop-Kanals wider. Die eigenen Shops werden in den hochfrequenten Top-Lagen der jeweiligen Innenstädte gelegt.

Es wird daneben stark auf die Attraktivität der Ladenlokale geachtet, die sich in den beiden Größenattributen wieder finden. Die Stadtgröße mit 5% fällt aufgrund der großen Anzahl der Outlets leicht ab. Nachdem die Städten mit mehr als einer halben Million Einwohnern geöffnet waren, besteht das Ziel aus den Städten größer als einhunderttausend Einwohnern. Ebenso verhält es sich mit der Kaufkraft. Die Filialen sind im kompletten Bundesgebiet vertreten und beschränken sich nicht auf die Städte mit höherer Kaufkraft.

Die aktorenbedingten Attribute sind mit 5,5% Durchschnittswert leicht unterdurchschnittlich.

Ständige Trainings, Motivationsveranstaltungen aber auch das Nachhalten über die oben erklärten „Mystery Shoppings" spiegeln sich in vertrieblicher Kompetenz (8% und Rang 3) wider. Hier ist eine hohe Übereinstimmung mit den Interviewwerten zu sehen. Die Filialleiter halten dieses Attribut mit 11% für sehr relevant. Die Vertreter des Managements sehen in ihm den absoluten Schlüssel zum Erfolg mit 16%!

Dagegen fallen die Werte der fachlichen Kompetenz Freundlichkeit dem Kunden gegenüber (beide 6%) ab. Da Freundlichkeit von beiden Gruppen als sehr wichtig angesehen wird, ist zu erwarten, dass auf diesen Punkt in den nächsten Trainings stärker Augenmerk gelegt wird.

Das Betriebsklima rangiert mit 7% auf neuntem Platz. Aufgrund des hohen Aufwandes, den der Prinzipal betreibt mit monatlichen Shop-Leiter-Treffen, jährlichen Kick-Off-Meetings, unregelmäßigen Motivations-Abenden aber auch der beobachtbaren starken Identifikation der Mitarbeiter mit ihrem Arbeitgeber, ist dieser überdurchschnittliche Wert nicht verwunderlich.

Einzig der Servicegedanke fällt in dieser Kategorie auf Rang 16. Es ist fest zu stellen, dass die Filialleiter den Service Gedanken mit 1% fast genauso schwach leben wie die Franchisenehmer. Erstaunlich ist hierbei jedoch, dass die Filialleiter diesem Attribut einen sehr wichtigen Hebel in Bezug auf Absatzstimulation beimessen. Weiter unten sollte die Frage aufgegriffen werden, warum ein Attribut, das als zweitwichtigster Treiber für den Abverkauf gesehen wird, in der Realität so schwach gelebt wird.

Die systembedingten Attribute fallen im Filial-Bereich mit einem Durchschnittswert von 5,2% insgesamt schwach aus.

Auffallend hierbei ist, dass die Arbeitszufriedenheit mit 8% den zweiten Rang einnimmt. Eine Parallele ist zum Betriebsklima fest zu stellen. Schließlich ist der Filialleiter - neben Führungskraft - selbst Mitarbeiter und wird auch von den zentral organisierten Veranstaltungen angesprochen und motiviert.

Die Führung und POS-Pflege nehmen mit je 8% mittlere Plätze ein. Diese durchschnittliche Gewichtung der Attribute ist auch in der Einstellung der Filialleiter zu erkennen.

Die Verdienstmöglichkeit fällt erwartungsgemäß mit 4% sehr gering aus. Wie bereits festgestellt,[250] hat der Filialleiter in diesem Punkt klar das Nachsehen gegenüber dem Franchisenehmer. Dies wirkt sich konsequent auf die Attribute aus, selbst wenn man sich auf den Filial-Bereich fokussiert.

Ebenso nachvollziehbar ist das Ergebnis bzgl. des zusätzlichen Angebotes. Die Filialleiter nehmen keinerlei Anstrengungen vor, um das Produktportfolio zu erweitern: Zum einen aufgrund der fehlenden Legitimation, zum anderen aber begründet in der schwachen Bewertung in Bezug auf Absatz. Der Filialleiter sieht keinen Vorteil in einer Aufstockung und Diversifizierung des Angebotes.

5.3.3.3 Ist-Attributs-Werte Gesamt

Aufgrund der Überlagerung der Werte der beiden Kanäle ist erkennbar, dass sich die Werte stark verdichtet haben. So weist das Attribut auf dem ersten Rang 7,9% auf, und der zwölfte Rang wird mit 6,2% erreicht. Daher ist es bei dieser Betrachtung angebracht, auch eine Nachkommastelle einfließen zu lassen.

---

[250] Vgl: Abschnitt 5.3.3.1

Attribut		Gesamt Ist Attribut	
		Ranking	Gewicht
Shopbedingt			100%
	Stadtgröße	14	4,3%
	Kaufkraft	15	4,2%
	Frequenz	10	6,5%
	Schaufenster	11	6,4%
	Verkaufsfläche	5	7,6%
	Ladenöffnungsdauer	1	7,9%
	Wettbewerbsumfeld	6	7,1%
	Summe		*44%*
	Durchschnittsgewicht	*6,3%*	
Aktorenbedingt			
	Fachliche Kompetenz	8	6,6%
	Verkaufskompetenz	9	6,6%
	Freundlichkeit	13	5,7%
	Servicegedanke	16	0,6%
	Betriebsklima	3	7,8%
	Summe		*27%*
	Durchschnittsgewicht	*5,5%*	
Systembedingt			
	Bezahlung /		
	Verdienstmöglichkeit	7	6,7%
	Arbeitszufriedenheit	4	7,8%
	Führung	2	7,9%
	POS-Pflege	12	6,2%
	Zusätzliches Angebot	17	0,0%
	Summe		*29%*
	Durchschnittsgewicht	*5,7%*	

Tabelle 20: Gewichtete normierte Ist-Attributs-Werte Gesamt (33 Fälle)

In der Gesamtsicht überwiegen die shopbedingten Attribute mit einem Durchschnittsgewicht von 6,3%.

Die Ladenöffnungsdauer (7,9%), Verkaufsfläche (7,6%) und das Wettbewerbsumfeld (7,0%) stellen in dieser Gruppe aufgrund der relativ hohen Gewichte in beiden Kanälen die stärksten Attribute dar.

Die Stadtgröße (4,3%) und Kaufkraft (4,2%) bilden erwartungsgemäß die Schlusslichter.

Die systembedingten Attribute weisen mit 5,7% Durchschnittswert einen nahezu mittleren Wert auf.

Die Führung (7,9%) und die Arbeitszufriedenheit (7,8%) weisen aufgrund der starken Gewichtung in beiden Kanälen hohe Werte auf.

Die Verdienstmöglichkeit (6,7%) und die POS-Pflege (6,2%) sind jeweils ein Ergebnis aus dem arithmetischen Mittel aus einem schwachen und einem stärkeren Wert. Die Verdienstmöglichkeit kommt auf den siebten Rang aufgrund der extremen Stärke dieses Attributes bei den Franchisenehmern. Die schwachen Werte der POS-Pflege in diesem Kanal werden von den erhöhten Werten bei den Filialleitern kompensiert.

Als absolutes Schlusslicht wird das zusätzliche Angebot mit 0% bewertet, das von keinem der beiden Kanäle höher nachgewiesen wurde.

5.3.4 Darstellung der aggregierten gewichteten Ist-Attributswerte pro Outlet

Im Mittelpunkt der Untersuchung stehen neben den individuellen Outlet-Ergebnissen und den durchschnittlichen Attributs-Ist-Werten über alle Outlets vor allem die Gesamtgewichtungen der Attribute auf jeden Standort. Somit werden die Attributs-Ergebnisse pro Standort auf jeweils einen Wert aggregiert. Pro Standort werden die Multiplikationen der oben beschriebenen Ist-Ergebnisse der Attribute pro Standort mit den jeweiligen Durchschnitts-Gesamt-Ergebnissen des jeweiligen Attributs aus dem Interview addiert.

Veranschaulicht sei dies an dem verkürzten Beispiel Augsburg:

$$\text{Gewicht} = \underbrace{0{,}010 * 4{,}3\%}_{\text{Stadtgröße}} + \underbrace{0{,}011 * 4{,}2\%}_{\text{Kaufkraft}} + \underbrace{0{,}019 * 6{,}5\,\%}_{\text{Frequenz}} + ... + \underbrace{0{,}000 * 0{,}0\%}_{\text{zus. Angebot}} = 0{,}026$$

Entgegen der beiden zuvor angestellten Auswertungsmethoden der Attribute wird in diesem Fall zum ersten Mal eine direkte Verbindung zwischen den Interview-Werten und den Ist-Werten in der Berechnung hergestellt.

Das Ziel dieser Herangehensweise ist es, ein realgetreues Bild der Outlets wieder zu geben, in dem die Attribute nicht unpriorisiert gleichwichtig nebeneinander stehen, sondern nach ihrer relativen Wichtigkeit[251] Einfluss finden.

Dieses Vorgehen der Berechnung kann nur unter der Voraussetzung gewählt werden, dass die Expertenmeinungen als objektiv und realistisch angenommen werden können. Bei einer subjektiven, unter dem Einfluss der eigenen Ist-Situation oder nur leichtfertig geäußerten nicht ernst gemeinten abgegebenen Meinung würde das Ist-Ranking verfälscht.

Dieses Problemfeld wurde in drei Bereichen überprüft:

1. Konsistenzmessung der jeweiligen Antwortgruppen auf den jeweiligen Ebenen.

   Pro Interview wurden somit, wie beschrieben, vier Konsistenzberechnungen vorgenommen: Innerhalb der shop-, der aktoren- und der systembedingten Attribute und auf der Ebene1 bei der Gewichtung dieser drei Attributsgruppen. Bei der vorliegenden Befragung wurde die von Saaty[252] gesetzte Maximalgrenze von 10% in keinem Falle überschritten.

   Gerade bei einer so großen Anzahl von zu bewertenden Attributen, die nach dem Miller'schen Gesetz[253] eine sehr hohe Herausforderung an die Kapazität des menschlichen Gehirns stellt, ist dies bemerkenswert. Hieraus kann abgeleitet werden, dass die Interviewpartner ein durchgängiges Bild ihrer Präferenzen haben. Allein diese Aussage schließt jedoch noch nicht aus, dass sie diese subjektiv vor dem Hintergrund ihrer eigenen aktuellen Situation bewerten.

2. Augenscheinliche Untersuchung:

   In Abschnitt 5.2.ff wurden die Interviewergebnisse der einzelnen Gruppen als auch der Gesamtheit untersucht und bewertet. In diesem Zusammenhang wurden bereits logische Zusammenhänge zwischen den Experten-Bewertungen auf der einen Seite und den Ist-Situationen, der erwarteten Ergebnisse und der

---

[251] Auf Grundlage der Expertenaussagen
[252] Saaty, T.L., S.85, (1994)
[253] Miller, G., S.81ff, (1956)

Max- und Min-Werte auf der anderen Seite aufgezeigt. Diese Analyse zeigte stark logische und nachvollziehbare Ergebnisse auf.

3. Korrelationsanalyse der Interview- und Ist-Werte der Attribute:

In Abschnitt 5.2.5. wurde eine mögliche Korrelation der Antworten der Experten bei den Ist- und Interview-Werten überprüft. Das hierbei erreichte negative Testergebnis zeigt eine Unabhängigkeit zwischen diesen Werten. Hieraus kann abgeleitet werden, dass die Experten nicht unter dem Einfluss ihrer aktuellen Situation die Attribute im Hinblick auf deren Einfluss auf den Absatz bewertet haben. Aus diesem Ausschluss alleine folgt jedoch nicht die Objektivität der Experten.

Diese drei Verfahren lassen die Vermutung zu, dass die Antworten der Experten dem Qualitätsanspruch genügen, um sie als Gewichtung für die Ist-Ergebnisse anwenden zu können.

Das somit errechnete Ist-Attributsgewicht kann als relative Stärke des spezifischen Outlets im Hinblick auf dessen shopbedingte, aktorenbedingte und systembedingte Qualität verstanden werden. Im weiteren Verlauf wird dies die Grundlage für das Ranking der Outlets sein.

Typ	Shop	Ergebnis
Fil	Augsburg	0,026
FN	Bayreuth	0,033
FN	Berlin / Gropius	0,041
Fil	Berlin1 / Tauentz	0,037
Fil	Berlin2 / Schloss	0,038
FN	Bielefeld	0,039
Fil	Bochum2 / Ruhrpark	0,024
Fil	Braunschweig	0,026
FN	Düsseldorf / Friedrich	0,020
Fil	Düsseldorf1 / Schadow	0,026
Fil	Essen1 / Kettwiger	0,036
FN	Frankfurt / Bergerstr	0,031
Fil	Wiesbaden	0,028
Fil	Halle	0,025
FN	Hamburg / ElbeEZ	0,032
FN	Hamburg / Sachsentor	0,028
FN	Köln / Venloer	0,033
FN	Köln / WDR	0,031
Fil	Köln4 / Schilder	0,026
FN	Leipzig / Nikolai	0,020
Fil	Mönchengladbach	0,030
FN	Mühlheim / Schloss	0,021
FN	Mülheim / RRZ	0,022
Fil	München5 / Herzogsp	0,033
Fil	Kassel	0,030
FN	Neu Isenburg	0,013
FN	Offenbach	0,027
Fil	Osnabrück	0,023
Fil	Paderborn	0,025
FN	Passau	0,020
FN	Siegburg	0,016
FN	Sulzbach / MTZ	0,029
FN	Witten	0,038

Tabelle 21: Aggregierte Attributsgewichte pro Outlet

Im Folgenden wird zur Vereinfachung der Wert Gewicht_Ist_1000 gebildet. Dieser ergibt sich aus einer Multiplikation der jeweiligen aggregierten Attributsgewichte mit 1.000.

Als Beispiel sei hier wieder Augsburg genommen:

Gewicht_Ist_1000 = 0,026 * 1.000 = 260

5.3.5 Berechnung der realen Absatz-Ist-Werte

Nachdem nun die Interviewwerte diskutiert[254] und die Messung und Beobachtung der realen Ist-Attributswerte in verschiedenen Formen dargestellt[255] wurden, gilt es im Folgenden die realen Absatz-Ist-Werte (AIW) der Outlets zu untersuchen.

Der relevante Absatz ist, wie bereits oben erwähnt in drei Produkt-Dimensionen im Mobilfunkmarkt möglich: Postpaid, Prepaid und Retention.[256]

Um nun bei den drei Produkten auf einen normierten Absatz-Wert zu kommen, werden sie nach ihrer Profitabilität und somit nach ihrem „Net Present Value" geschlüsselt. So ist beispielsweise ein Postpaid-Kunde sechsmal profitabler als ein Prepaid-Kunde und dreimal so wertvoll wie ein Retention-Kunde.[257] Somit ergibt sich eine Gewichtung von

Postpaid	**/**	**Prepaid**	**/**	**Retention**
6	**/**	**1**	**/**	**2**

Das bedeutet, dass ein Outlet mit einem Absatz von 600 Postpaid, 1000 Prepaid und 800 Retention folgenden realen Absatz-Ist-Wert (AIW) erreicht hat:

6 * 600 + 1 * 1000 + 2 * 800 = 6.200 Einheiten

---

[254] Vgl.: Abschnitt 5.2
[255] Vgl.: Abschnitt 5.3
[256] Weitere Einnahmequellen werden nicht betrachtet. Bspw. wird der Zubehör-Verkauf hierbei außer Acht gelassen, zum einen aus Vereinfachungsgründen, zum anderen aufgrund der unterschiedlichen Werthaltigkeit für den Prinzipal. Der Zubehörumsatz drückt sich, wenn auf Filialseite erbracht, positiv auf die Marge aus. Wenn der Franchisenehmer Zubehör vermarktet, ist dies rein für ihn selbst erfolgsrelevant. Der Franchisegeber hat hierbei keinen finanziellen Vorteil.
[257] Die genaue Berechnung wird aus Vertraulichkeitsgründen hier nicht offen gelegt.

Dieses Ergebnis dient nun als relativierter Wert der realen AIW, der als Ausdruck der absoluten Performance steht. In einem weiteren Schritt werden diese Ergebnisse der Outlets analog der Attribute in Abschnitt 5.3.2 normiert. D.h. das Ergebnis des jeweiligen Outlets wird durch die Summe der Ergebnisse aller Outlets dividiert.

Die Berechnung wird im Folgenden exemplarisch an dem Beispiel Berlin1 / Tauentzien gezeigt:

Absatz im Geschäftsjahr 2004/2005:

Postpaid: **2.735**

Prepaid: **1.504**

Retention **2.833**

Realer AIW: 2.735 * 6 + 1.504 * 1 + 2.833 * 2 = 23.580

Normierter AIW: 23.580 / 432.497= 0,055

Folgendes Ergebnis lässt sich mit dieser Vorgehensweise festhalten:

Typ	Shop	Absatz im GJ 2004/2005 normiert
Fil	Augsburg	0,037
FN	Bayreuth	0,028
FN	Berlin / Gropius	0,039
Fil	Berlin1 / Tauentz	0,055
Fil	Berlin2 / Schloss	0,053
FN	Bielefeld	0,047
Fil	Bochum2 / Ruhrpark	0,023
Fil	Braunschweig	0,035
FN	Düsseldorf / Friedrich	0,014
Fil	Düsseldorf1 / Schadow	0,036
Fil	Essen1 / Kettwiger	0,036
FN	Frankfurt / Bergerstr	0,028
Fil	Wiesbaden	0,036
Fil	Halle	0,036
FN	Hamburg / ElbeEZ	0,028
FN	Hamburg / Sachsentor	0,026
FN	Köln / Venloer	0,030
FN	Köln / WDR	0,029
Fil	Köln4 / Schilder	0,037
FN	Leipzig / Nikolai	0,020
Fil	Mönchengladbach	0,037
FN	Mühlheim / Schloss	0,010
FN	Mülheim / RRZ	0,017
Fil	München5 / Herzogsp	0,029
Fil	Kassel (Münster)	0,036
FN	Neu Isenburg	0,015
FN	Offenbach	0,025
Fil	Osnabrück	0,030
Fil	Paderborn	0,032
FN	Passau	0,017
FN	Siegburg	0,014
FN	Sulzbach / MTZ	0,025
FN	Witten	0,040

Tabelle 22: Reale normierte Absatz-Ist-Werte der befragten Outlets

Eine andere Form der Darstellung ermöglicht einen qualitativen Einblick in die beiden Absatzkanäle.

Deskriptive Statistik

Typ		N	Minimum	Maximum	Mittelwert	Standardab weichung
Fil	Absatz_normiert	15	,023	,055	,03653	,007962
	Gültige Werte (Listenweise)	15				
FN	Absatz_normiert	18	,010	,047	,02511	,010028
	Gültige Werte (Listenweise)	18				

Tabelle 23: Deskriptive Statistik: Absatz_normiert

Es lässt sich anschaulich erkennen, dass der Franchise-Kanal beim Absatz im Minimum, im Maximum und auch im Mittelwert die niedrigeren Werte aufweist. Im Mittelwert weist der Filial-Kanal mit 0,03653 nahezu um die Hälfte mehr aus als der Franchise-Kanal (0,02511) und im Minimum gar einen doppelt so hohen Wert.

5.3.6 Datenanalyse mittels multivariater Verfahren

Um eine theoretisch-wissenschaftlich fundierte Herangehensweise an die Datenanalyse sicher zu stellen, werden im Folgenden drei Begriffe der multivariaten Analyse diskutiert:

- Korrelationsanalyse
- Regressionsanalyse
- Multiple Regressionsanalyse

Bei allen oben aufgeführten Methoden handelt es sich um strukturprüfende Verfahren. Ihnen stehen strukturentdeckende Operationen entgegen.[258]

---

[258] Vgl.. Backhaus, K. / Erichson, B. / Plinke, W. / Schuchard-Fischer, C. / Weiber, R., (1989)

Strukturprüfende Verfahren überprüfen Zusammenhänge zwischen den Variablen, wobei der Anwender hierbei bereits über sachlogische Überlegungen hergeleitete Vorstellungen hat, wie diese aussehen könnten. Abhängige und unabhängige Variablen können vorab eingeteilt werden.

Bei den strukturentdeckenden Verfahren hingegen werden die Zusammenhänge zwischen Variablen und Objekten erst entdeckt: Der Anwender hat ex ante keine Vorstellungen hierüber.

In dieser Arbeit wird der Fokus auf die strukturprüfenden Verfahren gelegt. Es wird der Zusammenhang zwischen abhängigen Variablen und unabhängigen metrisch gemessenen Variablen untersucht. Als abhängige Variable wird der Forschungsfrage folgend vor allem der reale Absatz der betrachteten Outlets im Geschäftsjahr 2004/2005 betrachtet. Als unabhängige Variable können alle Attribute betrachtet werden.

5.3.6.1 *Korrelationsanalyse*

In einem ersten Schritt wird über die Korrelationsanalyse nach (Bravais-) Pearson die Korrelation der beiden Variablen und die zweiseitige Signifikanz gemessen. Es soll die Stärke des statistischen Zusammenhangs zwischen den beiden Merkmalen quantifiziert werden. Die sich hierbei ergebenden Werte zeigen, dass mit 77% eine hohe Korrelation zwischen der abhängigen Variable (Regressand) Absatz und der unabhängigen Variable (Regressor) der gewichteten Ist-Attribute besteht.

Die Signifikanz ist mit 0,00 sehr hoch.

Mögliche Störkomponenten in Form von latenten Variablen werden hier zwar aufgezeigt, jedoch nicht weiter untersucht. Wie eingangs beschrieben, ist dem Autor bewusst, dass die Ableitung der Attribute allenfalls einen Ausschnitt der Realität darstellt, diese aber nicht in vollem Umfang widerspiegeln kann. Es ist also zu erwarten, dass es einen nicht erklärbaren Einfluss geben wird, der in Ursachen zu suchen ist, die in diesem Projekt vernachlässigt wurden.

		Korrelationen	Gewicht_Ist_1000	Absatz
Gewicht_Ist_1000	Korrelation nach Pearson		1	,774**
	Signifikanz (2-seitig)			,000
	N		33	33
Absatz	Korrelation nach Pearson		,774**	1
	Signifikanz (2-seitig)		,000	
	N		33	33

**. Die Korrelation ist auf dem Niveau von 0,01 (2-seitig) signifikant.

Tabelle 24: Korrelationsanalyse Gewicht_Ist_1000 und Absatz

5.3.6.2 Regressionsanalyse

Daneben wird mit der Regressionsanalyse die unterstellte Beziehung der beiden Variablen zueinander überprüft und quantitativ abgeschätzt. Sie liefert weitergehende Daten und unterstellt eine eindeutige Richtung des Zusammenhangs unter den Variablen. Mit der Regressionsanalyse sollen Ursache-Wirkungs-Weisen aufgezeigt werden, die zwischen den beiden Variablen bestehen. Die Annahme hierbei ist, dass die auf Basis der aggregierten Expertenaussagen berechneten Ist-Attribute einen direkten Einfluss auf den Absatz haben. Dies gilt es zu bestätigen und die Wechselwirkungen aufzuzeigen.

Hierbei muss der Zusammenhang zwischen Regressand und Regressor innerhalb der Stichprobe nachgewiesen werden und darüber hinaus aufgezeigt werden, dass dies für die gesamte Grundgesamtheit gilt.

Erst dann kann die Aussage über die Priorisierung eines gesamten Absatzkanals oder bestimmter Eigenschaften gegenüber dem anderen getroffen werden.

Die Berechnung der Regression ergibt folgendes Bild:

158

Modellzusammenfassung				
Modell	R	R-Quadrat	Korrigiertes R-Quadrat	Standardf ehler des Schätzers
1	,774ᵃ	,598	,585	2979,241

a. Einflußvariablen : (Konstante), Gewicht_Ist_1000

Tabelle 25: Regressionsanalyse Modellzusammenfassung (Absatz und Geicht_Ist_1000)

Das Bestimmtheitsmaß (korrigiertes R-Quadrat) drückt den Anteil der erklärten Abweichungen an den gesamten Abweichungen der Beobachtungswerte gegenüber dem Mittelwert der Stichprobe aus. Mit einem Bestimmtheitsmaß[259] von 0,598 wird die Abhängigkeit bestätigt. Dies bedeutet, dass mit dem einfachen linearen Regressionsmodell etwa 60% der gesamten Streuung auf die erklärende Variable Gewicht_Ist(-Attribute) und zu 40% auf in der Regressionsgleichung nicht erfassten Einflussfaktoren zurück zu führen sind. Dieser Wert ist akzeptabel.[260]

Eine der Prämissen der linearen Regressionsmodells, nämlich die Unabhängigkeit der Regressoren, kann hierbei außer Acht gelassen werden, da lediglich eine unabhängige und eine abhängige Variable zueinander in der Verbindung gestellt wird.

Eine erklärende Regressionsgleichung lautet:

y= a + b * x

Dabei ist y der Absatz als zu erklärende Variable und x als erklärende Variable, also der realen Ist-Attribute.

---

[259] Das Bestimmtheitsmaß sagt aus wie hoch Anteil der erklärbaren Abweichungen an der Gesamtabweichungen (Gesamtabweichung = Erklärte Abweichung + Residuen) ist.

[260] Vgl.: Backhaus, K. / Erichson, B. / Plinke, W. / Schuchard-Fischer, C. / Weiber, R., S. 45, (1989)

Koeffizienten[a]					
	Nicht standardisierte Koeffizienten		Standardisierte Koeffizienten		
Modell	B	Standardf ehler	Beta	T	Signifikanz
1 (Konstante)	-1828,602	2257,744		-,810	,424
Gewicht_Ist_1000	5308,795	781,102	,774	6,797	,000

a. Abhängige Variable: Absatz

Tabelle 26: Regressionsanalyse Koeffizienten (Absatz und Geicht_Ist_1000)

Nach der Berechnung folgt hieraus:

y = - 1.828,602 + 5308,795 * Gewicht_Ist_1000

5.3.6.3 Multiple Regression

Eine weitere Betrachtungsweise ist die multiple Regression, die schrittweise die Variablen ausschließt und aufnimmt, die innerhalb der F-Wahrscheinlichkeit von 5% und 10% liegen.

Mithilfe dieses Vorgehens wird die abhängige Variable nicht durch die „künstlich" errechnete unabhängige Variable gewichtete Attributs-Ist-Werte erklärt, sondern durch die originären Variablen.

Beim schrittweise durchgeführten Ausschluss werden die einzelnen 17 Attribute auf ihre Erklärungsfähigkeit in Bezug auf die Variabel Absatz getestet und aufgenommen oder abgelehnt.

Modellzusammenfassung[d]				
Modell	R	R-Quadrat	Korrigiertes R-Quadrat	Standardf ehler des Schätzers
1	,669[a]	,448	,430	3494,365
2	,780[b]	,608	,582	2990,672
3	,829[c]	,688	,655	2717,120

a. Einflußvariablen : (Konstante), Serviceged

b. Einflußvariablen : (Konstante), Serviceged, Frequenz

c. Einflußvariablen : (Konstante), Serviceged, Frequenz, Verk_Komp

d. Abhängige Variable: Absatz

Tabelle 27: Multiple Regression Modelzusammenfassung

Eine erklärende multiple Regressionsgleichung lautet demnach:

$$y = a + b * x_1 + c * x_2 + d * x_3$$

Hierbei zeigt sich, dass die drei Variablen Servicegrad, Frequenz und Verkaufskompetenz zu knapp 69% die abhängige Variable Absatz erklären. Gleichzeitig besetzen diese drei Variablen in dem von den Expertenmeinungen gewichteten Ranking die Plätze 3, 5 und 1.

Koeffizienten[a]								
		Nicht standardisierte Koeffizienten		Standardisie rte Koeffizienten			Kollinearitätsstatistik	
Modell		B	Standardf ehler	Beta	T	Signifikanz	Toleranz	VIF
1	(Konstante)	9496,880	942,716		10,074	,000		
	Serviceged	181,830	36,285	,669	5,011	,000	1,000	1,000
2	(Konstante)	6325,811	1211,233		5,223	,000		
	Serviceged	193,194	31,223	,711	6,188	,000	,989	1,011
	Frequenz	,545	,155	,403	3,510	,001	,989	1,011
3	(Konstante)	1656,770	2044,281		,810	,424		
	Serviceged	149,105	32,701	,549	4,560	,000	,744	1,343
	Frequenz	,520	,141	,385	3,679	,001	,985	1,015
	Verk_Komp	87,775	32,388	,324	2,710	,011	,752	1,329

a. Abhängige Variable: Absatz

Tabelle 28: Multiple Regression Koeffizienten

Daraus ist einmal mehr abzuleiten, dass die Befragten ihrer Expertenrolle gerecht wurden.

Nach der Berechnung folgt hieraus:

$$y = 1656{,}770 + 149{,}105 * \text{Servicegrad} + 0{,}52 * \text{Frequenz} + 87{,}775 \text{ Verk\_Komp}$$

Hier muss jedoch die Abhängigkeit der Variablen zueinander geprüft werden. Eine gewisse Abhängigkeit ist in den meisten Fällen gegeben. Das Problem der Multikolinearität tritt dann auf, wenn diese ein bestimmtes Ausmaß erreicht. Je größer die Abhängigkeit der Variablen untereinander, desto unzuverlässiger wird die Schätzung.

5.4 Gegenüberstellung der Daten

Damit lässt sich nun das Ranking der beiden Betrachtungsweisen gegenüberstellen:
Wie verhält sich der reale Absatz-Ranking-Platz zum Ranking-Platz der bewerteten Ist-Attribute? Hierbei kann nun von der oben geforderten Nulllinie gesprochen werden, da nun alle Outlets nach ihren jeweiligen Umwelteinflüssen in Bezug auf Mitarbeiter, Shop und Betreiber bewertet sind.

Da, wie bereits oben erwähnt, sämtliche Attribute metrisch skaliert sind, können quantitative Merkmale erforscht werden. Der Vergleich der sich daraus ergebenden Rankings kann lediglich ordinaler Ausprägung sein und somit eine reine Rangordnungsbetrachtung darstellen.

Typ	Shop	Rang nach Ist-Attributen	Rang nach Performance
Fil	Augsburg	21	8
FN	Bayreuth	8	21
FN	Berlin / Gropius	1	5
Fil	Berlin1 / Tauentz	5	1
Fil	Berlin2 / Schloss	3	2
FN	Bielefeld	2	3
Fil	Bochum2 / Ruhrpark	25	26
Fil	Braunschweig	18	14
FN	Düsseldorf / Friedrich	30	31
Fil	Düsseldorf1 / Schadow	19	13
Fil	Essen1 / Kettwiger	6	9
FN	Frankfurt / Bergerstr	12	22
Fil	Wiesbaden	16	12
Fil	Halle	24	11
FN	Hamburg / ElbeEZ	10	20
FN	Hamburg / Sachsentor	17	23
FN	Köln / Venloer	9	17
FN	Köln / WDR	11	18
Fil	Köln4 / Schilder	22	6
FN	Leipzig / Nikolai	29	27
Fil	Mönchengladbach	14	7
FN	Mühlheim / Schloss	28	33
FN	Mülheim / RRZ	27	29
Fil	München5 / Herzogsp	7	19
Fil	Kassel (Münster)	13	10
FN	Neu Isenburg	33	30
FN	Offenbach	20	24
Fil	Osnabrück	26	16
Fil	Paderborn	23	15
FN	Passau	31	28
FN	Siegburg	32	32
FN	Sulzbach / MTZ	15	25
FN	Witten	4	4

Tabelle 29: Ranking Gegenüberstellung nach Performance und bewerteten Ist-Attributen

Aus der Tabelle ist noch keine umfassende Verhältnismäßigkeit zu erkennen. Diese Betrachtung kann verfeinert werden, indem man das Streudiagramm der beiden zugrunde liegenden Werte (Absatz und die gewichteten Ist-Attributswete) betrachtet. Zur besseren Visualisierung wurde die ungefähre Regressionsgerade der beiden Attribute eingefügt.

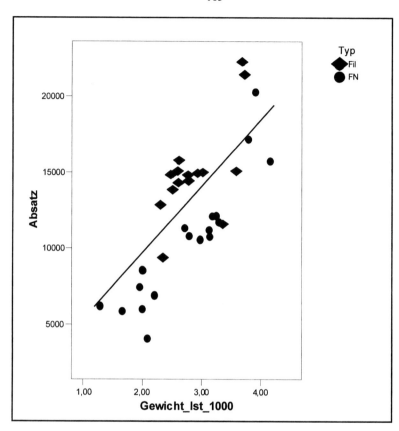

Abbildung 13: Streudiagramm Absatz und gewichtete Ist Attributswerte (Gewicht_Ist_1000)

Aus diesem Streudiagramm ist erkennbar, wie sich bei den beiden Alternativen das Verhältnis von Potentialfaktoren (gewichtete Ist-Attributs-Werte) und Erfolgsfaktoren (Absatz) auswirkt.

Zur Vereinfachung der Erklärung und der Positionsbestimmung wird das Schaubild in neun Felder zerlegt[261]. Die Bezeichnung der Felder beginnt mit dem Feld in der Mitte mit der „1", dann folgend oben im Uhrzeigersinn mit der „2" usw.

---

[261] Aus der allgemeinen Mathematik und Geografie bekannte Hilfestellung, um Positionen in Grafiken besser bestimmen zu können

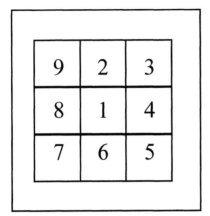

Tabelle 30: Beschriftung der Ergebnis-Darstellung

Zum einen kann deutlich gesehen werden, dass die Franchisenehmer (rund) verstärkt im Bereich 7 aber auch 1 positioniert sind. Dies schließt auf der einen Seite auf eine durchschnittliche bis unterdurchschnittliche Ausprägung der Ist-Attribute und somit der Potentialfaktoren. Wie sich diese im Einzelnen verhalten, wurde bereits eingehend diskutiert.[262] Auf der anderen Seite kann am Diagramm eine schwache Absatz-Leistung ausgemacht werden, die ebenfalls angedeutet wurde.[263]

Die Filialen hingegen sind ausschließlich im oberen Bereich von 1 und 3 wieder zu finden. Eine überdurchschnittliche Performance mit überdurchschnittlichen Ist-Attributen ist erkennbar.

Zu prüfen ist in diesem Zusammenhang die These, dass möglicherweise die Filialen im Gegensatz zu den Franchise-Outlets bessere Grundvoraussetzungen haben und somit größere Absatzleistungen erbringen.

An den drei Schaubildern, die jeweils die drei Attributsgruppen „shopbedingt", „aktorenbedingt" und „systembedingt" ins Verhältnis setzen, ist eine Tendenz zu erkennen:

---

[262] Vgl.: Abschnitt 5.3.3.1
[263] Vgl.: Abschnitt 5.3.5

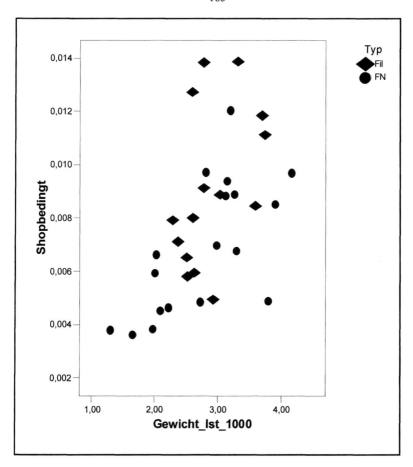

Abbildung 14:Streudiagramm shopbedingte Attribute und gewichtete Ist-Attributswerte (Gewicht_Ist_1000)

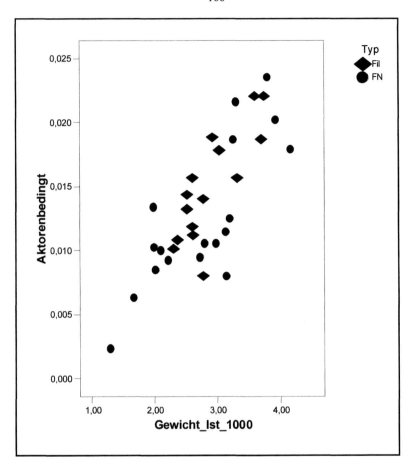

Abbildung 15: Streudiagramm aktorenbedingte Attribute und gewichtete Ist-Attributswerte (Ge-wicht_Ist_1000)

Bei den shop- als auch den aktorenbedingten Attributen sind die Filialen in den Bereichen 1 und 2 und 3 zu finden. Die Franchise-Outlets hingegen vermehrt in 7, 1 und 3.

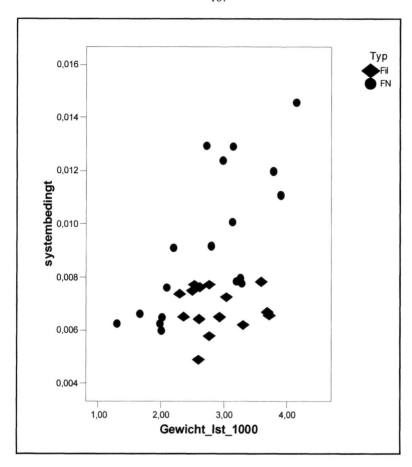

Abbildung 16: Streudiagramm systembedingte Attribute und gewichtete Ist-Attributswerte (Gewicht_Ist_1000)

Bei den systembedingten Attributen hingegen finden sich die Filialen lediglich im Bereich 6 und 5 wieder, wogegen die Franchise-Outlets hier in den Bereichen 7, 1 und 3 zu erkennen sind.

Zusammenfassend lässt sich erkennen, dass die Filialen einen geringen Vorteil bei den Potentialfaktoren aufweisen und somit eine im Durchschnitt leicht höhere Erfolgswahrscheinlichkeit aufweisen.

Deskriptive Statistik						
Typ		N	Minimum	Maximum	Mittelwert	Standardab weichung
Fil	Shopbedingt	15	,005	,014	,00909	,002942
	Aktorenbedingt	15	,008	,022	,01499	,004267
	systembedingt	15	,005	,008	,00684	,000841
	Gültige Werte (Listenweise)	15				
FN	Shopbedingt	18	,004	,012	,00687	,002529
	Aktorenbedingt	18	,002	,024	,01248	,005677
	systembedingt	18	,006	,015	,00928	,002752
	Gültige Werte (Listenweise)	18				

Tabelle 31: Deskriptive Statistik: Attribute Ebene1

Die Mittelwerte bei den shopbedingten Attributen weisen mit 0,00909 bei den Filialen einen erheblich höheren Wert aus als bei den Franchise-Outlets mit 0,00687. Eine (wenn auch schwächere) ähnliche Aussage ist für die Minima und Maxima zu treffen.

Bei den aktorenbedingten Attributen ist der (entscheidende) Mittelwert bei den Filialen um ca. 10% höher zu finden als bei den Franchise-Outlets. Bei Minima überwiegen die Filialen deutlich, bei den Maxima zeigt der Franchise-Kanal einen leicht höheren Wert.

Bei den systembedingten Attributen schlagen die hohen Werte der Verdienstmöglichkeit sehr stark durch. Der Franchise-Kanal zeigt hier im Mittelwert als auch beim Maximum ein deutlich höheres Ergebnis. Auch das Minimum ist in diesem Kanal leicht höher als bei den Filialen.

Um eine Verbindung zwischen den drei Mittelwerten herzustellen, wird für beide Kanäle das arithmetische Mittel aus den gewichteten Mittelwerten gebildet. Diese Gewichtung wird über die Multiplikation der Mittelwerte des jeweiligen Interview-Ergebnisses der Attributs-Gruppe errechnet. Da die Interview-Ergebnisse bereits in Prozent umgerechnet und auf 100 normiert sind, erübrigt sich bei diesem Schritt die Division durch die Summe der Attribute:

Mittelwert Shopbedingt * Interview-Gewicht-Shopbedingt +

Mittelwert Aktorenbedingt * Interview-Gewicht-Aktorenbedingt +

Mittelwert Systembedingt * Interview-Gewicht-Systembedingt

FN: 0,00678 * 30% + 0,01248 * 39% + 0,00928 * 30% = 0,00980

Fil: 0,00909 * 30% + 0,01499 * 39% + 0,00684 * 30% = 0,01072

Zusammenfassend lässt sich erkennen, dass die Filialen einen geringen Vorteil (knapp 10%) bei den Potentialfaktoren und somit eine im Durchschnitt leicht höhere Erfolgswahrscheinlichkeit aufweisen. Ausschlaggebend hierbei ist auch, dass gerade bei den aktorenbedingten Attributen, die mit 39% sehr stark gewichtet sind, die Filialen einen Wert aufweisen, die den vergleichbaren Franchise-Wert um ca. 20% übertrifft.

Um die Forschungsfrage beantworten zu können, gilt es das vorhandene Potential mit dem Ergebnis in Verbindung Relation zu stellen:

Untersucht wird das Verhältnis des Einsatzes der Potentialfaktoren beider Alternativkanäle zum erreichten Absatz. Inwieweit vorhandene Vorteile im Bezug auf Shop, Mitarbeiter oder Betreiber genutzt und Nachteile ausgeglichen bzw. in welchem Ausmaß Potentialfaktoren nicht genutzt wurden, ist in der obigen Abbildung ersichtlich.

Man kann sehr klar erkennen, dass mit jeweils einer Ausnahme sämtliche Franchise-Outlets unterhalb dieser Regressionsgeraden und alle Filialen oberhalb der Linie positioniert sind.

Damit ist erkennbar, dass die Filialen ihre gegebenen günstigen Potentialfaktoren zu nutzen und diese Möglichkeiten in noch stärkeren Absatz umzuwandeln wissen. Dagegen ist festzuhalten, dass die Franchise-Outlets aus ihrer leicht geringeren Potentialausstattung im Verhältnis weniger ausschöpfen.[264]

In diesem Zusammenhang sei nochmals erwähnt, dass die Stichprobengröße von 33 betrachteten Outlets freilich keine Verallgemeinerung auf sämtliche Franchise- und Filialsysteme, die im auf dem Markt existieren, zulässt. In diesem fokalen Unternehmen O_2 Germany steht jedoch die Anzahl der 18 Franchise-Outlets für eine hundertprozentige Stichprobe der Grundgesamtheit und bildet damit den gesamten Kanal ab. Um eine Parität auf beiden Alternativseiten zu erreichen, wurden jeweils 15 Betreiber befragt. Somit lässt sich festhalten, dass das Ergebnis für die O_2 Germany repräsentativ ist.

6 Ableitungen und Erkenntnisse aus dem Projekt

In diesem Kapitel werden die oben vorgestellten Ergebnisse in einen operativen Zusammenhang gestellt und interpretiert. Hieraus ergeben sich Handlungsanweisungen für Entscheider, die unter ähnlichen Umweltvoraussetzungen agieren..

6.1 Interpretation

Um die Forschungsfrage zu klären, welche Attribute die aktiven Absatztreiber für die beiden fokalen Absatzkanäle darstellen, müssen sie auf die Beeinflussbarkeit und Steuerbarkeit durch den Agenten untersucht werden. Somit sind exogene von endogenen Attributen zu unterscheiden.

Es ist anzunehmen, dass die oben dargestellten Ergebnisse der Attributs-Ist-Werte nicht allein von außen das jeweilige System beeinflussen. Vielmehr kann angenommen werden, dass bestimmte Regelmäßigkeiten in den Beobachtungen den Schluss zulassen, dass es systemimmanente Schwächen gibt.

Es ist z.B. dem Franchisenehmer als auch dem Filialleiter nicht anzulasten, dass er bei den shopbedingten Attributen schlechte Werte aufweist. Schließlich bekommt der Franchisenehmer die jeweiligen Outlets vom Franchisegeber angeboten. Er hat hier lediglich die Wahlmöglichkeit, sich auf diese Lage zu bewerben oder ihn für sich abzulehnen. Der Filialleiter ist laut seines Arbeitsvertrages ortsungebunden einsetzbar und wird auch nicht bei der Standortwahl vorab konsultiert.

Anders sieht es hingegen bei den aktoren- als auch bei den systembedingten Attributen aus. Beide Gruppen sind vom Filialleiter als auch vom Franchisenehmer zumindest zum großen Teil beeinflussbar

Die Franchisenehmer weisen nahezu durchgehend schwächere Potentialfaktoren auf. Und dies nicht nur in den shopbedingten und damit nicht von ihnen beeinflussbaren, sondern auch offensichtlich in den aktoren- und systembedingten[265] Attributen. Die aktorenbedingten Defizite sind durch ineffektive und schwache Personalauswahl und – führung zu erklären. Systembedingte Schwächen ergeben sich aus der Einstellung des Franchisenehmers selbst.

Die multiple Regression aller Attribute ergab, dass mit drei Attributen der Absatz zu knapp zwei Drittel erklärbar ist.

Die Attribute Servicegrad, Frequenz und Verkaufskompetenz sind somit die drei Haupttreiber des Absatzes. Die mit dem multivariaten Verfahren nachgewiesene Aussage gilt durchschnittlich für die betrachteten 33 Outlets.

Aus den Interviews konnte ebenfalls abgeleitet werden, dass knapp ein Drittel des Gesamtgewichts aller Attribute von diesen drei Komponenten ausgeht. Die drei in der Regression ermittelten Attribute belegen in den Interviews die Rankings 1, 3 und 5. Zu erwähnen ist hierbei, dass die Vertreter des Managements diesen drei Werten insgesamt ein Gewicht von 34% zugeordnet haben und die zwei ersten Plätze in dieser Gruppe verteilt wurden.

Diese drei sog. Treiber-Attribute werden im Folgenden nochmals in Bezug auf die beiden Alternativen betrachtet:

---

[265] Der bei den Franchisenehmern nachgewiesene höhere Mittelwert bei den systembedingten Attributen gegenüber den Filialen ist rein auf die sehr viel höhere Verdienstmöglichkeit zurück zu führen. Sämtliche anderen Attribute weisen bei den Filialen höhere Mittelwerte aus. Siehe hierzu Tabelle 16.

					Standardab
Deskriptive Statistik					
Typ	N	Minimum	Maximum	Mittelwert	weichung
Fil	Frequenz	15	980,00	14830,00	6640,8000	4084,12035
	Verk_Komp	15	42,00	90,00	70,0000	13,58571
	Serviceged	15	5,00	50,00	23,3333	16,54719
	Gültige Werte (Listenweise)	15				
FN	Frequenz	18	1020,00	9720,00	4370,1111	2413,46485
	Verk_Komp	18	15,00	90,00	60,2778	18,77986
	Serviceged	18	5,00	50,00	16,9444	17,33230
	Gültige Werte (Listenweise)	18				

Tabelle 32: Deskriptive Statistik: Treiber-Attribute

Bei der Darstellung der Minimal-, Maximal und Mittelwerte ist zu erkennen, dass der Franchise-Kanal bei keinem der neun Werte im Vergleich einen Vorsprung aufweist. Lediglich eine gleich schwache Leistung ist im Fall des Servicegedankens im Minimum und Maximum als auch im Höchstwert der Verkaufskompetenz nachzuvollziehen.

Bei der Frequenz weist der Filial-Bereich gar einen um 50% höheren Wert auf als der Franchise-Kanal.

Gemäß obiger Differenzierung ist erkennbar, dass ein Attribut, nämlich die Frequenz, für den Betreiber eine exogene Variable darstellt, solange der Prinzipal die Standortentscheidungen alleine trifft. In diesem Fall ist es demnach nicht ergebnisorientiert, wenn man dieses Attribut einfließen lässt, um die beiden Kanäle miteinander zu vergleichen.

Die beiden weiteren Treiber-Attribute sind endogene Variablen, da die Verkaufskompetenz als auch der Servicegrad vom Berater-Team und dem Betreiber klar beeinflussbar sind:

Kein Attribut ist zu 100% selbst bestimmbar, da die Kunden nach ihren jeweiligen individuellen Vorstellungen bedient werden möchten. Serviceorientierung wie auch vertriebliche Kompetenz wird von dem einen Kunden positiv angenommen, der andere lehnt sie hingegen ab. Da die Attribute jedoch über ein objektives Medium („Mystery Shopping") gemessen wurden, kann dieser Umstand vernachlässigt werden.

Daneben ist dem Berater zu gute zu halten, dass er nicht an jedem Tag dieselbe hohe vertriebliche Spritzigkeit und Wendigkeit aufweist. Ebenso ist nicht zu gewährleisten, dass der Verkäufer jeden Tag in derselben Intensität den Servicegedanken lebt. Da in dieser Untersuchung jedoch mit einer adäquaten Häufigkeit[266] gemessen wurde, kann man bei knapp 100 Ergebnissen von einem repräsentativen Schnitt ausgehen. Des Weiteren gelten oben genannte Schwierigkeiten und Unwägbarkeiten für beide Vertriebskanäle gleichermaßen, so dass eine Vergleichbarkeit zwischen den beiden Alternativen gegeben ist.

Die Beeinflussbarkeit und Steuerungsmöglichkeit durch die Aktoren (Berater und Betreiber) sind deutlich erkennbar, wenn nochmals die der Bewertung zugrunde liegenden Fragen[267] betrachtet werden:

- Beratung
  Empfahl Ihnen der Verkäufer letztendlich einen Tarif von O_2?
  Spezielle Fragen zu den einzelnen O_2 Produkten und ob vom Verkäufer deren spezifische Ausprägungsmerkmale genannt wurden?
  Erwähnte der Verkäufer spontan oder erst auf Nachfrage Zusatzprodukte? Hierbei werden mehrere spezifische Produkte in einzelnen Fragen getestet.
  Hat der Verkäufer die einzelnen Zusatzprodukte dann erklärt? Hierbei werden mehrere spezifische Produkte in einzelnen Fragen getestet.
  Hat der Verkäufer Ihnen das Gefühl vermittelt, dass O_2 die beste Wahl für Ihre Bedürfnisse/Nutzungsprofil ist?

---

[266] Es wurden drei Untersuchungswellen an 33 Standorten zur Berechnung herangezogen.
[267] Vgl.: Abschnitt 4.3.2.2 und Abschnitt 4.3.2.4

- Verkaufsabschluss

Wie effektiv war die Verkaufstechnik des Verkäufers?

Bewertung des Auftretens des Beraters unter den verschiedenen Perspektiven:

Sicheres Auftreten

Zeit nehmend für den Kunden

Verständliche Ausdrucksweise

Deutlichmachen des Produktnutzens

Einen vertrauensvollen Eindruck hinterlassen

Umfangreiches Informieren

Aktives Beraten, nicht nur auf Nachfrage reagierend

Engagement

Freundliches Auftreten

Positiven Eindruck hinterlassend

- Kaufwahrscheinlichkeit

Wie versuchte Sie der Verkäufer zum Kaufabschluss zu bewegen? Direkte Frage, Angebot der Handy-Hinterlegung etc.

Hätten Sie den Kauf in dem Geschäft getätigt? Gleichzeitig werden hierbei die Gründe bei Ablehnung und Zustimmung abgefragt

- Zusätzliche Dienste empfohlen

Gemessen an der Anzahl der Kunden im Laden. Wurden Sie innerhalb einer angemessenen Wartezeit bedient?

Fragte Sie der Verkäufer, ob Sie noch einen Wunsch hätten oder er etwas für Sie tun könnte?

Wenn ja, welche der folgenden Angebote erwähnte der Verkäufer? Zur Antwort stehen mehrere Zubehörartikel und Dienstleistungen zur Verfügung

Beriet und informierte er Sie daraufhin umfangreich?

Die Bewertungskriterien sind in sehr hohem Maße durch die aktive Haltung des Beraters beeinflussbar. Die meisten Parameter beziehen sich auf Fragen und Haltung des Beraters dem Kunden gegenüber.

Daneben ist erkennbar, dass diese beiden endogenen Treiber-Attribute aus dem aktoren-bedingten Bereich stammen. Diese Attributsgruppe hat im Interview ein deutliches Ge-wicht von 39% erhalten und zeigt in der Korrelation mit knapp 70% eine starke Verbin-dung zum Absatz.

Da die aktorenbedingten Attribute einen augenscheinlich wichtigen Einfluss auf den Absatz haben, werden sie nochmals separat gegenübergestellt.

Deskriptive Statistik

Typ		N	Minimum	Maximum	Mittelwert	Standardab weichung
Fil	Fachl_Komp	15	45,00	85,00	60,5333	13,36235
	Verk_Komp	15	42,00	90,00	70,0000	13,58571
	Freundlichk	15	35,00	90,00	70,0000	17,00840
	Serviceged	15	5,00	50,00	23,3333	16,54719
	Betriebsklima	15	27,00	45,00	34,1333	5,26263
	Gültige Werte (Listenweise)	15				
FN	Fachl_Komp	18	35,00	83,00	61,1111	13,23493
	Verk_Komp	18	15,00	90,00	60,2778	18,77986
	Freundlichk	18	20,00	90,00	60,2778	20,47037
	Serviceged	18	5,00	50,00	16,9444	17,33230
	Betriebsklima	18	24,00	45,00	38,9444	4,94050
	Gültige Werte (Listenweise)	18				

Tabelle 33: Deskriptive Statistik: Aktorenbedingte Attribute

Der Filial-Bereich hat im Minimum ausnahmslos und im Mittelwert mit zwei Ausnah-men die höheren Werte. Diese sind bei der fachlichen Kompetenz und dem Betriebskli-ma zu finden. Hierbei sei bemerkt, dass diese beiden Attribute von den Experten als am wenigsten gewichtig für den Absatz eingestuft wurden.

Bei den Maximum-Werten sind nahezu keine Unterschiede festzustellen.

Letztendlich wiederholt sich die auf die Gesamtheit bezogene Aussage, dass die Fran-chisenehmer schwächere Ist-Attribute aufweisen als die Filialleiter.

Korrelationen

		Absatz	Aktorenbedingt
Absatz	Korrelation nach Pearson	1	,695**
	Signifikanz (2-seitig)		,000
	N	33	33
Aktorenbedingt	Korrelation nach Pearson	,695**	1
	Signifikanz (2-seitig)	,000	
	N	33	33

**. Die Korrelation ist auf dem Niveau von 0,01 (2-seitig) signifikant.

Tabelle 34: Korrelation Absatz und Aktorenbedingte Attribute

Die Analyse ergibt, dass eine Regression der aktorenbedingten Attribute den Absatz mit einer Bestimmtheit von ca. 48% berechnet.

Modellzusammenfassung[b]

Modell	R	R-Quadrat	Korrigiertes R-Quadrat	Standardfehler des Schätzers	Durbin-Watson-Statistik
1	,695[a]	,484	,467	3378,632	1,632

a. Einflußvariablen : (Konstante), Aktorenbedingt
b. Abhängige Variable: Absatz

Tabelle 35: Regressionsanalyse Modellzusammenfassung

Am Streudiagramm lässt sich das Verhältnis optisch gut nachvollziehen:

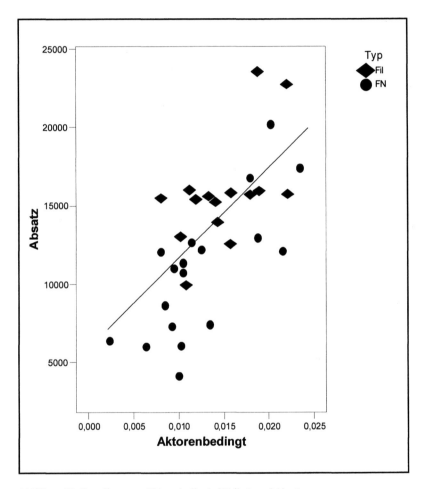

Abbildung 17: Streudiagramm Aktorenbedingte Attribute und Absatz

Es lässt sich erkennen, dass die Franchise-Outlets stark in 7, 6 und nur vereinzelt in 1 und 4 zu finden sind.[268] Dies wiederholt die Aussage, dass bei schwachen aktorenbedingten Attributen schwache Absätze vorliegen.

Nimmt man die gedachte Regressionsgerade als Referenz, sieht man, dass die kreisförmigen Felder (Franchisenehmer) zum großen Teil unterhalb dieser zu finden sind.

Die Filial-Shops sind hauptsächlich in den Bereichen 1 bis 3 zu finden. Und auch hier lässt sich erkennen, dass die Rauten-Felder zumeist oberhalb der gedachten Gerade liegen.

Final lassen sich drei Ergebnisse ableiten:

1. Von den drei Attributsgruppen haben die aktorenbedingten Attribute den größten Einfluss auf den Absatz
2. Die drei stärksten Treiber-Attribute sind Servicegrad, Frequenz und Verkaufskompetenz
3. Der Franchise-Kanal zeigt bei den „stark gewichtigen" Attributen durchgehend schwächere Werte als der Filial-Kanal

6.2 Handlungsanweisungen

Die Treiber sind oben identifiziert und klar beschrieben worden. Die Aufgabe des Entscheiders ist es, die vertraglichen, inhaltlichen wie auch prozessorienterten Weichen in seinem Unternehmen so zu stellen, dass er einen Kanal aufbaut, der Servicegrad, Verkaufskompetenz in einem Outlet vereinigt, das in einer hochfrequenten Lage liegt.

Nachdem die Lage, wie oben beschrieben, aus heutiger Sicht für den Betreiber eine exogene Variable ist, muss hier der Prinzipal selbst seiner Verantwortung gerecht werden.

Die beiden Attribute Servicegrad und Verkaufskompetenz sollten daneben im Fokus der Betrachtung stehen.

---

[268] Positionierungsdaten ergeben sich aus Tabelle 30

Wenn hierbei schlechte Werte erzielt werden, sind drei Begründungsmöglichkeiten in Betracht zu ziehen:

1. Der Agent hat nicht die erforderlichen Kenntnisse, welche Fragen zu stellen sind bzw. wie der Kunde zu behandeln ist[269]

2. Der Agent weiß zwar, wie dem Kunden gegenüber zu treten ist, kann dies aber nicht umsetzen, weil er zu nervös, vergesslich etc. ist.[270]

3. Der Agent weiß zwar, wie dem Kunden gegenüber zu treten ist, setzt es aber nicht um, weil er nicht will (Interesselosigkeit, Trägheit etc.)[271]

Alle drei Möglichkeiten sind in der Realität häufig zu beobachten. Im Einzelfall muss der Betreiber oder gar der Prinzipal selbst (wenn der Berater der Franchisenehmer oder Filialleiter selbst ist) entscheiden, welche der zwei folgenden Maßnahmen zu treffen sind:

1. Informieren, Trainieren, Motivieren des Beraters

2. Auswechseln des Beraters

Die erste Maßnahme muss bei allen drei Begründungsmöglichkeiten möglichst zeitnah angesetzt werden, da ansonsten auf der einen Seite der Agent sich mit seiner Rolle arrangiert hat und damit seine mögliche Lernwilligkeit (falls anfänglich vorhanden) sinkt. Auf der anderen Seite müssen alle Berater dieses Ladenlokals bei bestehenden und potentiellen Kunden erstmal das Vorurteil ausräumen, inkompetent und unwillig zu sein, bevor die eigentliche Beratung ansetzen kann. Es ist hierbei anzunehmen, dass die Treiber-Attribute ähnlich ihrem positiven Einfluss auf den Absatz genauso negativ wirken

---

[269] Wie in Abschnitt 3.1.3 beschrieben, ist hierbei von Hidden Characteristics auszugehen, da andernfalls der Entscheidungsprozess des Prinzipals ohne die Adverse selection vermutlich mit einem anderen Ergebnis geendet hätte. Vgl.: Richter, R. / Furobotn, E., S.196, (2003)

[270] Ähnlich dem Ergebnis im oberen Zusammenhang, ist der Prinzipal in seinem Entscheidungsprozess von anderen Grundvoraussetzungen und Kompetenzen des Agenten ausgegangen, als er sich für ihn entschieden hat.

[271] Die in Abschnitt 3.1.3 aufgezeigte Möglichkeit der Hidden Action, die bis zum „free-riding führen kann. Vgl.: Zou, L., S.8, (1989)

können.[272] Dies würde bedeuten, dass eine Schlechtleistung der drei Attribute eine dementsprechende negative Auswirkung auf den Absatz hätte.

Diese Untersuchung liegt nicht der vorliegenden Arbeit zugrunde und kann daher nur als Hypothese stehen gelassen werden.

Der Agent kann sich daher der Unterstützung seines Prinzipals gewiss sein, wenn zu erwarten ist, dass über Information, Training und Motivation[273] die Attributswerte steigerbar sind. Schließlich hat der Prinzipal selbst ein großes Interesse daran, dass die Vertriebszahlen steigen und der Shop ein kompetentes Aushängeschild darstellt.

Die zweite Maßnahme muss wiederum rasch folgen, wenn erkennbar ist, dass keine der drei Teilaspekte aus dem ersten Maßnahmenpaket in einer angemessenen Zeit greift.

Nachdem die Standortwahl wie auch die oben kurz angerissenen Maßnahmen zur Förderung der zwei weiteren Treiber-Attribute in letzter Instanz in der Verantwortung des Prinzipals liegen, bleibt festzuhalten, dass dieser seiner Rolle hierbei stärker nachkommen muss.

Dass beide untersuchten Kanäle bei einem der drei wichtigsten Attribute (Servicegrad) nahezu kein Engagement zeigen, ist alarmierend. Man kann sich leicht ausmalen, was eine Steigerung des Ist-Wertes von 1% auf bspw. 5% vor dem Hintergrund eines Gewichtes von 9% absatzseitig bedeuten würde. Der Prinzipal ist hier gefragt seine kraft Franchise-Vertrages bzw. Arbeitsvertrages legitimierte Kompetenz auszunutzen. Gleiches gilt bei dem Attribut der Verkaufskompetenz.[274]

Weder die Ergebnisse bei dem Attribut Zufriedenheit noch bei der Führungskompetenz lassen die Annahme zu, dass der jeweilige Betreiber seine Mitarbeiter nicht ordnungsgemäß führt oder gar selbst demotiviert ist. Ebenso kann aufgrund der ähnlichen Ergebnisse beim Attribut Betriebsklima angenommen werden, dass die Mitarbeiter beider Absatz-Systeme ähnlich stark motiviert sind.

---

[272] Diese Annahme kann mathematisch logisch hergeleitet werden, wird in dieser Arbeit jedoch nicht näher empirisch-wissenschaftlich untersucht.

[273] In dieser Arbeit wird nicht näher auf die Einzelheiten der Maßnahmen eingegangen, da sie nur Ausläufer der Forschungsfrage sind.

[274] Fraglich ist in diesem Zusammenhang warum der Franchise-Kanal trotz der größeren Berufs- und Branchenerfahrung der Betreiber ein derart schlechteres Ergebnis als die Filial-Betriebe aufweist.

Somit werden drei mögliche Ursachen angenommen:

1. Die Franchisenehmer haben bei der Personalwahl schlechtere Ergebnisse erzielt als die Filialleiter[275]

2. Die direktere Führungs- und Weisungslinie durch den Prinzipal in einem Filial-Betrieb wirkt sich bzgl. Absatz positiv aus

3. Trainings- und Informationsveranstaltungen haben im Filial-Bereich eine stärkere Wirkung

In dem fokalen Unternehmen lässt sich erkennen, dass der Filial-Kanal das Ziel der Absatzoptimierung unter gegebenen Voraussetzungen besser erfüllt als der Franchise-Kanal.

Als Ergebnis dieser Arbeit ist jedoch erkennbar, dass bei der Entscheidung in der Frage welcher Vertriebskanal aufgebaut werden soll, weiter in die Zukunft gedacht werden muss.

Die eigentliche Frage, die sich in diesem Zusammenhang der Entscheider vor dem Hintergrund der oben analysierten Daten und angerissenen Hilfestellungen stellen muss, um einen wirkungsvollen Absatzkanal aufzubauen, lautet:

„In welchem Kanal kann ich mit welchen Instrumenten zu welchem Aufwand die Absatz-Treiber am besten stärken?"

Bei der Herangehensweise muss die Frage aus verschiedenen Perspektiven betrachtet werden:

1. Inhaltlich
2. Rechtlich
3. Prozessorientiert / Kontrollierbarkeit
4. Methodenorientiert

---

[275] Auch hier besteht die Möglichkeit, dass der Berater der Franchisenehmer selbst ist und somit das schlechte Auswahlergebnis dem Prinzipal zuzurechnen ist.

Zu 1.)

In den vorhergehenden Kapiteln wurden die zu beachtenden Wirkungsmechanismen hergeleitet. Es wurde mithilfe des Prinzipal-Agent-Ansatzes aufgezeigt, wie Ziel-, Nutzenfunktionen und damit auch Handlungsweisungen interagieren.

Welche Attribute der Prinzipal (unabhängig von den errechneten Gewichten) als vorrangig ansieht, um diese zu fördern, obliegt jedoch allein ihm.

Zu 2.)

Es ist zu klären, welche rechtlichen Hürden und Möglichkeiten zu beachten sind.

Eine zu starke Bindung des Franchisenehmers an das Unternehmen bspw. kann als „Scheinselbstständigkeit"[276] missinterpretiert werden und den Prinzipalen vor sehr große Probleme stellen. Wenn der Verdacht der „Scheinselbstständigkeit" nicht ausgeräumt werden kann, kann das dazu führen, dass der Prinzipal für seine Franchisenehmer und deren Mitarbeiter die Sozialabgaben rückwirkend nachzahlen muss.

Daneben hat auch das rechtliche Konstrukt hinter dem Filial-Kanal seine Grenzen. Die Rechte der Arbeitnehmer sind durch Arbeitsrecht, Betriebsräte, Gewerkschaften stark abgesichert. Dies wirkt sich z.B. in der reglementierten Anzahl der Arbeitsstunden, Pausen, Urlaubstage aus. Der Prinzipal muss abwägen, ob der Agent in dieser Zeit trainiert, motiviert, informiert werden soll, oder ob er im Ladenlokal die Kunden beraten soll.

Zu 3.)

In einem Vertriebs-System, wie Franchise oder Filiale, das dezentral geführt wird, ist sehr stark auf die prozessorientierte Durchführbarkeit und vor allem Kontrollierbarkeit

---

[276] Haunhorst. K. H., S.228 (1999) zeigt auf, dass man „[...] bei oberflächlicher Betrachtung von Franchisebeziehungen [...] auf der Grundlage dieser Rechtsprechung leicht zu dem Schluss kommen kann, dass Franchisenehmer – ebenso wie Arbeitnehmer – vielfältigen Weisungen und Kontrollen unterliegen und deshalb viel für ihre Arbeitnehmer-Eigenschaft spricht."
Der Autor zeigt aber gleichzeitig auf, dass „Betriebsführungs-Know-How das wesentliche immaterielle Betriebskapital und damit die Grundlage eigener Unternehmensführung" darstellt und die Weisungs- und Kontrollrechte, denen der Franchisenehmer unterliegt, ihn nicht an der Wahrnehmung von unternehmerischen Chancen hinderten. Unter Aufführen von Beispielen wird aufgezeigt, dass die Frage der Scheinselbstständigkeit vor Gericht einer Einzelprüfung bedarf und somit eine finale allgemeine Klärung dieses Problemfeldes zum heutigen Zeitpunkt nicht möglich ist.

zu achten.[277] Hierbei muss der Prinzipal im Hinblick auf die Treiber-Attribute entscheiden, wie die Mitarbeiter oder Partner aus verschiedenen Teilen des Landes gleichzeitig zu trainieren sind. Mehrere Möglichkeiten bieten sich hierbei an: Bspw. ein Präsenztraining an einem Ort, zu dem alle die ungefähr selbe Anfahrtszeit haben oder eine Online-Schulung oder die Möglichkeit, dass der Trainer von Shop zu Shop reist und die Berater vor Ort schult. Offen bleibt hierbei die Frage, wie hierbei im Nachgang die Wirksamkeit festgehalten werden kann.

Diese Problemfelder zeigen sich zwar in den unterschiedlichen Vertriebskanälen ähnlich, aber hierbei ist wiederum Punkt 2.) zu beachten.

Zu 4.)

Um die oben gestellte Frage beantworten zu können, ist zu erforschen, welche Methoden der Prinzipal anwenden kann, um die Attributs-Werte zu stärken. In der Mitte dieses Kapitels wurden einige Formen angerissen. Neben der Information, Training und Motivation ist vor allem die richtige Personal- oder Partnerwahl zu stellen.

Wie oben mehrfach erkannt, kommt den aktorenbedingten Attributen das Hauptgewicht zu. Somit ist die Folgerung banal, dass die Aktoren demnach auch in das jeweilige System passen müssen. Der Prinzipal sollte daher darauf achten, dass er bei der Personalauswahl zumindest Einfluss[278] nehmen kann, wenn nicht gar selbst entscheiden.

Wie aus dem Versuch der - sehr straffen - Erklärung der vier Perspektiven erkennbar, übersteigt dieser Ansatz die Aufgabe dieses Forschungspapiers.

Die Frage kann in dieser Arbeit nicht hinreichend beantwortet und allenfalls angerissen werden. Der vorige Abschnitt soll vielmehr als Wegbeschreibung verstanden werden für den Entscheider, der vor dieser Aufgabe steht.

---

[277] Die Dezentralität bezieht sich in diesem Zusammenhang auf die örtlich verteilten Outlets.
[278] Im Filialsystem sollte dies unproblematisch sein. Anders stellt es sich im Franchisesystem dar. Hierbei ist wieder auf Punkt 2.) zu achten, damit die rechtlichen Rahmenbedingungen nicht verletzt werden.

7 Zusammenfassung und Ausblick

Im Folgenden seien nochmals die Schritte zusammengefasst, die in Kapitel 5 durchgeführt und diskutiert wurden:

In einem ersten Schritt wurden 17 Attribute definiert, die die stärksten Einflusshebel auf den Absatz haben. Durch eine Befragung von 39 Experten mithilfe eines standardisierten Fragebogens konnten auf Basis des „Analytic Hierarchy Process" diese 17 Attribute in eine Hierarchie gebracht werden.

Mit diesem Ergebnis kann festgehalten werden, welche Attribute (laut der Experten) wie stark auf den Absatz wirken.

In einem zweiten Schritt wurden diese 17 Attribute bei den 33 Outlets gemessen. Diese gemessenen realen Werte wurden sodann mit den jeweiligen Attributs-Gewichten aus den Interviews multipliziert, um auf der einen Seite für jedes Outlet die Potentialfaktoren, also die jeweils geltenden Umweltbedingungen, zu errechnen und auf der anderen Seite auch über jedes Attribut Informationen zu erhalten, wie stark es in der Realität bei den bewerteten Outlets vorkommt.

In einem dritten Schritt wurden die realen Absatzwerte der 33 Outlets als Indikator für den Erfolg errechnet. Diese wurden dann mit den Potentialfaktoren in Relation gestellt.

Dieses Vorgehen dürfte sich für einen operativen Entscheidungsweg zu aufwendig und zeitintensiv darstellen.

Es ist weiters zu beachten, dass die erhobenen Daten einen relativ kleinen Ausschnitt aus der möglichen Kombination von Branche, Vertriebsmix, Marktumfeld etc. darstellen. Die gewonnenen Erkenntnisse sollten nicht als Universalwerkzeug in sämtlichen Branchen und Lebenssituationen missinterpretiert werden dürfen. Dennoch ist von einer breiten Anwendungsmöglichkeit auszugehen.

186

Der theoretische Bezugsrahmen dieser Arbeit wird durch die „Neue Institutionen Ökonomie" gelegt. Unbeachtet der Transaktionskosten[279], die eine vertragliche Bindung zweier Parteien aneinander nach sich ziehen, fokussiert sich diese Arbeit in diesem Kontext hauptnämlich auf den Principal-Agent-Ansatz[280] und damit auf die in diesem Ansatz postulierte Informationsasymmetrie zwischen den Vertragspartnern und das Streben beider Parteien nach Nutzenmaximierung.

Über das oben beschriebene Vorgehen sind die zwei Absatzsysteme des Filialsystems und des Franchising auf diese beiden Komponenten in Bezug auf ihre relativen Absatzpotentiale betrachtet worden.

Die Untersuchung ergab, dass der Filial-Kanal der O_2 Germany bessere Grundvoraussetzungen aufweist als der Franchise-Kanal. Darüber hinaus werden diese positiven Voraussetzungen im Filial-Bereich genutzt, um überdurchschnittlichen Absatz zu erzielen. Im Gegensatz dazu ist der Franchise-Bereich zu sehen, der seine zwar schwächeren aber dennoch vorhandenen Grundlagen nur sehr wenig nutzt und daher nur relativ geringen Absatz erzielt.

Weiters wurde erkannt, dass zu einem großen Teil der Absatz von drei Attributen (Servicegrad, Frequenz und Verkaufskompetenz) abhängig ist, von denen das zweit genannte exogen und die anderen beiden endogen und damit von den Betreibern selbst beeinflussbar sind. Auch bei diesen Werten zeigen sich Vorteile im Filial-Kanal.

Abschließend wurde festgestellt, dass die Frage nach der absatzoptimierenden Vertriebsform nicht beantworteten, sondern lediglich eine Verbindung zwischen Absatztreibern und Erfolg nachgewiesen werden kann. Wenn der Entscheider für das Outlet eine Lage mit hoher Frequenz wählt und es ihm gelingt seine Agenten (nach geeigneter Personalauswahl) so zu trainieren und zu schulen, dass deren Verkaufskompetenz und deren Kundenservice überdurchschnittlich sind, ist mit hoher Wahrscheinlichkeit ein überdurchschnittlicher Verkaufserfolg unabhängig von der Vertriebsart zu erwarten.

---

[279] Vgl.: Coase, R. H., S.386 ff (1937), Williamson, O. E., (1990)
[280] Vgl.: Williamson, O.E., S.49, (1990); Kunkel, M., S.20, (1994)

Es geht demnach vielmehr um die Evaluierung der Möglichkeit der Steigerung dieser drei Attributs-Werte. Vor dem Hintergrund der diskutierten Informationsasymmetrie und der sich in weiten Teilen widersprechenden Nutzenfunktion des Prinzipals und des Agenten ist dies nicht trivial.[281]

Ebenso verhält sich das Vernachlässigen auch nur eines der Attribute: Wählt der Entscheider ein Standort in einer Lage mit sehr schwacher Frequenz und schafft es nicht, seine Agenten zu weit überdurchschnittlicher Verkaufskompetenz oder Servicedenke zu schulen, wird das Outlet, wiederum unabhängig der Vertriebskanalwahl, mit hoher Wahrscheinlichkeit einen unterdurchschnittlichen Absatz erzielen.

Der Idealfall für den Prinzipal wäre erreicht, wenn der Agent sich selbst kontrollierte und fragte, ob seine Leistung als Teil des Ganzen ausreichend wäre. Die mit hohen Transaktionskosten[282] verbundene externe Kontrolle wäre somit nicht nötig, da Selbstkontrolle über implizite Sanktionen (schlechtes Gewissen, Leistungsdrang) das Verhalten normenkonform steuern würde.[283]

In der Realität ist dies ein hochgestecktes meist nicht vollständig erreichbares Ziel, zu dessen Annäherung der Prinzipal gefordert ist, die Agenten nach der richtigen Auswahl dementsprechend zu führen. [284]

Inwieweit die Attributswerte der Agenten in Bezug auf Servicegrad und Verkaufskompetenz durch Motivation, Training und weiteren Maßnahmen durch den Prinzipal gesteigert werden können, wird in dieser Arbeit nicht näher betrachtet.

Wenn der Verantwortliche, der über seinen zukünftigen Vertriebsmix entscheiden muss, sich in einem schnelllebigen Markt von „fast-moving consumergoods"[285] und zumindest leicht erklärungsbedürftigen Produkten positionieren möchte, werden ihn wahrscheinlich ähnliche Umweltbedingungen und Herausforderungen erwarten.

---

[281] Das Attribut der Frequenz ist hiervon unbenommen, da sie im vorliegenden Modell vom Prinzipal selbst zu verantworten ist und es daher keinerlei Beeinflussung des Agenten bedarf.
[282] Vgl.: Abschnitt 3.1.1
[283] Vgl.: Föhr, S. / Lenz, H., S.116, (1991)
[284] Vgl.: Gerken, G., S. 871, (1994). Der Autor sieht als wichtige Aufgabe des Prinzipals, die Agenten als immaterielles Vermögen zu erkennen und sie grundsätzlich zu ihren Potentialen zu führen.
[285] Engl.: Nicht-langlebige Endkundenprodukte

In diesem Fall ist davon auszugehen, dass die Kunden ähnliche Erwartungen haben werden wie in der Arbeit angerissen. Ebenso ist zu erwarten, dass der jeweilige Agent (Filial- und Franchiseleiter) eine vergleichbare Nutzenfunktion aufweisen wird wie die befragten Experten.[286]

Die beiden Aktorengruppen werden dadurch wahrscheinlich ähnlich handeln und entscheiden wie in der Arbeit dargestellt.

In diesem Sinne soll die vorgelegte Arbeit eine Aufarbeitung der wissenschaftlich und empirisch nachgewiesenen Zusammenhänge und der in der Realität resultierenden Effekte darstellen und als Grundlage weiterer Überlegungen dienen.

---

[286] Vgl.: Brand, F-J., S.303, (2001), der in diesem Zusammenhang von der Problematik der Zielgruppen-Ignoranz spricht.

Anhang

Teil 1

Persönliche Angaben:

Name: _____

Outlet: _____

Geschlecht: _____

Alter: _____

O₂ Zugehörigkeit in Jahren
bei FN Beginn Partnerschaft: _____

Vorherige TK-Erfahrungen
Beschreibung und Dauer _____

Anzahl der im Outlet
Beschäftigten (Voll- / Teilzeit) _____

FL, FN, Management: _____

Einstiegsfrage:
Worin sehen Sie momentan besondere Schwächen / Stärken in Ihrem geschäftlichen Umfeld, die einen Mehr-Absatz hemmen / ermöglichen?

_____

_____

_____

_____

_____

_____

_____

Wie schätzen Sie folgendes Attribut im Vergleich zu den Anderen ein, um das Ziel der Absatzmaximierung zu erreichen?
Gern können Sie auch nach jeder Entscheidung einen Kommentar dazu geben.

Standbedingte Attribute

1.) **Stadtgröße**

Kaufkraft	Frequenz	Schaufensterfläche	Verkaufsfläche	Dauer der Ladenöffnung	Wettbewerbsumfeld
o	o	o	o	o	o

Kommentar:

2.) **Kaufkraft**

Frequenz	Schaufensterfläche	Verkaufsfläche	Dauer der Ladenöffnung	Wettbewerbsumfeld
o	o	o	o	o

Kommentar:

3.) **Frequenz**

Schaufensterfläche	Verkaufsfläche	Dauer der Ladenöffnung	Wettbewerbsumfeld
o	o	o	o

Kommentar:

4.) **Schaufensterfläche**

Verkaufsfläche	Dauer der Ladenöffnung	Wettbewerbsumfeld
o	o	o

Kommentar:

5.) **Größe der Verkaufsfläche**

Dauer der Ladenöffnung	Wettbewerbsumfeld
o	o

Kommentar:

6.) **Dauer der Ladenöffnung**

Wettbewerbsumfeld
o

Kommentar:

Aktorenbedingte Attribute

	Verkaufs Kompetenz	Freundlichkeit	Servicegedanke	Betriebsklima im jew. Shop
7.) **Fachliche Kompetenz**	O	O	O	O
Kommentar:				

	Freundlichkeit	Servicegedanke	Betriebsklima	
8.) **Verkaufs Kompetenz**	O	O	O	
Kommentar:				

	Servicegedanke	Betriebsklima	
9.) **Freundlichkeit**	O	O	
Kommentar:			

	Betriebsklima	
10.) **Servicegedanke**	O	
Kommentar:		

Systembedingte Attribute

	Arbeitszufriedenheit	Führung	POS-Pflege	Zusätzliches Angebot
11.) **Bezahlung bzw. Verdienstmöglichkeit**	O	O	O	O
Kommentar:				

	Führung	POS-Pflege	Zusätzliches Angebot	
12.) **Arbeitszufriedenheit**	O	O	O	
Kommentar:				

	POS-Pflege	Zusätzliches Angebot	
13.) **Führung**	O	O	
Kommentar:			

	Zusätzliches Angebot	
14.) **POS-Pflege**	O	
Kommentar:		

Teil 2

Nachdem Sie jetzt die einzelnen Attribute kennen, möchte ich Sie bitten auch die darüber liegende Hierarchie einzugliedern

15.) **Shopbedingt**

Aktorenbedingt	**Systembedingt**
O	O

Kommentar:

16.) **Aktorenbedingt**

Systembedingt
O

Kommentar:

Teil 3

Fragen zur Erhebung der realen Ist-Werte

Shopbedingte Attribute

17.) **Dauer der Ladenöffnung**

Stunden
O

Kommentar:

Nachfolgend finden Sie verschiedene Merkmale, die Situation in Ihrem Outlet darstellen. Gewichten Sie bitte, in welchem Maße diese Eigenschaften in Ihrem Shop verbreitet sind

18.)

	nicht vorhanden		wenig hoch / wenig stark		hoch / stark		sehr hoch / sehr stark		extrem hoch / extrem stark
	1	2	3	4	5	6	7	8	9
Die Fluktuation, also der Wechsel im Mitarbeiterbestand ist ...	O	O	O	O	O	O	O	O	O
Die Höhe der Krankenstände ist relativ zu Mitarbeiteranzahl ...	O	O	O	O	O	O	O	O	O
Die von Ihren Mitarbeitern erbrachte Qualität der Arbeitsleistung ist ...	O	O	O	O	O	O	O	O	O
Die Bereitschaft Ihrer Mitarbeiter zur Erbringung von Überstunden ist ...	O	O	O	O	O	O	O	O	O
Teilnahme an angebotenen oder an selbst organisierten Firmenveranstaltungen ist ...	O	O	O	O	O	O	O	O	O

Kommentar:

Nachfolgend finden Sie je fünf Aussagen zu sechs elementaren Verhaltensbereichen im Kontakt mit Menschen. Setzen Sie eine 5 zu jedem Satz, der am ehesten auf Sie zutrifft. Geben Sie dann eine 4 für den Satz, der am zweitnächsten zu ihrer Persönlichkeit passt, bis zum fünften, der eine 1 bekommt. Bitte antworten Sie so wie Sie tatsächlich sind und nicht, wie Sie gern wären!

19.)

1 — 5 - 1 Punkte

Ich nehme die Entscheidung anderer gleichgültig hin O

Ich unterstütze Entscheidungen, die die zwischen-menschlichen Beziehungen fördern O

Ich bemühe mich um durchführbare Entscheidungen, wenn sie auch nicht immer perfekt sind O

Ich erwarte, dass meine Entscheidungen als endgültig akzeptiert werden O

Ich lege großen Wert auf vernünftige und schöpferische Entscheidungen, die Verständnis und Einverständnis herbeiführen O

2 — 5 - 1 Punkte

Ich vermeide es, Partei zu ergreifen. Deshalb lege ich meine Meinung, Einstellung und Ideen nicht offen dar O

Ich mache mir lieber M, E und I anderer zu eigen, als meine eigenen durchzusetzen O

Anderen M, I und E komme ich möglichst auf halbem Wege entgegen O

Ich stehe für meine M, I und E ein, auch wenn ich anderen dadurch manchmal auf die Füße trete O

Ich höre zu und suche nach alternativen M, I und E. Ich habe feste Überzeugungen, aber ich reagiere auf vernünftige Ideen anderer und ändere meine Meinung O

3 — 5 - 1 Punkte

In Konflikten versuche ich neutral zu bleiben O

Ich bemühe mich, einen Konflikt gar nicht erst entstehen zu lassen, wenn er aber auftaucht, versuche ich, die aufgebrochen Gemüter zu beruhigen und die Gegner zu versöhnen O

Im Konflikt bemühe ich mich um eine für alle Seiten faire Lösung O

Wenn ein Konflikt entsteht, versuche ich, ihn im Keim zu ersticken oder ihn für mich zu entscheiden O

In Konflikten versuche ich die Gründe festzustellen und die Lösung bei den tieferliegenden Ursachen anzusetzen O

4 — 5 - 1 Punkte

Da ich unbeteiligt bin, rege ich mich selten auf O

Da Spannungen Missfallensäußerungen hervorrufen können, reagiere ich herzlich und freundlich O

In Spannungen fühle ich mich unsicher: Ich weiß nicht, wie ich die Erwartungen der anderen erfüllen soll O

Ich wehre mich, leiste Widerstand und schlage mit Gegenargumenten zurück, wenn etwas nicht richtig läuft O

Ich beherrsche mich in meiner Aufregung, obwohl meine Ungeduld sichtbar wird O

5 — 5 - 1 Punkte

Andere halten meinen Humor für witzlos O

Durch meinen Humor denke ich vom Ernst der Lage ab O

Mein Humor dient mir oder meiner Stellung O

Ich habe einen beißenden Humor O

Selbst unter Druck behalte ich meinen Humor O

6 — 5 - 1 Punkte

Ich tue nur das Allernotwendigste O

Lieber unterstütze ich andere, als von mir aus etwas zu unternehmen O

Ich versuche ein gleichmäßiges Arbeitstempo beizubehalten O

Ich treib mich und andere an O

Ich setze meine Kraft ein, und andere folgen mir darin O

Kommentar:

Beobachtete Ist-Werte

Shopbedingte Attribute

21.) Dauer der Ladenöffnung	Stunden
	O

Kommentar:

22.) Wettbewerbsumfeld	Anzahl Netzbetreiber (x 3 Punkte)	Anzahl Service Provider (x 2 Punkte)	Anzahl Großflächen (x 2 Punkte)	Anzahl Fachhändler (x 1 Punkt)
	O	O	O	O

Kommentar:

Systembedingte Attribute

23.) Zusätzliches Angebot	Wert 1-9 analog oben
	O

Kommentar:

Literaturverzeichnis

Ahlert, Dieter, *Absatzkanalstrategien des Konsumgüterherstellers auf der Grundlage Vertraglicher Vertriebssysteme mit dem Handel,* in: Ahlert, Dieter (Hrsg.): *Vertragliche Vertriebssysteme zwischen Industrie und Handel: Grundzüge einer betriebswirtschaftlichen, rechtlichen und volkswirtschaftlichen Beurteilung,*), Wiesbaden, 1981, S. 43-98

Albach, Horst, *Organisation: mikroökonomische Theorie und ihre Anwendungen,* Wiesbaden, 1989

Armstrong, S. / Overton, T., *Estimating Nonresponse Bias in Mail Surveys,* in: Journal of Marketing Research 16, 1977, S.396-402

Backhaus, Klaus / Erichson, Bernd / Plinke, Wulff / Schuchard-Fischer, Christiane / Weiber, Rolf, *Multivariate Analysemethoden: Eine anwendungsorientierte Einführung,* 5. Auflage, Berlin-Heidelberg, 1989

Bänsch, Axel, *Käuferverhalten,* 9. Auflage, München, 2002

Becker, Manfred, *Personalentwicklung, Bildung, Förderung und Organisationsentwicklung in Theorie und Praxis ,* 3. Auflage, Stuttgart, 2002

Behrens, Gerold, *Konsumentenverhalten,* 2. Auflage, Heidelberg, 1991

Bergen, Mark / Dutta, Shantenau / Walker, Jr., Orville, C., *Agency Relationsships in Marketing: A review of the Implications and Applications on Agency and Related Theories,* in: Journal of Marketing, Vol. 56, Juli, 1992, S.1-24

Bergmann, Theodor, *Marktorientierte Unternehmensführung in Filialsystemen des Textil-Einzelhandels – Eine empirische Fallstudie zum Entscheidungsproblem standardisierter / differenzierter Marktbearbeitungsstrategien,* Münster 1990

Bidlingmaier, Johannes, *Betriebsformen (des Einzelhandels)*. In: Tietz, Bruno (Hrsg.) Handwörterbuch Absatz, Stuttgart, 1974, S.110-120

Bieberstein, Ingo, *Dienstleistungs-Marketing,* 3. Auflage, Ludwigshafen, 2001

Blaich, Günther, *Wissenstransfer in Franchisenetzwerken – Eine lerntheoretische Analyse*, Münster, 2004

Bodin, L / Gass, Susann, *Exercises for Teaching the Analytic Hierarchy Process,* Informs Transactions on Education, 4. Auflage, 2004

Böhm, Hans, *Was leisten Franchise-Systeme? Ein Vergleich mit Filialsystemen und Verbundgruppen,* in: Dynamik im Handel, Heft 3, 1995, S.75-77

Bogner, Franz M., *Das neue PR-Denken*, 3. Auflage, Wien, 2001

Boswell, Wendy, R. / Boudreau, John W. / Tichy, Jan, *The Relationship between Employee Job Change and Job Satisfaction: The Honeymoon Hangover Effect,* in: Journal of Applied Psychology, 90. Jg., Nr 5, 2005, S.882–992

Brand, Franz-Josef, *Mehr Effizienz im POS-Marketing,* in: Frey, Ulrich, D., (Hrsg.), *POS-Marketing – Integrierte Kommunikation am POS, Strategien, Konzepte, Trends*, Wiesbaden, 2001, S.297-312

Brickley, James, A. / Dark, Frederick, H., *The Choice of the Organizational Form, The Case of Franchising,* in: Journal of Financial Economics, Heft 18, 1987, S.401-420

Brickley, James, A. / Dark, Frederick, H. / Weisbach, Michael, S., *An Agency Perspective on Franchising,* in: Financial Management, Vol. 20, Nr. 1, 1991, S. 27-35

Brosowski, Bruno, Approximation Optimization Multicriteria Decision, Frankfurt, 1993

Bruggemann, A. / Groskurth, P. / Ulrich, E., Arbeitszufriedenheit, Bern, 1975

Bruhn, Manfred, Internes Marketing, Wiesbaden, 1995

Burkhard, Roland, Kommunikationswissenschaft, 3. Auflage, Wien, 1998

Caves, Richard / Murphy, William, Franchising: Firms, Markets and Intagible Assets, in: Southern Economic Journal, Bd. 43. 1976, S.572-586

Cezanne, Wolfgang, Grundzüge der Makroökonomie, München, 1998

Chackravarthy, B. S, Measuring Strategic Performance, in: Strategic Management Journal, 7. Jg., Nr. 5, 1986, S.437-458

Clemens, Rudolf, Die Bedeutung des Franchising in der Bundesrepublik Deutschland – Eine empirische Untersuchung von Franchisenehmern und –systemen, Stuttgart, 1988

Coase, Ronald H., The Nature of the Firm, in: Economica 4, 1937, S.386-405

Daschmann, Hans, A., Erfolgsfaktoren mittelständischer Unternehmen: ein Beitrag zur Erfolgsfaktorenforschung, Stuttgart, 1994

Decker, Alexander, Franchisenehmer-Zufriedenheit – Theoretische Fundierung und empirische Überprüfung – dargestellt am Beispiel eines Franchise-Systems in der Tourismusbranche, Ingolstadt, 1998

Dellmann, Klaus, *Einflussgrößen der Erfolgsdynamik, in: Kistner, Klaus-Peter /*
Schmid, Rudolf (Hrsg.) Unternehmensdynamik, Wiesbaden, 1991, S.419-442

Deutscher Franchise Verband eingetragener Verband, Informationsschrift,
2002

Dietl, Helmut, *Institutionen und Zeit - Die Einheit der Gesellschaftswissenschaften,*
1993

Ditges, Florian, *Franchising – Die Partnerschaft mit System – Ein Leitfaden zur*
ersten Orientierung, Deutscher Industrie- und Handelskammertag (Hrsg.),
Bonn, 2001

Döring, Hilmar, *Kritische Analyse der Leistungsfähigkeit des Transaktionskosten-*
ansatzes, 1998

Drucker, Peter F., *Management im 21. Jahrhundert,* München, 1999

Ebers, Mark / Götsch, Wilfried, *Insitutionenökonomische Theorien der Organi-*
sation, in: Kieser, Alfred, Organisationstheorien, 2. Auflage, Stuttgart, 1995,
S.185-236

Eickholt, Andreas, *Der Laden als Bühne,* in: Frey, Ulrich, D., (Hrsg.), *POS-*
Marketing – Integrierte Kommunikation am POS, Strategien, Konzepte,
Trends, Wiesbaden, 2001, S.157-167

Eßer, Guido, *Franchising - Der Franchise-Vertrag im Lichte der Rechtsprechung,*
Köln, 1995

Falter, Horst, *Wettbewerbsvorteile von Filialbetrieben. Das Beispiel des deutschen*
Non-Food-Einzelhandels, Wiesbaden, 1992

Fees, Eberhard, *Mikroökonomie, Eine spieltheoretisch- und anwendungsorientierte Einführung,* 2. Auflage, Marburg, 2000

Fischer, Lorenz / Lück, Hans-Emil, *Entwicklung einer Skala zur Messung von Arbeitszufriedenheit,* in: Psychologie und Praxis 16, 1972, S.64-76

Fischer, Lorenz, *Arbeitszufriedenheit,* Stuttgart, 1991

Forman, E.H., *Facts and Fictions about the Analytic Hierarchy Process,* in: Mathematical and Computer Modelling, Oxford, 1993

Föhr, Siegfrid / Lenz, Hans, *Unternehmenskultur und ökonomische Theorie,* in: Staehle, W.H., (Hrsg.), *Managementforschung I,* Berlin, 1991, S.111-162

Frambach, Hans / Eissrich, Daniel, *Transaktionskosten – konzeptionelle Überlegungen zu einem fundamentalen und kontrovers diskutierten Ansatz der Neuen Institutionenökonomik,* in: Ipsen, Dirk / Peukert, Helge (Hrsg.), *Insitutionenökonomie: Theoretische Konzeptionen und empirische Studien,* Frankfurt, 2002, S.43-66

Frey, Ulrich, D., *POS-Marketing – Integrierte Kommunikation am POS, Strategien, Konzepte, Trends,* Wiesbaden, 2001

Frey, Bruno S., *Unerwünschte Projekte, Kompensation und Akzeptanz. Analyse und Kritik,* 1997

Frese, Ernst, *Grundlage der Organisation,* Wiesbaden, 1990

Furubotn, E.G. / Pejovich, S., *Property Rights and Economic Theory - A Survey of Recent Literature,* in: Journal of Economic Literature, 10, 1972, S1137-1162

Goldberg, V.P., *Relational Exchange. Economics and Complex Contracts,* in: American Behavioral Scientist, Vol. 23, 1980, S. 337-352

Golden, Bruce L. / Wasil, Edward A. / Harker, Patrick T., *The Analytic Hierarchy Process,* Heidelberg, 1989

Gontard, Maximilian, *Unternehmenskultur und Organisationsklima – Eine empirische Untersuchung,* München, 2002

Gross, Hans / Skaupy, Walther, *Franchising in der Praxis – Fallbeispiele und rechtliche Grundlagen,* Düsseldorf, 1976

Gutenberg, Erich, *Grundlagen der Betriebswirtschaftslehre,* Bd.2: Der Absatz, 17. Auflage, Berlin, Heidelberg, New York, 1984

Hansen, Ursula, *Absatz- und Beschaffungsmarketing des Einzelhandels: Eine Aktionsanalyse,* 2. Auflage, Göttingen, 1990

Hansen, Ursula / Algemissen, Joachim, *Handelsbetriebslehre 2,* Göttingen, 1979

Harker, P.T., *Incomplete pairwise comparisons in the analytic hierarchy process,* in: Mathematical Modelling, Nr. 9, 1987, S.837-848

Haunhorst, Karl Heinz, *Franchisenehmer zwischen neuer Selbstständigkeit und Arbeitnehmerqualifikation,* Baden-Baden, 1999

Hayek, F.A. *The Use of Knowledge in Society,* in: American Economic Review 35, 1945, S.519-530

Heinen, Edmund, *Industriebtriebslehre - Entscheidungen im Industriebtrieb,* 9. Auflage, Wiesbaden, 1991

Hempelmann, Bernd, *Optimales Franchising, eine ökonomische Analyse der Vertragsgestaltung in Franchise-Beziehungen,* Heidelberg, 2000

Hentze, Joachim / Kammel, Andreas / Lindert, Klaus, *Personalführungslehre,* 3. Auflage, Bern, 1997

Herrfeld, Peter, *Die Abhängigkeit des Franchisenehmers: rechtliche und ökonomische Aspekte,* Kassel, 1998

Heß, Anton, *Konflikte in vertraglichen Vertriebssystemen der Automobilwirtschaft – Theoretische und empirische Analyse,* Ottobrunn, 1994

Hilb, Martin, *Integriertes Personalmanagement, Ziele-Strategien-Instrumente,* 3. Auflage, Berlin, 1995

Holmström, Bernd / Milgrom, Peter, *The Firm as an Incentive System,* in: The American Economic Review 84, 1991, S.972-991

Jermier, John, M. / Kerr, Steve, *Substitutes For Leadership: Their Meaning And Measurement – Contextual Collections And Current Observations,* in: Leadership Quarterly, 8. Jg., Nr 2, 1997, S.95–101

John, G. / Reve, T., *The Reliability and Validity of Key Informants. Data form Dyadic Relationships in Marketing Channels,* in: Journal of Marketing Research, 19. Jg., Nr. 4, 1982, S.517-524

Jost, Peter-J., *Der Transaktionskostenansatz in der Betriebswirtschaftslehre,* 2001,

Kadow, Bernhard, *Der Einsatz von Personalinaformationssystemen als Instrument der Personalführung und -verwaltung,* München, 1986

Kalliwoda, Norbert, *Die Kombination von Franchise- und Filialsystemen – Eine institutionsökonomische und evolutorische Erklärung von Mischsystemen,* Frankfurt am Main, 2000

Kaltenbach, Horst, G., in: *Handwörterbuch für Absatzwirtschaft,* Tietz, Bruno (Hrsg.), Stuttgart, 1974

Karmann, Anton, Principal-Agent-Modelle und Risikoallokation, in: WiSt, Heft 11, 1992, S.557-562

Kasten, Lars / Börchert, Reents / Wilkening, Hans-Jürgen, *Filialpolitik – Rationalisierung und organisatorische Auswirkungen,* Wiesbaden, 1996

Kaub, Ernst, *Franchise-Systeme in der Gastronomie,* Saarbrücken, 1980

Kemper, Norbert, *Erfolgsbeteiligung und Motivation,* in: Personal - Mensch und Arbeit, 1976, S.94-96

Kirsch, Werner, *Unternehmenspolitik und strategische Unternehmensführung,* 2. Auflage, Herrsching, 1991

Klandt, Heinz, *Aktivität und Erfolg des Unternehmensgründers. Eine empirische Analyse unter Einbeziehung des mikro-sozialen Umfeldes,* Bergisch-Gladbach, 1984

Klandt, Heinz, *Zur Wirkung der Existenzgründungsförderung auf junge Unternehmen: Eine vergleichende Analyse geförderter und nicht-geförderter Unternehmen,* Dortmund, 1998

Klandt, Heinz / Brüning, Erdme, *Das Internationale Gründungsklima – Neune Länder im Vergleich ihrer Rahmenbedingungen für Existenz- und Unternehmensgründungen,* Berlin, 2002

Klapperich, Joachim, *Geschichte des Franchising,* in: Flohr, Eckhard (Hrsg.) *Franchising im Wandel – Gedächtnisschrift für Walther Skaupy,* München, 2003, S.187-192

Kloyer, Martin, *Management von Franchisenetzwerken: eine Resource-Dependence-Perspektive,* Wiesbaden, 1995

Kotler, Philip / Armstrong, Gary, *Marketing - Eine Einführung,* Wien, 1988

Kotler, Philip., *Marketing-Management. Analyse, Planung und Kontrolle,* 4. Auflage, Stuttgart, 1989

Krapp, Michael, *Kooperation und Konkurrenz in Prinzipal-Agent-Beziehungen,* Wiesbaden, 2000

Kroeber-Riel, Werner, *Weniger Information, mehr Erlebnis, mehr Bild,* in: asw, Nr. 3, 1985, S.84-97

Kroeber-Riel, Werner, *Konsumentenverhalten,* 5. Auflage, München, 1992

Krueger, Alan B., *Ownerhsip, Agency and Wages: An Examination of Franchising in the Fast Food Industry* in: Quarterly Journal of Economics 106 (1), 1983, S.75-101

Kunkel, Michael, *Franchising und asymmetrische Informationen – Eine institutionenökonomische Untersuchung,* Wiesbaden, 1994

Küster, Martin, *Opportunismus und Motivation in Franchise- und Vertragshändlersystemen,* Stuttgart, 2000

Lafontaine, Francine; *Agency Theory and Franchising: Some Empirical Results,* in: Rand Journal of Economics, Nr. 23, 1992, S.263-283

Lafontaine, Francine / Kaufmann, Patrick, J., *The Evolution of Ownership Patterns in Franchise Systems,* in: Journal of Retailing 70 (2), 1994, S.97-113

Lehrmann, H.R. / Polli, E., *Personalauswahl – strategischer Erfolgsfaktor,* Zürich, 1992

Liesegang, Helmut, Der Franchise-Vertrag, Heidelberg, 3. Auflage, 1990

Maas, Peter, *Franchising in wirtschaftpsychologischer Perspektive – Handlungsspielraum und Handlungskompetenz in Franchise-Systemen – Eine empirische Studie bei Franchise-Nehmern,* Frankfurt, 1990

Martiensen, Jörn, *Instutionenökonomik,* München, 2000

Martin, Robert, E., *Franchising and Risk Management,* in: American Economic Review 78 (5), 1988, S.954-968

Maslow, Abraham, H., *A Theory of Human Motivation,* in: Psychological Review, Vol. 50, 1942, S.370-396

Mattmüller, Roland, *Marketing-Prognosen für den Handel,* 2. Auflage, München, 1992

Mattmüller, Roland, *Marketingstrategien des Handels und stattliche Restriktionen: Geschäftsfeldsegmentierung, Wachstumsoptionen und rechtliche Rahmenbedingungen,* München, 1997

Mattmüller, Roland, *Das Prozessorientierte Marketingverständnis. Eine neoinstitutionenökonomische Begründung,* in: Jahrbuch der Absatz- und Verbrauchsforschung, Nr. 4, 1999, S.435-451

Mattmüller, Roland, *Zur Vorteilhaftigkeit von Franchisesystemen – Ursachen und Lösungsansätze der Informationsasymmetrie* in: Möhlenbruch, D. / Hartmann, M., (Hrsg.), *Der Handel im Informationszeitalter,* Wiesbaden,. 2002, S.187-204

Mattmüller, Roland, *Integrativ-Prozessuales Marketing – Eine Einführung,* 2. Auflage, Wiesbaden, 2004

Mattmüller, Roland / Killinger, S., *Filialisierung und Franchising von Dienstleistungen – zur Multiplikationseignung unterschiedlicher Dienstleistungs- und Absatzsysteme,* in Meyer, A, (Hrsg.), *Handbuch Dienstleistungsmarketing Band 1,* Stuttgart, 1998, S.563-588

Mattmüller, Roland / Tunder, Ralph *Strategisches Handelsmarketing,* München, 2004

Meffert, Heribert, *Marketingforschung und Käuferverhalten,* 2. Auflage, Wiesbaden, 1992

Meffert, Heribert, *Marketing – Grundlagen marktorientierter Unternehmensführung – Konzepte – Instrumente – Praxisbeispiele,* 9. Auflage, Wiesbaden, 2000

Meffert, Heribert / Bruhn, Michael, *Beschwerdeverhalten und Zufriedenheit von Konsumenten,* in: Die Betriebswirtschaft, 41. Jg., 4, 1981, S.597-613

Meffert, Heribert / Meurer, Jürgen, *Marktorientierte Führung von Franchisesystemen – Theoretische Grundlagen und empirische Befunde,* Arbeitspapier Nr. 98 der Wissenschaftlichen Gesellschaft für Marketing und Unternehmensführung e.V., Münster, 1995

Metzlaff, Karsten, *Franchiseverträge und EG-Kartellrecht – Die GuppenfreistellungVO Nr. 4087/88 für Franchiseverträge,* Münster, 1994

Metzlaff, Karsten, *Preiswerbung in Franchisesystemen,* in: Flohr, Eckhard (Hrsg.) *Franchising im Wandel – Gedächtnisschrift für Walther Skaupy,* München, 2003, S.307 – 331

Meuthen, Daniel, *Neue Institutionenökonomie und strategische Unternehmensführung,* Münster, 1997

Meyer, Peter, W., *Die machbare Wirtschaft, Grundlagen des Marketing,* Essen, 1973

Milgrom, Peter / Roberts, John, *Economics, Organization, and Management,* New Jersey, 1992

Miller, George A., *The Magical Number Seven, Plus or Minus Two. Some Limits on Our Capacity for Processing Information,* in: The Psychological Review 63, 1956, S.81-97

Minkler, Alanson, P., *Property Rights, Monitoring and Search,* Davis, 1988

Most, Andreas, *Handels-Marketing und –Recht – Entscheidungshilfen für Sonder-veranstaltungen. Preisgestaltung und Ladenschluß [!],* Augsburg, 1986

Müller-Hagedorn, Lothar, *Der Handel,* Stuttgart, 1998

Münsterberg, Hans, *Psychologie und Wirtschaftsleben,* Leipzig, 1912

Nebel, Jürgen, *Das Franchise-System – Handbuch für Franchisegeber und Franchisenehmer,* Darmstadt, 1999

Nelson, Richard, R. / Winter, Susan, G., *An Evolutionary Theory of Economic Change,* Cambridge, Mass., 1982

Neuberger, Oswald / Allerbeck, Mechthild, *Messung von Arbeitszufriedenheit: Erfahrung mit Arbeitsbeschreibungsbogen,* 1978

Neuberger, Oswald, *Organisationsklima als Einstellung zu Organisationen,* in: Hoyos, C. Graf et al (Hrsg.), *Grundbegriffe der Wirtschaftspsychologie,* München, 1980

Neuberger, Oswald, *Führen und geführt werden,* 4. Auflage, Stuttgart, 1994

Neumann, Ulrich, *Systembindung als Unternehmensziel beim Franchising,* in: Deutscher Franchise-Verband e.V. (Hrsg.): *Jahrbuch Franchising 1999/2000,* Frankfurt, 1999, S.166-176

Nieschlag, Robert, Dynamik der Betriebsformen des Handels, in: Tietz, Bruno (Hrsg.) HWA, Stuttgart, 1974, S.366-376

North, Douglas, C., *Institutionen, institutioneller Wandel und Wirtschaftsleistung,* Cambridge, 1992

Oehme, Wolfgang, *Absatzpolitik,* Pepels, Werner, (Hrsg.), München, 1998

o.V., *Annual and Quarterly Reports O₂ Germany*, München, 2005

o.V., *Gartner GroupMobile-Report*, München 2005

o.V., *Kemper´s Frequenzanalyse – City Scout 2004/2005*, Düsseldorf, 2004

o.V., *Neue Systeme: Die Top Ten*, in: Impulse – Das Unternehmermagazin, Nr. 11, 2004, S.74-77

o.V., *Wachsen mit O₂*, in: funkschau handel, Nr. 11, 2004, S.1 und S.4

Parker, Christopher .P. / Baltes, Boris B. / Young, Scott, Y. / Huff, Joseph W. / Altman, Robert, A. / Lacost, Heather, A. / Roberts, Joanne, E., Relationships Between Psychological Climate Perceptions and Works Outcomes: A Meta-Analytic Review, in: Journal of Organizational Behaviour, 24, 2003, S.389–416

Patt, Peter-Jürgen, *Strategische Erfolgsfaktoren im Einzelhandel: eine empirische Analyse am Beispiel des Bekleidungsfachhandels,* 2. Auflage, Frankfurt, 1990

Picot, Arnold, *Ökonomische Theorien der Organisation: Ein Überblick über neuere Ansätze und deren betriebswirtschaftliches Anwendungspotential*, in: Ordelheide, Dieter, Rudolph, Bernd / Büsselmann, Elke (Hrsg.), Stuttgart, 1991, S.143-170

Picot, Arnold / Dietl, Helmut / Franck, Egon, *Organisation – Eine ökonomische Perspektive,* 2. Auflage, Stuttgart, 1999

Picot, Arnold / Reichwald, Wigand, *Die grenzenlose Unternehmung,* 4. Auflage, München, 2001

Picot, Arnold / Wolff, Brigitta,, 4. Franchising als effiziente Vertriebsform, in: Kaas., Klaus Peter (Hrsg.): Kontrakte, Geschäftsbeziehungen, Netzwerke – Marketing und Neue Institutionenökonomie, zfbf Sonderheft 35, Düsseldorf, 1995, S.223-244

Richter, Rudolf / Furubotn, Erik, *Neue Institutionenökonomik,* 3. Auflage, Tübingen, 2003

Rieger, Wolfgang, *Einführung in die Privatwirtschaftslehre,* 3. Auflage, Erlangen, 1964

Rosenstiel, Lutz v., *Wandel der Werte – Zielkonflikte bei Führungskräften?* in: Blum, R. / Steiner, M. (Hrsg.) Aktuelle Probleme der Marktwirtschaft in gesamt- und einzelwirtschaftlicher Sicht, Berlin, 1984, S. 203-234

Rosenstiel, Lutz v., *Die Motivierung der Mitarbeiter als Führungsaufgabe in Wirtschaft und Verwaltung,* in: Bertelsmann-Stiftung: Institut für Wirtschafts- und Gesellschaftspolitik – IWG: *Unternehmensführung vor neuen gesellschaftlichen Herausforderungen,* Gütersloh, 1995, S.123-142

Saaty, Thomas L., *The Analytic Hierarchy Process,* New York, 1980

Saaty, Thomas L., *Group Decision Making and the AHP,* in: Golden, Bruce L., Wasil, Edward A., Harker, Patrick T., The Analytic Hierarchy Process, Heidelberg, 1989, S.59-67

Saaty, Thomas L., *Fundamentals of Decision Making,* Pittsburgh, 1994

Saaty, Thomas L. / Alexander, Joyce M., *Conflict Resolution, The Analytic Hierarchy Process*, New York, 1989

Saaty, Thomas L. / Vargas, Luis G., *Prediction, Projection and Forecasting*, Massachusetts, 1990

Schneeweiß, Christoph, *Systemanalytische und entscheidungstheoretische Grundlage*, Berlin, 1991

Schüller, Alfred, *Property Rights und ökonomische Theorie*, München, 1983

Schlüter, Heinrich, *Franchisenehmer-Zufriedenheit – Theoretische Fundierung und empirische Analyse*, Wiesbaden, 2001

Schröder, Hans, *Erfolgsfaktorenforschung im Handel*, in: Marketing ZFP, 16. Jg., Nr. 2, 1994, S.89-105

Schulz, Albrecht, *Germany*, in: Mendelsohn, Martin (Hrsg.), *Franchising in Europe*, New York, 1992, S.132-167

Schweizer, Urs, *Vertragstheorie*, Tübingen, 1999

Seidel, Markus, B., *Erfolgsfaktoren von Franchise-Nehmern unter Berücksichtigung der Kundenzufriedenheit – Eine empirische Analyse am Beispiel eines Franchise Systems*, Frankfurt am Main, 1997

Settler, Michael, *Institutions, Property Rights and External Effects: New Institutional Economics and the Economics of John R. Commons)*, Basel, 2000

Shane, Sott, A., *Research Notes and Communications – Making New Franchise Systems Work*, in: Strategic Management Journal, 19. Jg., Nr 7, 1998, S.697–707

Skaupy, Walther, *Franchising – Handbuch für die Betriebs- und Rechtspraxis,*
2. Auflage, München, 1995

Sorenson, Olaf / Sorensen, Jesper B., *Finding the Right Mix: Franchising, Organizational Learning, And Chain Performance,* in: Strategic Management Journal, 22. Jg., Nr 6-7, 2001, S.713–724

Spangenberg, John, F.A., *Economies of Atmosphere, The joint impact of scale, scope and atmosphere on scientific performance in clinical medicine and economies,* Den Haag, 1989

Staehle, Wolfgang, H., *Management,* 4. Auflage, München, 1994

Steiff, Jürgen, *Opportunismus in Franchisesystemen,* Münster, 2004

Stein, Gabriele. / Picot, Arnold, *Franchisingnetzwerke im Dienstleistungsbereich. Management und Erfolgsfaktoren,* München, 1996

Stock, Ruth, *Der Zusammenhang zwischen Mitarbeiter- und Kundenzufriedenheit,*
2. Auflage, Wiesbaden, 2003

Sundermeier, Bernd, *Mitarbeiterbeteiligung – Eine transaktionskostenökonomische Analyse,* Münster, 1992

Sydow, Jörg, *Franchisenetzwerke: Ökonomische Analyse einer Organisationsform der Dienstleistungsproduktion und –distribution,* in: Zeitschrift für Betriebswirtschaft, Jg. 64, Heft1, 1994, 1994, S.95-113

Tietz, Bruno., *Konsument und Einzelhandel – Strukturwandlungen in der Bundesrepublik Deutschland von 1970 bis 1995,* 3. Auflage, Frankfurt a. Main, 1983

Tietz, Bruno, *Handbuch Franchising: Zukunftsstrategien für die Marktbearbeitung,* 2 Auflage, Landsberg a. Lech, 1991

Ulmer, Peter., *Der Vertragshändler – Tatsachen und Rechtsfragen kaufmännischer Geschäftsbesorgung beim Absatz von Markenwaren,* München, 1969

Vargas, Luis, G., *An Overwiew of the Analytic Hierarchy Process and its Applications,* in: Interfaces 16 (4), 1990, S.96-108

Voigt, Stefan, *Institutionenökonomie – Neue Ökonomische Bibliothek,* München, 2002

Wahle, Peter, *Erfolgsdeterminanten im Einzelhandel: eine theoriegestützte, empirische Analyse strategischer Erfolgsdeterminanten, unter besonderer Berücksichtigung des Radio- und Fernseheinzelfachhandels,* Frankfurt, 1991

Weber, Karl, *Mehrkriterielle Entscheidungen,* München, 1993

Weiland, Ulrich, *Zehn Erfolgsbedingungen für wirkungsvolle Handelswerbung,* in: Frey, Ulrich, D., (Hrsg.), *POS-Marketing – Integrierte Kommunikation am POS, Strategien, Konzepte, Trends,* Wiesbaden, 2001, S.149-156

Wessels, Achim M. / Schulz, Anton, *Die Alternativen überprüfen – die Ideen ergänzen,* in: Nebel, J. / Schulz, A. / Flohr, E. (Hrsg.): Das Franchise-System: Handbuch für Franchisegeber und Franchisenehmer, 3.Auflage, Neuwied, 2003, S.60-67

Williamson, Oliver, E., *Die ökonomischen Institutionen des Kapitalismus - Unternehmen, Märkte, Kooperationen,* 1990

Windhorst, Klaus-Günther, *Wertewandel und Konsumentenverhalten. Ein Beitrag zur empirischen Analyse der Konsumrelevanz individueller Wertevorstellung in der Bundesrepublik Deutschland.*, Münster, 1985

Wöhe, Günter, *Einführung in die Allgemeine Betriebswirtschaftslehre,* 17. Auflage, München, 1990

Wunderlich, Maren, *Integriertes Zufriedenheitsmanagement in Franchisenetzwerken – Theoretische Fundierung und empirische Analyse,* Münster, 2004

Yin, Xiaoli / Zajac, Edward, *The Strategy/Governance Structure Fit Relationship: Theory and Evidence in Franchising Arrangements,* in: Strategic Management Journal, 25. Jg., Nr. 4, 2004, S.365-383

Strategisches Marketingmanagement

Herausgegeben von Roland Mattmüller

Band 1 Sven Franzen: Die Bedeutung von Spielauffassungen in vertikalen marktstrategischen Kooperationen. Eine verhaltensorientiert spieltheoretische Untersuchung der Kooperationshemmnisse zwischen Hersteller und Handel. 2005.

Band 2 Maximilian Seidel: Political Marketing. Explananda, konstitutive Merkmale und Implikationen für die Gestaltung der Politiker-Wähler-Beziehung. 2005.

Band 3 Tim Bendig: Image-Malus des Handels. Eine empirische Analyse. 2005.

Band 4 Kai-Michael Schaper: Der Integrierte Handel. Eine konzeptionelle Beziehungsgestaltung zwischen Hersteller, Handel und Letztnachfrager. 2006.

Band 5 Marc K. Mikulcik: Absatztreiber bei Filialisierung und Franchising im ordinalen Vergleich. Konzeptionelle Analyse auf Basis der Neuen Institutionen-Ökonomie und empirische Überprüfung am Beispiel des Mobilfunkmarkts. 2007.

www.peterlang.de

Peter Lang · Internationaler Verlag der Wissenschaften

Karin Armbruster Reif

E-Commerce in Multikanalunternehmen

Eine ökonomische Analyse von Hybridstrategien im Business-to-Consumer-Bereich

Frankfurt am Main, Berlin, Bern, Bruxelles, New York, Oxford, Wien, 2005.
XXII, 324 S., zahlr. Abb. und Tab.
Informationsmanagement und strategische Unternehmensführung.
Herausgegeben von Franz Schober und Johannes Ruhland. Bd. 8
ISBN 978-3-631-52904-1 · br. € 56.50*

In der Zeit des New-Economy-Booms wurde E-Commerce als wichtigste Handelsform der Zukunft gesehen. Wenige Jahre später, nach einem ersten Einbruch und dem Scheitern zahlreicher Internet-Start-ups, wurde der E-Commerce von vielen bereits als tot erklärt. Eine sachliche Betrachtung der heutigen E-Commerce-Aktivitäten zeigt jedoch, dass sich das Internet als Vertriebskanal fest etabliert hat – allerdings in einer anderen Konstellation als noch vor Jahren erwartet: Es werden zumeist physische statt digitaler Güter gehandelt. Und die Anbieter sind vielfach traditionelle, regionale Händler und nicht globale Start-up-Unternehmen. Vor diesem Hintergrund werden die Gründe für die Dominanz traditioneller Unternehmen im E-Commerce analysiert und daraus Handlungsempfehlungen für Multikanalunternehmen abgeleitet. Mit Hilfe von Nutzeffektketten wird dabei aufgezeigt, wie der Gewinnbeitrag des Absatzkanals Internet in Multikanalunternehmen gemessen werden kann.

Aus dem Inhalt: Begriffsbestimmung E-Commerce · Nutzungspotenziale des E-Commerce · Multikanalvertrieb · Hybridstrategien · Kanalübergreifende Nutzeffekte · Bedeutung der Wirtschaftlichkeitsanalyse in der Praxis

Frankfurt am Main · Berlin · Bern · Bruxelles · New York · Oxford · Wien
Auslieferung: Verlag Peter Lang AG
Moosstr. 1, CH-2542 Pieterlen
Telefax 00 41 (0) 32 / 376 17 27

*inklusive der in Deutschland gültigen Mehrwertsteuer
Preisänderungen vorbehalten

Homepage http://www.peterlang.de